Von Hans Girod ist bei Knaur außerdem erschienen:

Das Ekel von Rahnsdorf ISBN 3-426-77374-0
Leichensache Kollbeck ISBN 3-426-77463-1

Über den Autor:

Hans Girod, geboren 1937, war Hochschuldozent für Spezielle Kriminalistik an der Humboldt-Universität Berlin. Seit 1969 beschäftigt er sich mit der Methodik der Aufdeckung und Untersuchung von Sexualdelikten, Tötungsverbrechen, Unfällen und Suiziden.

Hans Girod

Blutspuren

Weitere ungewöhnliche Mordfälle
aus der DDR

Knaur

Besuchen Sie uns im Internet:
www.droemer-knaur.de

Vollständige Taschenbuchausgabe 2003
Droemersche Verlagsanstalt Th. Knaur Nachf., München
Copyright © 2001 Das Neue Berlin Verlagsgesellschaft mbH.
Lektorat: Ingrid Kirschey-Feix
Alle Rechte vorbehalten. Das Werk darf – auch teilweise –
nur mit Genehmigung des Verlags wiedergegeben werden.
Umschlaggestaltung: ZERO Werbeagentur, München
Umschlagabbildung: Jens Prockat/Das Neue Berlin
Verlagsgesellschaft mbH
Satz: Ventura Publisher im Verlag
Druck und Bindung: Clausen & Bosse, Leck
Printed in Germany
ISBN 3-426-77634-0

2   4   5   3   1

Inhalt

Vorbemerkungen

Nach den Büchern »Das Ekel von Rahnsdorf«, »Leichen-sache Kollbeck« und »Der Kannibale« geht es im vorliegen-den Band »Blutspuren« erneut um gewaltsame Todesfälle im Land des real existierenden Sozialismus, über die die Öffent-lichkeit so gut wie nichts erfuhr.

Ein junger Mann streunt wochenlang ruhelos von Ort zu Ort, lebt von der Beute aus Einbrüchen, bis er einen Mord begeht, der von der Polizei zunächst nicht erkannt wird. Ein anderer kann seine sexuelle Erregung nicht im Zaum halten, vergeht sich an einem Kind, tötet es aus Angst vor Entdeckung und beseitigt die Leiche auf absurde Weise. Da mordet sich eine Frau den Weg zu ihrem Geliebten frei und ist sich dabei der aktiven Mithilfe ihrer strafun-mündigen Kinder gewiß, die schließlich das Verbrechen auf sich nehmen. Im Erzgebirge sucht ein Ortspolizist monate-lang nach einem vermißten Mädchen, dessen Mörder er selbst ist. Da will ein Mann seine abtrünnige Gattin tö-ten und erprobt die Mordtechnik zuvor an zwei anderen Frauen …

Wieder sind es authentische Fälle, die belegen: Auch im Arbeiter- und Bauernstaat wurde vergewaltigt, geraubt und gemordet wie anderswo. Freilich, die statistischen Zahlen fielen geringer aus als im Westen. Aber Motive, Anlässe und Begehungsweisen für derlei Delikte waren in beiden Tei-len Deutschlands ebenso gleichartig wie die kriminalistische Methodik ihrer Aufdeckung und Aufklärung.

Bislang blieb die Situation der gewaltsamen Todesfälle in der DDR weithin unbekannt. Kaum jemand weiß, daß jährlich etwa 20 000 Todesfälle angezeigt wurden, die kriminalistisch untersucht werden mußten. Daß sich darunter fast 5000 natürliche Todesfälle befanden, spricht vor allem für die hohe Sensibilität der Leichenschauärzte.

Die restlichen 15 000 Todesfälle bildeten den eigentlichen Gegenstand der polizeilichen Todesermittlungssachen. Sie verteilten sich in der Reihenfolge ihrer Häufigkeit auf Unfälle, Suizide, fahrlässige Tötungen sowie Mord und Totschlag. Hinzu kamen aufgefundene unbekannte Tote, die identifiziert werden mußten, auch wenn kein Verbrechen vorlag, und unzählige Vermißtenvorgänge, unter denen sich so mancher Mordfall verbarg.

Im Mord zeigt sich auf besondere Weise die Einheit von Täter und Tat, auch wenn diese mitunter schwer auszumachen ist und problematisch erscheint. Manche Mordtat steht im vermeintlichen Widerspruch zur sonstigen Persönlichkeit, doch persönlichkeitsfremde Taten gibt es ebenso wenig wie Morde ohne Motiv.

Um, bei aller Unterschiedlichkeit der Tatentwicklung und -durchführung, diese These zu stützen, liefern die Fallberichte täterbezogen wichtige biografische Eckdaten. Sie sollen deutlich machen, daß die unheilvolle Verquickung von Erziehungsdefiziten, Mangel an sozialen Fähigkeiten und ungenügende Selbstkontrolle – auf welche Art und aus welchem Grund sie sich auch immer herausgebildet haben – nahezu alle Mörder kennzeichnet.

Aber es geht nicht nur um die Psychogramme der Täter, die motivationalen Hintergründe und die bisweilen abstrusen Begehungsweisen. Wie von einem kriminalistischen Autor wohl nicht anders zu erwarten, bildet auch der Einblick in das methodische Vorgehen bei der Morduntersuchung einen wichtigen Gegenstand der Berichte. Er macht deutlich, daß der Weg zur Wahrheit, auf dem Erfolg und Fehlschlag dicht beieinander liegen, mitunter lang und beschwerlich ist. Durchweg zeigen die Fälle aber, daß die Kriminalisten ihr Handwerk beherrschten und ihre Ermittlungstätigkeit neben monotoner, aber notwendiger Routine insgesamt voller Hochspannung war. Doch auch die Ausnahmen sollen nicht unerwähnt bleiben, wenn nämlich fachliche Inkompetenz in der Ermittlungstätigkeit den kriminalistischen Erkenntnisprozeß bremste.

Insgesamt wurden solche Fälle ausgewählt, die ungewöhnliche Begehungsweisen, Täterpersönlichkeiten und besondere untersuchungsmethodische, spurenkundliche oder gutachterliche Probleme in sich vereinen, die aber auch den jeweiligen Zeitgeist und die gesellschaftlichen Rahmenbedingungen widerspiegeln.

Und: Wo es sich anbot, wurden die Fallschilderungen durch kurzgefaßte kriminologische und forensische Exkurse aufgelockert.

Nicht alle Fragen lassen sich dadurch abdecken. Einige müssen deshalb unbeantwortet bleiben, weil eine dazu erforderliche Diskussion den Rahmen des Buches gesprengt hätte: So z. B. die Tatbegehung unter Alkoholeinfluß. Sie hatte in der DDR – im Gegensatz zur gegenwärtigen Rechtspraxis – keine Schuldminderung zur Folge, weil ein Täter, der sich schuldhaft in einen die Zurechnungsfähigkeit ausschließenden Rauschzustand versetzte und in diesem Zustand eine Straftat beging, nach dem verletzten Tatbestand bestraft wurde. Oder das System rechtsanwaltlicher Tätigkeit, insbesondere hinsichtlich der Strafverteidigung: Allein die Tatsache, daß in der DDR für mehr als 28 000 Bürger nur ein Rechtsanwalt tätig sein konnte (zeitgleich in der Bundesrepublik ein Rechtsanwalt für etwa 1200 Bürger), wirft jede Menge Fragen auf.

Schließlich zählt auch das Problem der Justizirrtümer in der DDR-Rechtsprechung zu den offenen Fragen. Tatsächlich gab es einige Mordfälle, in denen unglücklicherweise Unschuldige in Untersuchungshaft, ja sogar zeitweise in den Strafvollzug gerieten. Meist haben eine ungünstige Beweiskonstellation, belastende Zeugenaussagen oder falsche Geständnisse dazu geführt. Die Frage aber, ob kriminalistischer Übereifer oder Erfolgsdruck zu einer unbewußten oder bewußten Manipulation von Beweisen und damit zu Fehlurteilen geführt haben können, ließe sich, um leichtfertigen Spekulationen zu entgehen, erst nach genaueren Untersuchungen beantworten.

Der Schutz der Persönlichkeitsrechte gebot, die Namen der Tötungsopfer, der Täter und Zeugen zu schützen. Gleiches gilt für die meisten anderen Akteure, die keineswegs erfundene Figuren darstellen. Es war mitunter notwendig, einige Handlungsorte zu verändern. Auch bestimmte Handlungsabläufe galt es zu straffen und auf das kriminologisch Typische zu konzentrieren.

Das Buch ist keine wissenschaftliche Monographie, verzichtet daher auf ausführliche Literaturangaben und verweist nur auf grundsätzliche Quellen.

Bisweilen ergänzen Auszüge aus polizeilichen Ermittlungsakten, Sachverständigengutachten oder Zeitungsausrisse die vorliegenden Berichte.

Es finden sich aber auch im Buch Tatortfotos und Bild-
dokumente aus Sektionssälen. Sie kommentieren die beschriebenen Geschehnisse auf eigene, erschreckende Weise.
Das könnte manchen Leser schockieren. Doch liegt es in
der Absicht des Autors, neben der verbalen Beschreibung
der verbrecherischen Vorgänge auch über die Bilddoku-
mente einen winzigen Einblick in jene abnorme, befremd-
liche Realität zu vermitteln, die Außenstehende am liebsten verdrängen möchten, der sich aber die an der kriminalistischen Untersuchung Beteiligten nicht entziehen können.

Zu den einzelnen Fällen wurden die zutreffenden Aktenzeichen genannt, um erforderlichenfalls dem beruflich Inter-
essierten den Zugang zu den Originalunterlagen zu erleichtern.

Den Abschluß des Buches bildet ein kurzes Nachwort über
das Strafvollzugssystem in der DDR sowie ein Glossar mit
der Erläuterung wichtiger Begriffe und Abkürzungen.

Und schließlich: Das vorliegende Buch soll die Rückschau
auf einen eng begrenzten Teil der DDR-Realität, nämlich
ihre unbekannten Tötungsdelikte, beschließen. Inzwischen
haben sich verschiedene Autoren dem Thema der Kriminalität in der DDR gewidmet. Nun gilt es wieder, den Blick in
die Gegenwart zu richten.

Die Explosion der Gewaltkriminalität und ihr gewaltiges
Dunkelfeld stehen einem sich fortwährend vergrößernden
forensischen Dilemma entgegen: Einerseits verfügt die kriminalistische Spurenkunde in der Bundesrepublik über aus-
gefeilte, hochempfindliche Verfahren, andererseits werden
die forensischen Fachgebiete durch rigorose Einsparmaß-

nahmen gefährlich bedroht, fehlen gesetzgeberische Innovationen, die den aktuellen Ansprüchen an die Bekämpfung der Mord- und Totschlagsdelikte Rechnung tragen. Es gibt also noch unendlich viel zu tun!

Altdorf im Juni 2001
Hans Girod

Der Einzelgänger

(Tagebuchnummer 8285/72 Dezernat II,
MUK, BdVP Leipzig)

Messestadt Leipzig, 9. Juli 1972, ein angenehm warmer Sonntag, und Schulferien. Viele Großstädter hat es zum Wandern in das waldreiche Umland hinausgezogen. Andere erquicken sich beim Bade. Auch die vierköpfige Familie Teige, die in der Saefkow-Straße im Stadtgebiet Gohlis wohnt, verbringt den Tag im Strandbad Auensee, nahe des Leipziger Stadtforstes. Zwar bietet die große Wiese im Garten hinterm Wohnhaus ausreichenden Platz für muntere Spiele, doch heute ist Baden angesagt.

Mutter, Vater und die beiden Kinder genießen so die Vorfreude auf die bevorstehende Urlaubsreise an die Mecklenburger Seenplatte: Der neunjährige Michael, ein aufgewecktes Kerlchen, und seine zwei Jahre jüngere Schwester Sabine tummeln sich in den kühlenden Fluten, erproben Schnorchel und Taucherbrille, während die Eltern auf der Liegewiese sich ihrer Lektüre und den bräunenden Sonnenstrahlen hingeben. Die Mutter, Manuela Teige (32), Stenotypistin im VEB Anlagenbau, hat bereits seit einigen Tagen Urlaub. Nur der Vater, Karsten Teige (33), Diplomingenieur im VEB Kombinat ORSTA-Hydraulik, muß noch eine lange Woche am Zeichenbrett stehen, ehe sein lang ersehnter Jahresurlaub beginnt. Und weil er am nächsten Morgen bereits vor dem ersten Hahnenschrei aus den Federn muß, drängt er kurz nach 17.00 Uhr zum Aufbruch. Der Widerspruch der Kinder verfliegt schnell, denn nun entgeht ihnen das abendliche Fernseh-Sandmännchen nicht. Gut gelaunt begibt sich die glückliche Familie Teige auf den Heimweg. Unterwegs eine freudige Überraschung: Als sie nämlich am Konsum Ecke Wiederitzschstraße vorbeigehen, bemerken sie, daß Mitarbeiter der GHG Obst und Gemüse gerade einige Kisten von einem Lieferfahrzeug abladen und im Ladeninneren verstauen. Der Inhalt der Kisten: Bananen. Eine Delikatesse mit hohem Seltenheitswert. Die Eltern vermuten richtig, daß der sozialistische Einzelhandel die exotischen Raritäten am nächsten Tag verkaufen wird. Die Kinder betteln: »Mama, wir wollen Bananen!« Frau Teige kann diesen Wunsch aber nur erfüllen, wenn sie sich morgen früh rechtzeitig der üblichen Warteschlange anschließt. Doch der kleine Michael erklärt sich prompt bereit, diese verantwortungsvolle Aufgabe zu übernehmen. In freudiger Erwartung klingt so der schöne Familiensonntag aus.

Daheim kümmert sich Manuela Teige um das Abendessen und versorgt die Kinder. Karsten Teige erledigt unterdessen seine abendlichen Gartenarbeiten: Zierrasen und Blumen erhalten ihre Wasserration, Terrassenmöbel und Geräte werden zusammengestellt, die selbstgebaute Hollywoodschaukel verschwindet unter einer Abdeckplane, Türen, die ins Haus führen, werden sorgfältig verriegelt. Kurz nach 20.00 Uhr sinken Michael und seine kleine Schwester in ihre Betten und schlafen alsbald ein. An diesem Abend bleibt der Einschaltknopf des elterlichen Fernsehers unberührt. Zwei Stunden später verlöschen alle Lichter im Haus. Denn auch Manuela Teige und ihr Gatte haben sich zur Nachtruhe zurückgezogen.

Jedoch: Niemand ahnt, daß der Tod bereits in der Nähe lauert und am nächsten Tag unermeßlichen Schmerz, Trauer und ohnmächtige Wut bereithält. Nichts wird mehr so sein wie bisher. Doch noch träumen die Teiges arglos in den nächsten Morgen.

Montag, der 10. Juli 1972. Karsten Teige verläßt bereits um 6.00 Uhr das Haus. Auf leisen Sohlen, wie immer, wenn er zur Frühschicht muß. Niemand aus der Familie soll seinetwegen geweckt werden. Um 7.30 Uhr erwacht Manuela, absolviert die Morgentoilette und bereitet das Frühstück. Eine halbe Stunde später sind die Kinder munter. Allerdings: Michael fühlt sich abgeschlagen, klagt über Bauchweh, verschmäht das Frühstück. Die Mutter mutmaßt, er könne sich beim gestrigen Baden erkältet haben. »Am besten, du legst dich wieder hin«, rät sie. Doch Michael wehrt ab: »Nein, nein, ich will Bananen holen.«

Als er einen Einkaufbeutel nimmt, Geld verlangt und fragt: »Kann ich das Fahrrad nehmen?« ist Manuela beruhigt, mißt dem Befinden ihres Großen keine weitere Bedeutung bei, vermutet eine belanglose, schnell flüchtige Unpäßlichkeit, wie sie in diesem Alter schon mal vorkommen kann.

Der Junge bugsiert mühevoll das eiserne Gefährt aus dem Keller und fährt davon. Doch nach wenigen Minuten ist er zurück, das Gesicht bleich wie eine Kalkwand. Er fühlt sich so schlapp, daß seine Kräfte versagen, als er das Fahrrad in den Keller tragen will.

»Mir ist schlecht, ich muß aufs Klo«, klagt er.

Manuelas Besorgnis ist prompt zurückgekehrt. Kurzerhand klappt sie das Wandbett des im Parterre gelegenen Gästezimmers auf, löst die textilen Gurte, mit denen Matratze und Decke fixiert werden, läßt die Jalousien herunter, entkleidet den Jungen und steckt ihn ins Bett.

Ohne Widerstand läßt er es geschehen, fragt aber: »Und die Bananen?«

»Bleib nur liegen, ich gehe mit Sabine zum Konsum. Wir sind bald zurück«, erklärt sie. Michael verspricht, unterdessen brav im Bett zu bleiben und sich auszukurieren.

Eine halbe Stunde später. Die Mutter sieht noch einmal nach ihm. Alles ist in Ordnung. Der Junge ist bis zum Kinn in die Decke eingemummelt und schläft. Ihre Besorgnis verfliegt. Nun kann sie beruhigt das Haus verlassen. Vorsorglich verriegelt sie Haustür und Gartenpforte. Die kleine Sabine an der Hand macht sie sich sodann auf den Weg zum Gemüseladen.

Frohgemut kehrt Manuela Teige gegen 11.00 Uhr heim, die begehrten Bananen im Einkaufsbeutel. Als sie die Gartenpforte öffnet, fällt ihr Blick auf das Fenster des Gästezimmers. Sie ist verwundert, daß die Jalousie hochgezogen ist. Der Junge wird wach sein, mutmaßt die Mutter und geht ins

Vorderansicht des Hauses in der Leipziger Saefkow-Straße. Das mittlere untere Fenster gehört zu dem Zimmer, in dem der Junge schlief.

Haus. Doch Michael ist nicht zu erblicken. Auf dem Weg zur Küche lauscht sie an der Tür zum Gästezimmer. Drinnen ist Stille. Er wird doch noch schlafen, beruhigt sie sich und verstaut die exotischen Früchte in der Speisekammer. Aber eine undefinierbare Unruhe treibt sie wieder zurück zum Gästezimmer.

Behutsam öffnet sie die Tür, denn ihretwegen soll der Junge nicht aufwachen. Michael liegt, die Decke über den Kopf gezogen, still im Bett. Nur die Konturen seines Körpers sind zu erkennen. Der Junge kiegt ja keine Luft, denkt die Mutter besorgt, tritt heran und schlägt die Decke zurück. Um Himmels willen, was ist das? Entsetzen trifft sie wie ein Keulenschlag. Fassungslos blickt sie auf Michael, der mit nacktem Oberkörper bewegungslos auf der Seite liegt. Merkwürdigerweise trägt er die Shorts, die ihm die Mutter, bevor sie

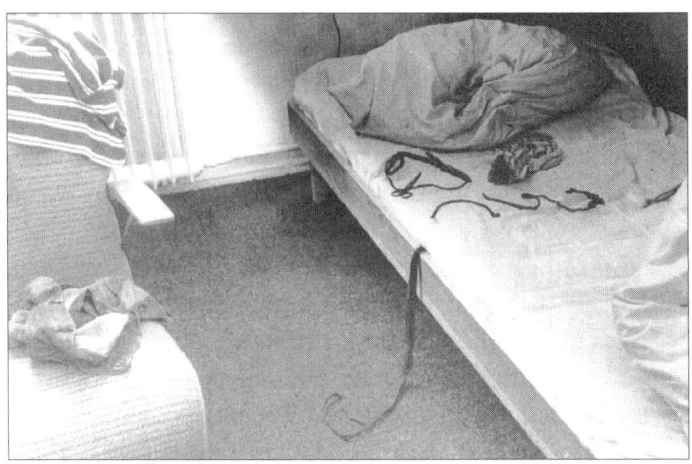

Bett des getöteten Jungen mit den zur Drosselung verwendeten Gurten, die die Mutter beim Rettungsversuch durchtrennt hat.

17

ging, ausgezogen hatte. Sein Gesicht ist fahlblaß. Die spalt-
weit geöffneten Augen starren ins Leere. Um seinen Hals
sind die Gurte des Wandklappbettes geschlungen und verknotet. Aus einem Mundwinkel ist etwas Blut herausgelau-
fen.

Instinktiv beugt sich die Mutter über den Jungen, prüft, ob
noch Leben in ihm ist. Jedoch: Kein Atem, kein Herzschlag
sind zu spüren. Sie ist so verstört, daß ihr Hirn keinen Gedanken darüber zuläßt, wie diese schreckliche Situation zu-
stande gekommen sein könnte. Wie ferngesteuert befreit
sie das Kind von den strangulierenden Gurten, versucht vergeblich durch eine Mund-zu-Mund-Beatmung dem reglosen
Körper neues Leben einzuhauchen. Immer und immer wieder versucht sie es. Ein aussichtsloser Kampf zwischen ver-
zweifelter Hoffnung und harter Realität. Panik erfaßt sie
schließlich. Kopflos stürmt sie aus dem Haus, klingelt bei den
Nachbarn, schreit laut um Hilfe. Männer, die auf der Straße
Tiefbauarbeiten verrichten, eilen herbei. Nachbarn kommen
hinzu. Doch niemand kann wirklich helfen. Eine Frau von
Gegenüber kümmert sich derweil um die kleine Sabine, die
die verzweifelte Geschäftigkeit der Erwachsenen nicht begreifen kann. Kindern, die in der Nähe spielen, gelingt es wenigstens, ein zufällig vorbeifahrendes, freies Taxi anzuhalten.
Die Mutter ergreift die Gelegenheit. Den leblosen Jungen in
den Armen haltend, gelangt sie so in die nur wenige Fahr-
minuten entfernt liegende Poliklinik des Sankt-Georg-Kran-
kenhauses. Noch klammert sie sich an die Hoffnung, Michaels Leben könne erhalten werden. Sie schildert den Männern
in Weiß, in welch verhängnisvoller Lage sie den Jungen vorgefunden habe. Doch die Ärzte erkennen schnell, daß ihre
Kunst nichts mehr bewirken kann. Denn der Tod des kleinen

Michael ist bereits vor geraumer Zeit eingetreten, vermutlich verursacht durch eine rätselhafte Strangulation. Manuela Teige befindet sich inzwischen in einen so erbärmlichen Seelenzustand, daß sie selbst ärztliche Hilfe benötigt. Kreislaufunterstützende und nervenberuhigende Maßnahmen, aber auch tröstende Gespräche folgen. Das Krankenhauspersonal bemüht sich redlich.

Da die verdächtigen Umstände des Todes zur Anzeige verpflichten, telefoniert die diensthabende Ärztin kurz darauf mit der Einsatzzentrale des VPKA. Der Vater des toten Jungen, Karsten Teige, wird ebenfalls informiert. Voller Bestürzung, aber äußerlich gefaßt, nimmt er die schreckliche Nachricht zur Kenntnis. Augenblicklich begibt er sich ins Krankenhaus. Seine Frau wartet, sich mit Schuldgefühlen quälend, weil sie ihren Jungen für kurze Zeit allein ließ.

Kriminalobermeister Niemann (33) aus dem VPKA, seit mehreren Jahren für Todesermittlungssachen zuständig, und Dr. Schlegel vom Institut für gerichtliche Medizin und Kriminalistik, sind kurz nach 14.00 Uhr zur Stelle. Der Gerichtsarzt beschränkt sich auf die äußere Besichtigung der Leiche des Kindes, bestätigt aber fürs erste die Vermutung, daß ein Strangulationsmechanismus den Tod verursacht haben kann. Ansonsten hält er sich mit weiteren Aussagen zurück. Sie wären ohnehin nur spekulativer Art. Er stellt lediglich in Aussicht, daß die Autopsie womöglich konkretere Ergebnisse liefern könne.

Bei der Untersuchung der Shorts fischt Kriminalobermeister Niemann einige Bilder aus Michaels Hosentasche, offensichtlich ausgeschnitten aus der beliebten, unterhaltsamen Monatszeitschrift »Magazin«. Dargestellt sind weibliche Akte, brav, in sittsamer Pose, keineswegs anstößig. Die Bilder werden asserviert. Niemann hält sie für wichtige Beweisstücke, geht davon aus, daß der Tod des Jungen mit sexuellen Praktiken in direktem Zusammenhang steht.

Dann befragt er die Eltern, interessiert sich nicht nur für den Ablauf des heutigen Vormittags und die Situation, wie die Mutter das tote Kind aufgefunden hat, sondern will auch wissen, ob aus der Wohnung etwas fehlt.

Da Manuela Teige augenscheinlich nichts dergleichen festgestellt hat, meint sie nur: »Alles war wie immer, aber wir müßten nochmals gründlich nachsehen.«

Niemann erkundigt sich nun nach Michaels sexuellen Ambitionen. Die Eltern sind baff. Derlei Fragen erscheinen ihnen ziemlich abwegig. Doch der Kriminalist zieht in Erwägung, der Tod könne die unfallbedingte Folge einer sexuellen Spielerei gewesen sein. Seine Vermutung stützt sich auf die freilich seltene kriminologische Tatsache, daß dosierte Strangulationen zur Steigerung des sexuellen Lustgewinns durchaus auch bei Kindern vorkommen. Derartige Praktiken enden mitunter in tödlichen Unfällen, wenn nämlich die lebenserhaltende Dosierung unbeabsichtigt überschritten wird.

Jedoch: Die Eltern protestieren, machen angesichts des Alters ihres Kindes keinen Hehl daraus, die Denkrichtung des Kriminalisten für absurd zu halten. Viel plausibler erscheint ihnen die Möglichkeit, ein ins Haus eingedrungener Einbrecher könne ihren Sohn getötet haben. Doch der Kriminalobermeister entgegnet stur, die in Michaels Hosentasche sichergestellten Aktbilder würden die sexuellen Motive beweisen. Und die Fesselung mit den Bettgurten könne der Junge durchaus selbst bewerkstelligt haben. Überdies hätte ein Einbrecher ausreichend Zeit gehabt, jede Menge Diebesgut davonzutragen. Doch ließe sich nicht nachweisen, daß irgend etwas fehlt.

»Schauen wir uns sicherheitshalber in Ihrer Wohnung um, vielleicht beruhigt Sie das«, schließt Niemann das Gespräch ab. Das Ehepaar Teige ist einverstanden.

Niemann begleitet die beiden nach Hause. Im Gästezimmer ist alles noch so, wie Frau Teige es verlassen hatte, als sie Michael ins Krankenhaus brachte. Die zerschnittenen Gurte und die Schere liegen also unverändert auf dem Wandklappbett. Der Kriminalist läßt sich zeigen, wie sie ihren Sohn vorgefunden und das Drosselwerkzeug von seinem Hals entfernt hat, prüft die Knoten, sieht sich in der Wohnung um, beäugt den Fußboden und stellt immer die gleiche Frage: »Und, fehlt was?«

Mit den Nerven am Ende, unkonzentriert und voller Entsetzen, daß ihr Kind nicht mehr am Leben ist, fühlen sich die Eheleute Teige zu einer gewissenhaften Prüfung momentan nicht in der Lage, werfen lediglich hier und da einen Blick in die Räume und Schränke, ohne etwas Verdächtiges festzustellen. Der teure Familienschmuck, den Manuela in einer auffälligen Schatulle auf der Frisierkommode im ehelichen Schlafzimmer ungesichert aufbewahrt, scheint komplett zu sein. Kriminalobermeister Niemann fühlt sich in seiner Version vom sogenannten autoerotischen Unfall bestätigt und schlußfolgert: Da kein Fremder das Haus betreten hat, muß der Junge die Strangulation selbst angelegt haben.

Als er nach diesen eigenwilligen und oberflächlichen Ermittlungen den traurigen Ort in der Saefkow-Straße verläßt, nehmen sich die leidgeprüften Eltern vor, die nächsten Stunden zu nutzen, um genau zu kontrollieren, ob sie womöglich bestohlen wurden.

Später, als Niemann in sein Büro zurückgekehrt ist, protokolliert er seine Feststellungen und begründet den autoerotischen Unfalltod des Jungen. Er erfüllt notwendige Informationspflichten und reicht auf diese Weise sein zweifelhaftes Ermittlungsergebnis an die Leitung des VPKA weiter, die, wie in solchen Fällen üblich, eine Sofortmeldung an den Kriminaldienst der BdVP und die Zentrale in Berlin auf den Weg bringt.

Kurz vor 18.00 Uhr erreicht den Kriminalobermeister ein Anruf von Manuela Teige. Ziemlich genervt teilt sie ihm mit, daß aus der Schmuckschatulle im Schlafzimmer doch drei goldene Ringe fehlen würden. In der Aufregung habe sie deren Verlust bisher nicht bemerkt. »Es muß ein Einbrecher hier gewesen sein«, behauptet sie felsenfest. Nun erwarte sie, die Polizei möge die Angelegenheit nicht weiter so lax behandeln wie bisher, anderenfalls würde sie beim Staatsrat eine Eingabe machen. Das sitzt. Niemann ist verunsichert, versucht zwar immer wieder, seine bisherige Position zu verteidigen, sagt aber, um sie von einer offiziellen Beschwerde abzuhalten, eine erneute Ereignisortuntersuchung zu, diesmal unterstützt durch einen Kriminaltechniker.

So geschieht es auch. Bereits eine halbe Stunde später erscheinen die Männer. Niemann überläßt dem Kriminaltechniker das Feld. Was das Ehepaar Teige allerdings nicht bemerkt: Die Art seiner Spurensuche widerspricht allen taktischen Regeln. Er arbeitet oberflächlich, unsystematisch und voreingenommen. Spuren, die entscheidende Bedeutung haben, übersieht er, es unterlaufen ihm eklatante Irrtümer. So hält er beispielsweise, wie sich erst später herausstellt, den Abdruck eines bestrumpften Fußes auf dem Bodenbelag vor dem elterlichen Schlafzimmerschrank für einen eingetrockneten, unbedeutenden Obstsaftfleck.

Niemann verteidigt unterdessen hartnäckig seine alte Position und zieht aus dem Fehlen der drei Ringe einen seltsamen logischen Schluß. Nämlich: Michael sei sexuell verklemmt gewesen, und da läge es nahe, die Ringe gegen Match-Box-Autos getauscht zu haben. Auch der Kriminaltechniker unterstützt diese absonderliche Erklärung. Manuela und Karsten Teige sind außer sich, verstehen die Welt nicht mehr, halten letztlich diese beiden Polizisten für die Verkörperung kompletter Inkompetenz.

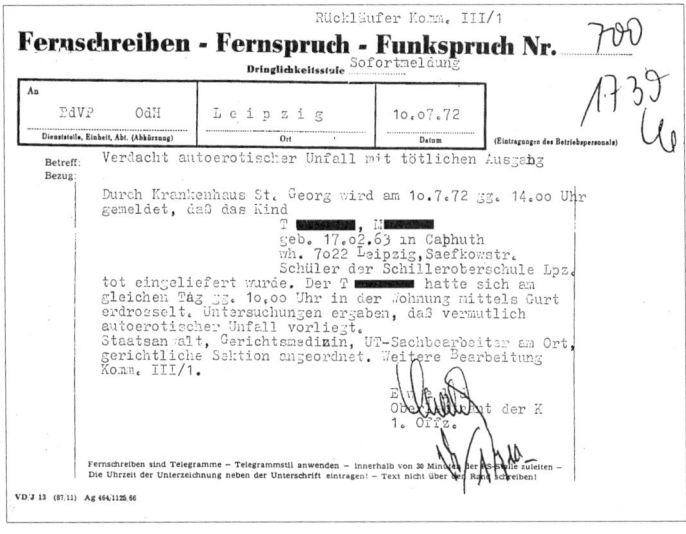

Mangelhafte Tatortarbeit verzögerte die Fahndung nach dem unbekannten Mörder. Hier die durch die kriminalpolizeiliche Einsatzzentrale an die übergeordnete Dienststelle weitergeleitete Sofortmeldung über den angeblichen Verdacht eines autoerotischen Unfalls.

Jedoch: Als Kriminalobermeister Niemann und sein eigenwilliger Spurensucher gegen 20.00 Uhr ins VPKA zurückkehren, regt sich ihr Gewissen. Sie debattieren und interpretieren. Reifliche Überlegungen folgen. Dann wollen sie doch nicht mehr ausschließen, daß ein unbekannter Einbrecher den im Bett liegenden Jungen entdeckt und aus Gründen des Selbstschutzes getötet haben kann. Ohne den Diebstahl zu vollenden, muß er dann fluchtartig das Weite gesucht haben. Reumütig bekennen sie ihrem Vorgesetzten, mit dem Fall überfordert gewesen zu sein, der womöglich ein Mord sein könnte.

Kurz vor 21.00 Uhr wird der Chef der Kriminalpolizei der BdVP, Oberstleutnant der K Ronneberg, über den mißglückten ersten Angriff im Falle des toten Michael Teige ins Bild gesetzt. Der wiederum veranlaßt auf der Stelle die Übernahme der Sache durch die Mordkommission. Deren Leiter, Hauptmann Vietzke (52), ein bedachter, versierter Mörderfänger, und Unterleutnant Striebl (25), vor wenigen Wochen vom Studium zurückgekehrt und voller Tatendrang, konsultieren kurz darauf den Direktor des gerichtsmedizinischen Instituts in der Johannisstraße, Prof. Dürwald. Da die sterblichen Überreste des Jungen ohnehin für die am nächsten Morgen geplante Autopsie bereitliegen, nimmt der Professor die Leichenschau sofort vor. Dabei entdeckt er am Hals die durch die Bettgurte verursachten Strangmarken. Eine nähere Untersuchung zeigt, daß sie vermutlich postmortal entstanden sind. Viel bedeutsamer ist ein anderer Befund: Es sind Würgemale im Kehlkopfbereich des Kindes. Sie waren am Vormittag, als es ins Krankenhaus eingeliefert wurde, noch nicht zu erkennen, weil sie sich nach der nunmehr etwa zwölfstündigen Liegezeit erst herausgebildet haben. Sie beweisen – Fremdeinwirkung.

Dieser Befund bestätigt den dringenden Verdacht des Mordes an dem neunjährigen Michael Teige. Er ist der Startschuß, die Ermittlungsmaschinerie noch zu dieser vorgerückten Stunde mit hohem Tempo in Gang zu setzen.

Damit ist die fachliche Kompetenz wieder hergestellt. Allerdings: Es ist davon auszugehen, daß polizeiliches Verschulden dem Täter inzwischen einen mehr als zehnstündigen Vorsprung ermöglicht hat.

Sexuelle Selbstbetätigung ist bekanntlich nicht nur ein entwicklungsbedingtes Durchgangsstadium, sondern mitunter eine lebenslang anhaltende Varietät menschlicher Sexualpraxis. Sie richtet sich auf die direkte Reizung peripherer erogener Körperzonen oder zentraler sexueller Regionen, aber auch auf die Schaffung stimulierender Angst- und Leidenssituationen. Manchmal werden dazu ausgeklügelte Techniken angewendet. Allerdings: Diese Techniken können nicht nur Gesundheitsschäden, sondern – wenngleich sehr selten – auch den Tod verursachen.

Derartige unter dem Begriff »autoerotische Todesfälle« zusammengefaßten, unfallbedingten Geschehnisse, treten mit einer gewissen Regelmäßigkeit auf, so daß die Kriminalpolizei im Rahmen ihrer Untersuchungspflichten nach § 159 StPO (unnatürlicher Tod) immer wieder mit ihnen in Berührung kommt.

Der statistischen Häufigkeit nach handelt es sich zumeist um Todesfälle durch Strangulation, Erstickung und Elektrizität. Sie betreffen überwiegend das männliche Geschlecht und erstrecken sich, in der Regel beginnend mit der Pubertät, über alle Altersgruppen.

Weniger der möglichen rechtlichen Konsequenzen als vielmehr ihrer phänomenologischen Besonderheiten wegen sind sie für die kriminalistische, insbesondere spurenkundliche, Tätigkeit von Bedeutung, da Auffindungssituation und Spuren allzu leicht fehlinterpretiert werden können. In den meisten Fällen wird zwar eine eindeutige Sachlage vorgefunden, doch muß untersuchungsmethodisch berücksichtigt werden, daß die Auffindungszeugen (Verwandte, Vertraute) oder Beteiligte aus unterschiedlichen Beweggründen (Scham, Leichtfertigkeit, Mitschuld) einen autoerotischen Unfall als Suizid oder sogar als vorsätzliche Tötung verschleiert haben können.

Im Fall des neunjährigen Michael Teige allerdings spricht die von der Mutter geschilderte Auffindungssituation von Beginn an gegen den Verdacht eines autoerotischen Vorgangs, obwohl, wenn auch höchst selten, selbst in diesem Alter sexuell getönte, unfallbedingte Todesfälle vorkommen können. Jedoch, die Vorgeschichte des Jungen, seine Lage im Bett, Knotenführung der Gurte und die über den Kopf gezogene Bettdecke widersprechen einem solchen Verdacht. Ihn aus dem Besitz von Aktbildern abzuleiten und die kriminalistischen Ermittlungen einseitig darauf festzulegen, ist ein nicht zu verzeihender Untersuchungsfehler, der im beschriebenen Fall empfindliche disziplinarische Konsequenzen nach sich zog.

Unter der energischen Leitung von Vietzke und Striebl rückt noch vor Mitternacht ein beachtliches Aufgebot an Ermittlern und Kriminaltechnikern in der Saefkow-Straße an, um das Haus der Familie Teige systematisch nach Spuren abzusuchen.

Mit Erfolg. Trotz der inzwischen erheblich veränderten Situation am Tatort ist die Spurenausbeute beachtlich. So werden an der elterlichen Schlafzimmertür Fingerabdrücke gesichert, die nicht von einem Familienmitglied, sondern vielmehr von einem Fremden stammen. Der angeblich eingetrocknete Obstsaftfleck vor dem Schrank wird mit Unterstützung einer optischen Vergrößerung eindeutig als Abdruck eines bestrumpften Fußes identifiziert, den weder Manuela noch ihr Gatte verursacht haben können.

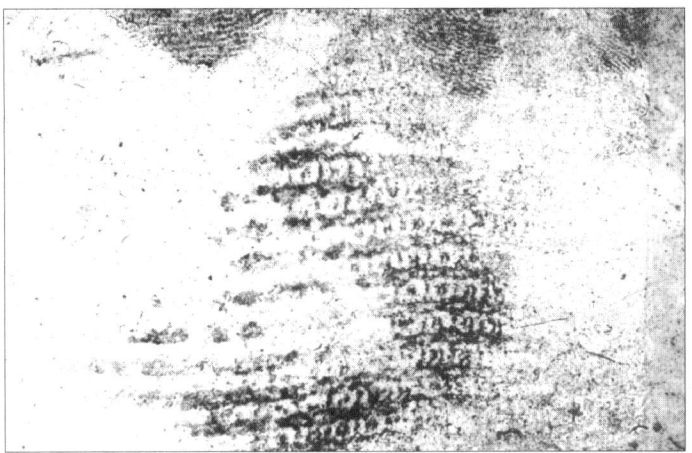

Die als eingetrocknete Flüssigkeit fehlinterpretierte Spur eines bestrumpften Fußes, verursacht vom Täter.

Tief unter das Ehebett gestopft liegt ein unförmiges, textiles Knäuel, das den Eheleuten Teige unbekannt ist. Es besteht aus verschiedener, reichlich verschmutzter Herrenkleidung: Ein gelbes Oberhemd, eine dunkelblaue Hose der Konfektionsgröße 48, ein Paar abgetretene Sandalen und eine leere

Brieftasche. Karsten Teige verneint die Frage, ob die ungewöhnlichen Klamotten womöglich ihm gehören. Folgerichtig überprüft er den Inhalt seines Schrankes. In der Tat, es fehlen eine schwarze Hose, ein hellgrünes Hemd, ein Paar schwarze Schnürschuhe, ein langärmliger, dickwolliger Pullover und eine beigefarbene Winterkutte. Diese Sachen genau zu beschreiben, fällt ihm nicht schwer. Daß ein Fremder sich im Schlafzimmer umgezogen haben muß, liegt nun auf der Hand. Jedoch: Angesichts der hochsommerlichen Temperaturen wurden Pullover und Winterkutte vermutlich deshalb gestohlen, um sie bei nächster Gelegenheit umzurubeln. Und als Manuela Teige zu berichten weiß, aus der Küche sei das rote Kofferradio, ein sowjetisches Fabrikat mit Plastikgehäuse, verschwunden, fühlen sich Vietzke und Striebl in ihrer Annahme bestätigt. Alles in allem verfügen sie damit über wichtige Anhaltspunkte für die Personen- und Sachfahndung.

An einem zur Terasse führenden Fenster im Parterre werden Textilfasern und Haare gesichert. Den Umständen nach lassen sie darauf schließen, daß jemand durch die Fensteröffnung gekrochen ist. Sie könnte dem Einbrecher als Ein- und Ausstieg gedient haben. Zerknirscht muß Manuela Teige einräumen, dieses Fenster während ihrer Abwesenheit nur angelehnt und nicht verschlossen zu haben.

Mit den ersten Sonnenstrahlen des 11. Juli 1972 wird die Suche im Garten fortgesetzt, erstreckt sich aber auch auf die Nachbargrundstücke. Die Kriminalisten stoßen auf weitere wichtige Spuren: Veränderungen an der mit einer Plane abgedeckten Hollywoodschaukel deuten darauf hin, daß sie benutzt wurde. Ganz in ihrer Nähe, wie weggeworfen, eine geöffnete, geleerte Konservendose mit dem Etikett »Jägerhackbraten«. Nicht weit davon entfernt – frisch zerknülltes Bonbonpapier. Hinter einem Johannisbeerstrauch die übelriechenden Relikte menschlicher Verdauung. Vietzke und Striebl gehen aus alldem folgerichtig von der Version aus, daß der Einbrecher im Schutze der Abdeckplane auf der Hollywoodschaukel längere Zeit verweilt, vermutlich sogar übernachtet hat.

Nun gilt schnelles Handeln, denn der zeitliche Vorsprung des Täters soll so kurz wie möglich gehalten werden. Deshalb läuft die Fahndung nach dem Unbekannten noch vor Abschluß der Spurensuche bereits auf Hochtouren, beschränkt sich allerdings nur auf den Bezirk Leipzig, weil die Zentrale eine Ausweitung auf alle DDR-Bezirke ablehnt.

In einem naheliegenden VP-Revier bezieht Unterleutnant Striebl ein Büro, um von dort mit anderen Kriminalisten seiner Kommission die Ermittlungen in der Umgebung der Saefkow-Straße zu forcieren. Denn die Personenbewegung des gestrigen Vormittags soll möglichst lückenlos erfaßt, die Eheleute Teige müssen zeugenschaftlich vernommen und Nachbarn befragt werden, ob ein Langfinger sie heimlich aufgesucht haben könnte. Weiterhin sind polizeiinterne Personenakten, Karteien und andere Datenspeicher zu überprüfen, einschlägige Straftaten nach ihrer Begehungsweise und Spurenlage zu analysieren und ob sie Ähnlichkeiten mit dem fraglichen Fall aufweisen. Von nun an beherrscht nervöser Eifer die Szene, klingeln unaufhörlich die Telefone, rattern die Fernschreiber, klappern die Schreibmaschinen.

Hauptmann Vietzke erwirkt unterdessen bei der Polizeiführung die Verstärkung seiner Mannschaft. Am späten Vormittag steht eine 45köpfige Einsatzgruppe bereit. Sie wird in verschiedenen Untersuchungsrichtungen tätig: Vorbestrafte, kürzlich aus der Haft Entlassene und kriminell Gefährdete aus dem ganzen Bezirk müssen erfaßt und überprüft werden. 1 334 Ermittlungsaufträge werden in den nächsten Stunden an die Männer erteilt. Andere Ermittler schwärmen derweil in jene großstädtischen Gefilde aus, die Gaunern, Tagedieben und anderen dunklen Gestalten als Treffpunkt dienen oder ihnen Unterschlupf bieten. Auch Kneipen, Schwimmbäder, Parkanlagen und vor allem das berüchtigte Gelände am Hauptbahnhof gelten ihrem kriminalistischen Interesse. Zur Mobilisierung der Bevölkerung wird vorsorglich ein Presse-aufruf vorbereitet. Er soll, falls die Fahndung bis zum nächsten Tag keinen Erfolg zeigt, am 13. Juli in der »Leipziger Volks-zeitung« abgedruckt werden.

Bereits am Abend des 11. Juli können die Männer um Vietzke einen ersten Erfolg verbuchen. Die Trapo am Hauptbahnhof hat nämlich eine wichtige Meldung zu machen: Ferdinand Konzig (67), Pächter der öffentlichen Toilette im Ostflügel des Hauptbahnhofs, bemühe sich nicht nur um das Reinlich-keitsbedürfnis unbescholtener Reisender. Auch den polizei-bekannten Dauertrinkern aus den umliegenden Mitropagast-stätten gälte seine Zuwendung. Da die bierseligen Sauf- und Pinkelbrüder in seinem Etablissement so manch unbedachtes Wort fallen lassen, beliefere er die Polizei regelmäßig mit mehr oder weniger brauchbaren Hinweisen. Nun stehe er wieder am Tresen der Bahnhofswache, präsentiere ein rotes Kofferradio und erkläre dazu, gestern in den späten Abend-stunden von einem jungen Mann in seiner Toilette auf-gesucht worden zu sein. Dieser habe kurzerhand ein rotes Kofferradio auf den Tisch gestellt und folgendes Anliegen vorgebracht:

»Meister, da draußen ist ein Russe, der will mir 'ne Uhr für

85 Mark verkaufen. Ich habe aber nur 35 Mark bei mir. Leih mir bis morgen 50 Mark. Dafür lasse ich dir das Radio als Pfand hier!« Gesagt, getan. Nach kurzer Überlegung habe er dem jungen Mann 50 Mark gegeben und das Radio sichergestellt.

Tatsächlich. Es ist das rote Radio sowjetischer Produktion, das die Eheleute Teige zweifellos als das ihre erkennen.

Nun weiß Hauptmann Vietzke nicht nur, daß der Täter sich am gestrigen Abend immer noch in Leipzig aufgehalten hat, vielmehr liefert Rentner Konzig im Rahmen seiner Zeugenvernehmung am Morgen des 12. Juli eine verhältnismäßig präzise Personenbeschreibung. Der Unbekannte sei von schlanker Gestalt, habe dunkelbraunes Haar mit einer dichten Tolle, die seine Stirn bedeckt. In mühevoller Kleinarbeit entsteht nach seinen Angaben ein sogenanntes Identi-Kit-Bild, das die an alle Polizeidienststellen des Bezirks Leipzig übersandten Fahndungsinformationen ergänzt.

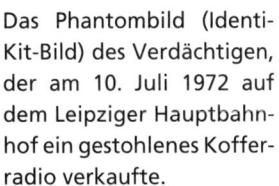

Das Phantombild (Identi-Kit-Bild) des Verdächtigen, der am 10. Juli 1972 auf dem Leipziger Hauptbahnhof ein gestohlenes Kofferradio verkaufte.

Die heutzutage in der Kriminalistik unter der Bezeichnung »Phantombild« für Fahndungszwecke verwendeten subjektiven Portraits sind ein wichtiges Hilfsmittel zur optischen Darstellung eines Personentyps. Nahezu die Hälfte der nach Zeugenaussagen gefertigten Reproduktionsbilder führt zur Ermittlung oder Festnahme des Verdächtigen.

In der DDR herrschten verschiedene Technologien der Fertigung von Phantombildern vor: Am gebräuchlichsten waren die nach Zeugenangaben gefertigten Portraitzeichnungen. Ihre kriminalistische Verwendungsfähigkeit wurde aber durch mögliche künstlerische Ambitionen und individuellen Stil des Zeichners stark beeinträchtigt.

Eine weitere Methode bildeten die sogenannten Schweizer Bildstreifen, wobei in Form einer Fotomontage Streifen von verschiedenen Portraitfotos (Haar-, Stirn-, Augen-, Nasen-, Mund- und Kinnpartie) zu einem neuen Portrait zusammengefügt wurden. Der Nachteil bestand im Mangel an ausreichenden Fotografien (optimal war eine Sammlung von 10 000 Portraitfotos), die unter den gleichen fototechnischen Bedingungen angefertigt wurden. Beide Verfahren wurden deshalb lange Zeit kombiniert (Foto-Robot-Bilder).

In den 60er Jahren wurde in Polen eine weitere Methode entwickelt, die auch in die kriminalistische Praxis der DDR Einzug hielt, das sogenannte Identi-Kit-Verfahren. Es beruht auf der Zusammenfügung der auf Klarsichtfolien aufgedruckten Fragmente des Gesichts, die, übereinander gelegt, ein Portrait entstehen lassen. Da die Folien durch Nummern und Buchstaben gekennzeichnet sind, entsteht eine Codierung, die eine schnelle telefonische Übermittlung des Identi-Kit-Bildes möglich macht.

In anderen Ländern kamen ähnliche, wenn auch verschiedentlich modifizierte Technologien zur Anwendung (z. B. das »Mc-Donald-Verfahren«, Foto-Fitting).
Verfahren der elektronischen Bildmischung, wie sie in der Gegenwart angewendet werden, waren zu dieser Zeit noch nicht gebräuchlich.

Am Morgen des 13. Juli 1972. Der zuständige Staatsanwalt erkundigt sich beim Leiter der Mordkommission nach dem aktuellen Stand der Ermittlungen und mosert darüber, daß sich die Fahndung allein auf den Bezirk Leipzig beschränkt. Vietzke kann nur durch ein Schulterzucken sein Bedauern ausdrücken: Nicht seine Schuld, Berlin hat nicht mitgespielt. Der Staatsanwalt hält diese Begrenzung für einen groben taktischen Fehler. Ärger kocht in ihm. Dann weist er an, die Fahndungsmaßnahmen nicht nur durch eine für den nächsten Tag vorgesehene, präzisierte Presseinformation zu ergänzen, sondern auf sämtliche Bezirke der DDR auszudehnen. So geschieht es auch.
Hauptmann Vietzke und seine Männer haben in den nächsten Tagen alle Hände voll zu tun. Denn es heißt Spuren auswerten, Gutachten einholen, Fernschreiben absetzen oder beantworten, Zeugen vernehmen, daktyloskopische Spuren vergleichen, Alibis überprüfen und unendlich viele Protokolle tippen. In den nächsten Tagen werden insgesamt 1345 Personen offen oder konspirativ gecheckt. Derlei Massenüberprüfungen sind ein in der Phase des unbekannten Täters immer wiederkehrender, nervenaufreibender Routinevorgang, der vor allem dann ermüdet, wenn noch kein Lichtstrahl am Ende des Tunnels der Ermittlungen zu sehen ist.

Unterleutnant Striebl bemüht sich unterdessen, die Fährte des Unbekannten aufzunehmen, in dem er die aktuellen Einsteigediebstähle in Leipzig und den angrenzenden Bezirken

DER STAATSANWALT
des Bezirkes Leipzig
- Abteilung AK -

Verfügung vom 13. 7. 72

Im EV Tgb.-Nr. N 8285/72 gegen Unbekannt wegen Tötungsverbrechens zum Nachteile des Kindes M█████ T████ sind die bisher überbezirklich eingeleiteten Maßnahmen nicht ausreichend. Insbesondere ist die Ablehnung der Fahndung im Republikmaßstab unverständlich.
Zur Fortführung der Ermittlungen weise ich an:

1. Die Eilfahndung nach dem unbekannten Täter ist auf der Grundlage der vorliegenden Personen- und Bekleidungsbeschreibung auf die ganze Republik auszudehnen. Über die Hauptabteilung K sind die notwendigen Maßnahmen zu veranlassen.

2. Es ist zu veranlassen, daß auch die Grenzschutzorgane in die Fahndung einbezogen werden.

3. An die Anliegerbezirke ist in Ergänzung des FS vom 11. 7. 7 ein Ermittlungsersuchen zu richten, mindestens die seit dem 1. 7. 72 erstatteten Anzeigen dahingehend zu überprüfen ob eine Täterbeschreibung vorliegt, die auf die an hiesigen Tatort zurückgelassene Bekleidung zutrifft.

4. Es ist zu veranlassen, daß auch in der Bezirkspresse der Anliegerbezirke ein Aufruf zur Mitarbeit der Bevölkerung veröffentlicht wird. Bei der Veröffentlichung ist besonders die Frage zu stellen, ob am Montag und Dienstag eine Person mit der bekannten Beschreibung auf den Bahnhöfen, eventuell in Zügen aus Leipzig, gesehen worden ist.

Über die Durchführung der Weisung ist mir bis morgen, 14 Uhr, zu berichten.

i.A.:
Troch
Abteilungsleiter

Weisung der Bezirksstaatsanwaltschaft, die Fahndung auf das ganze Gebiet der DDR auszuweiten.

erfaßt und vergleicht. Bislang ist es zwar noch nicht gelungen, den Mann über die gesicherten Fingerspuren namhaft zu machen, doch die Konturen seiner Begehungsweise treten immer schärfer hervor: Er stiehlt nur das, was er bald verzehren kann oder was sich unauffällig vermarkten läßt. An jedem neuen Tatort wechselt er seine Kleidung, läßt die abgelegte zurück und hinterläßt nur wenige Fingerspuren. Er über-

Wer kann Hinweise geben ?

In Ergänzung der Pressenotiz vom 12.07.1972 bitten wir die Bevölkerung um Mithilfe bei der Klärung folgender Fragen:

Wo wurden ab Montag, den 10.07.1972 folgende Bekleidungsstücke und Ringe zum Kauf angeboten:

-Dreiviertellange, beigefarbene Herrenkutte Marke „Cortins", längstgesteppt, Ringgürtel, sichtbare Metalldruckknöpfe, eingearbeitete, gerade Taschen ohne Klappen.

-Steinweißfarbener, langärmeliger Herrenpullover, Perlmuster mit Römerkragen.

- 2 Trauringe, Gold 585, 5 mm breit, 2 mm stark. Ringränder haben Facettenschliff.

- Der vermutliche Täter wurde am Montag, dem 10.07.1972 zwischen 15.oo und 17.00 Uhr auf dem Gelände des Leipziger Hauptbahnhofs gesehen. Er hat dort das erwähnte Kofferradio „Stern Elite" verkauft, welches sichergestellt wurde.

Welche Personen haben zur genannten Zeit am und im Hauptbahnhof sachdienliche Wahrnehmungen gemacht und können eine Personen- und Bekleidungsbeschreibung des Unbekannten abgeben?

Personenbeschreibung: Alter 25 bis 35 Jahre, 168 bis 178 m. Haarfarbe dunkelblond. Bekleidungsbeschreibung wie veröffentlicht.

Wer kennt Personen, auf die die genannte Beschreibung passt?

Der vermutliche Täter besuchte am Sonntag, den 9.7.1972, um 12.00 Uhr, die Filmveranstaltung im Lichtspieltheater „Casino", 701 Leipzig, Neumarkt.

Es werden nochmals alle Bürger, die diese Veranstaltung besucht haben, gebeten, sich bei der Volkspolizei zu melden.

Hinweise, die auf Wunsch vertraulich behandelt werden, sind an Telefon 7975 572 und 1955 542 oder an jede andere VP-Dienststelle zu richten.

Presseinformation in der »Leipziger Volkszeitung« vom 14. Juli 1972 zur Fahndung nach dem unbekannten Einbrecher und Mörder.

35

nachtet im Freien, in Gärten oder Schuppen, und meidet näheren Kontakt zu anderen.

Offensichtlich ist er ein lichtscheuer Einzelgänger. Der durch ihn angerichtete materielle Schaden ist zwar verhältnismäßig gering, doch bricht er regelmäßig täglich mindestens einmal in ein Einfamilienhaus ein.

Der bloße Vergleich markanter Merkmale seiner verbrecherischen Arbeitsweise erlaubt tatsächlich, seinen Weg zu verfolgen. Noch ist er der Polizei immer ein Stück voraus. Aber: Weitere Zeugenaussagen und Spurenauswertungen fördern die Präzisierung seiner Personenbeschreibung. Da Striebl damit rechnet, daß sich der unbekannte Täter seit dem 12. Juli in Halle und Umgebung aufhält, können auch die dortigen Fahndungsmaßnahmen intensiviert werden. Mit Handzetteln und Lautsprecherwagen ruft die VP die Bevölkerung zu besonderer Wachsamkeit auf.

Ein Zufall führt zur entscheidenden Wende: Am 23. Juli 1972 beobachtet ein Handwerker vom Dach eines Einfamilienhauses in einer noblen Vorortsiedlung von Halle, wie sich ein junger Mann in verdächtiger Weise an Türen und Fenstern einer gegenüberliegenden Villa zu schaffen macht, deren Bewohner offenbar ihrem Tagewerk nachgehen. Könnte das der unbekannte Bösewicht sein, der seit Tagen in aller Munde ist? Der Mann alarmiert die VP. Man verspricht, zu kommen. Kurz darauf schleicht ein Funkwagen heran. Und weil der Unbekannte immer noch im Villengelände umherstreift und keine überzeugenden Gründe vorbringen kann, was er auf fremden Grundstücken zu suchen hat, wird er von den Uniformierten kontrolliert. Der junge Mann, eine schlaksige Erscheinung, mit dichtem, dunkelbraunem Haar und einer in die Stirn fallenden auffälligen Tolle, fingert widerstandslos aus der Hosentasche einen abgegriffenen, schmuddeligen Personalausweis auf den Namen Hermann Vašik, Jahrgang 1941, wohnhaft in Pößneck, Lutschgen 14. Er meint unverblümt, die Polizei in Pößneck würde ihn bereits suchen. Im Grunde genommen sei er dankbar für die jetzige Festnahme, weil sie sein bisheriges Zigeunerleben endlich beende. Die Wachtmeister blicken argwöhnisch drein, prüfen das Dokument, requirieren es kurzerhand und fragen bei der Leitzentrale nach, ob ein Mann dieses Namens tatsächlich zur Verhaftung ausgeschrieben sei. Und genauso ist es: Vašik wird wegen diverser Eigentumsstraftaten gesucht. Um dem Arm des Gesetzes zu entgehen, ist er seit dem 15. Mai 1972 flüchtig.

Kurz darauf schließt sich hinter ihm die schwere Zellentür des Polizeigewahrsams Halle. Von dort will man ihn alsbald nach Pößneck überstellen. Noch sind die Polizisten im Kreisamt ahnungslos, daß seit 13 Tagen auch die Leipziger Mordkommission Hermann Vašik auf den Fersen ist.

Erst am Morgen des 24. Juli 1972 kommt ein Kriminalist aus der Führungsetage der Bezirksbehörde beim Studium des aktuellen Lageberichts dahinter, daß der im Polizeigewahrsam einsitzende Mann auch wegen Mordes in Fahndung steht.

Eine Viertelstunde später wird Hauptmann Vietzke über Vašiks Verhaftung unterrichtet. Ein tonnenschwerer Stein fällt ihm vom Herzen. Augenblicklich beordert er Leutnant Striebl nach Halle, um den Delinquenten in Empfang zu nehmen. Der Unterleutnant und zwei weitere Kriminalisten garantieren die Sicherheit der Unternehmung.

Vašik hockt während der Fahrt in sich zusammengesunken im Fond des Wagens, scheint erschöpft, keineswegs aber niedergeschlagen zu sein. Gleichgültig starrt er durch das Wagenfenster auf die vorüberziehende Landschaft. Striebl, der neben ihm sitzt, sagt kein Wort, interessiert sich aber für das stumme Ausdrucksverhalten des eigentümlichen Mannes mit der dunkelbraunen Tolle in der Stirn. Auch die vielen Tätowierungen an dessen Unterarmen und Handrücken betrachtet er ungeniert. Vašik bemerkt es, mißdeutet aber den Blick des Kriminalisten. Er hebt die Arme etwas an, weist mit einer Kopfbewegung auf die eisernen, silbergrau glänzenden Fesseln an seinen Handgelenken, und grinst: »Das war wirklich nicht nötig!«

Striebl kontert sarkastisch: »Und mit dem Jungen, war das nötig?«

Vašik versteht sofort, wendet seinen Blick ab, als wäre ihm die Angelegenheit sehr peinlich, und sagt: »Scheiße war das. Ich hatte Heidenangst.«

»Jetzt hast du das größte Problem deines Lebens am Hals!« heizt Striebl ihm ein.

Doch Vašik gibt kraftlos zu verstehen: »Ist egal, irgendwann nehme ich mir sowieso 'n Strick!«

Unterleutnant Striebl sagt nichts dazu, denkt aber: Hoppla, der Junge ist ja suizidgefährdet. Aber in der Vernehmung wird er sicher keine Schwierigkeiten machen.

Zurück in Leipzig. Der für Pößneck zuständigen Bezirksbehörde in Gera teilt man umgehend Vašiks Verhaftung mit und es werden seine Vorstrafenakten erbeten. Vietzke und Striebl nehmen die geordnete Auflösung der Einsatzgruppe unter ihre Regie. Einige Männer müssen noch bleiben, denn noch ist ein gehöriges Pensum an Nacharbeiten zu bewältigen. Andere werden nach Pößneck entsandt, um die Woh-

nung Vašiks zu durchsuchen. Die nächsten Stunden vergehen mit Lagebesprechung, Papierkram und Vernehmungs-
vorbereitung. Bürokratische, aber prozeßrechtlich notwen-

MINISTERRAT DER DEUTSCHEN DEMOKRATISCHEN REPUBLIK

Ministerium des Innern

Dienststelle .BDVP. Leipzig.
Abteilung   K

.........Leipzig............ , den   24.07.1972. 196....

Verfügung

Gemäß § 98 der Strafprozeßordnung wird gegen den /die ....

Name ....   V ▮▮▮▮▮▮

Vorname ....   H▮▮▮▮▮▮

geboren am ....   05.08.1941   in ...   Bardubice

Beruf ....   Dachdecker   zuletzt ohne Beschäftigung

Arbeitsstelle ....   ohne Arbeitsstelle

Wohnanschrift ...   Pößneck, Lutschgen Nr. ▮

aus den unten angeführten Gründen die Einleitung eines Ermittlungsverfahrens angeordnet.

Gründe: V ▮▮▮▮▮▮   ist dringend verdächtig, am Montag, dem
10.07.1972 in der Zeit zwischen 10.oo und 11.oo Uhr
in 7o22 Leipzig, Saefkowstraße ▮▮ vorsätzlich ein
Kind zur Verdeckung einer Straftat - Einsteigediebstahl-
getötet zu haben.

Ferner wird er beschuldigt, mehrere Einsteigediebstähle als Rückfalltäter begangen zu haben.

Rechtsgrundlage: Mord gem. § 112, Abs. 1. Ziff. 1 StGB,
§ 177, Abs. 1, § 181, Abs. 1, Ziff. 4 StGB
in § 63 StGB.

Unterschrift
Oberleutnant der K

Verfügung über die Einleitung eines Ermittlungsverfahrens gegen
H. V. wegen des Verdachts des Mordes und fortgesetzter Diebstähle.

dige, Formalitäten und erkennungsdienstliche Routinemaßnahmen folgen.

Die erste große Beschuldigtenvernehmung soll am späten Abend durchgeführt werden. Sie dauert bis weit nach Mitternacht an und führt zu einem Erfolg. Vašik gesteht nämlich nach einigem Zögern alle Einzelheiten des Mordes, spricht über Beweggründe und bekennt sich ohne Vorbehalte dazu, was er sonst noch auf dem Kerbholz hat. Dabei betont er aber immer wieder, für ein Leben in Freiheit nicht geschaffen zu sein und sich nur im Knast gut aufgehoben zu wissen. Überhaupt: Daß er nun eine lebenslange Haftstrafe zu erwarten hat, kann ihn offensichtlich nicht erschüttern.

Hermann Vašik, der nach dem Krieg mit der Familie aus seiner tschechischen Heimatstadt umgesiedelt wurde, blieb eine glückliche Kindheit versagt: Er und seine zehn Geschwister entbehrten, was andere Kinder an Unbeschwertheit besaßen. Die familiären Bedingungen, unter denen er aufwuchs, waren kompliziert und bedrückend. Der Vater, Buchschneider mit geringem Einkommen, ein einfacher, grobgeschnitzter Mann, kümmerte sich lediglich um den spärlichen Unterhalt. Die Mutter, herzleidend, nicht belastbar, war der Erziehungssituation völlig hilflos ausgeliefert. Chaos, Unbekümmertheit und Gleichgültigkeit prägten so die familiäre Szenerie. Auch die Wohnverhältnisse der Großfamilie, eine triste Baracke in der Kreisstadt Pößneck, waren erschreckend und erweckten beizeiten die Aufmerksamkeit der Behörden. Als im Jahre 1956 die Mutter starb, verschärfte sich die Lage. Nun lag die Obhut über die elfköpfige Kinderschar allein in den Händen des Vaters. Einige Geschwister wurden auf staatliche Veranlassung in Kinderheimen untergebracht. Die anderen waren sich meist selbst überlassen. So auch Hermann. Trotz intakter Intelligenz kam es bei ihm mit der Zeit zu erheblichen sozialen Deformationen. Bereits im zarten Alter von zehn Jahren begann er, mit seinen Geschwistern Diebstähle zu begehen, perfektionierte im Laufe der Zeit seine Technik und wurde dabei immer tollkühner.

Den Anforderungen der Schule war er nicht gewachsen, sie ließen ihn gleichgültig, Lernen wurde zur lästigen Nebensache. Seine Leistungen blieben deshalb immer weit unter dem Durchschnitt. Laufend störte er den Unterricht, war unkonzentriert, schwänzte, stahl. Mehrmals blieb er sitzen, bis er auf Drängen der Lehrer mit zehn Jahren in eine Sonderschule eingewiesen wurde, die er bereits nach der sechsten Klasse verließ.

Mißmutig begann Hermann Vašik nun eine Lehre als Dachdecker. Doch schon nach wenigen Wochen brach er sie ab, verdingte sich fortan nur noch als Gelegenheitsarbeiter.

Unbeständigkeit, Kontaktarmut und Unfähigkeit zu sozialer Bindung waren seine ausgeprägtesten Eigenschaften. Auf diese Weise entwickelte er sich frühzeitig zu einem ruhelosen Einzelgänger.

Dies alles hatte unmerkbar die Beschädigung seiner Seele zur Folge, bildete den Nährboden für seine weitere kriminelle Karriere und läßt vermuten, daß sie zeitlebens nicht ausheilen wird.

Mit 16 Jahren stand er das erste Mal vor den Schranken des Gerichts. Ein Einbruch in die Gaststätte eines Sportvereins brachte ihm auf Anhieb gleich zwei Jahre Aufenthalt hinter schwedischen Gardinen ein. Jedoch: Widersinnigerweise empfand er die harten Strafvollzugbedingungen als nicht sonderlich belastend. Ja, sie vermittelten ihm sogar das Gefühl einer gewissen Geborgenheit. Bereits die erste Bekanntschaft mit dem Gefängnis prägte seine ohnehin schon verrohte Natur zusätzlich: Auch künftig litt er niemals richtig darunter, wenn sich die Gefängnistore immer wieder hinter ihm schlossen. Diese schädlichen Bedingungen erschwerten eine erfolgreiche Resozialisierung gewaltig. Und es zeigte sich: Jeder Haftentlassung folgte nur ein kurzer Aufenthalt in Freiheit, so daß sein Strafregister beachtliche Ausmaße annahm. Im Alter von 31 Jahren konnte er bereits acht Vorstrafen mit Freiheitsentzug, das heißt ein mehr als zwölfjähriges Leben hinter Gittern, für sich verbuchen.

Am 13. März 1972 öffnen sich für Hermann Vašik die schweren Tore der berüchtigten Strafvollzugseinrichtung Bautzen, vom Volksmund das »gelbe Elend« genannt. Zweieinhalb Jahre mußte er wegen des letzten Einbruchs absitzen.
Jetzt macht er sich auf den Weg nach Pößneck, denn die Anstaltsleitung hat ihm aufgetragen, sich umgehend bei der dortigen Abteilung Inneres zu melden. Ohne sichtbares Widerstreben befolgt er die Anordnung und demonstriert, um nicht aufzufallen, erforderliche Anpassung. Die ernst dreinblickenden Damen und Herren der Wiedereingliederungskommission bieten ihm ein schlichtes Zimmer zur Untermiete an und weisen ihm einen Arbeitsplatz in der Schokoladenfabrik zu, erteilen strenge Bewährungsauflagen und drohen mit erneuter Inhaftierung, falls er sich der Arbeit entziehe oder gegen die Auflagen verstoße. Zunächst macht Vašik aus seiner Aversion gegen geregelte Arbeit und vermeintliche soziale Zwänge keinen Hehl, wünscht, man möge ihn wieder dorthin bringen, wo er gerade hergekommen sei.

Man diskutiert mit ihm, bis er schließlich gelobt, sich an die Maßregeln zu halten, lehnt aber das Angebot des Untermieterzimmers dankend ab, weil er lieber bei seinem Vater wohnen möchte. »Gut, wir sind ja keine Unmenschen«, meinen die Funktionäre und sind einverstanden.

Doch in Vašiks Kopf geht anderes vor. Er beabsichtigt keineswegs, sich an die aufgezwungene Abmachung zu halten. Zwar meldet er sich bei seinem alten Vater, der vergeblich versucht, ihn zu regelmäßiger Arbeit an- und von weiteren Einbrüchen abzuhalten, bleibt aber nur kurze Zeit bei ihm. Eines Morgens verschwindet er unbemerkt. Wohin er will, weiß er nicht. Erst einmal untertauchen, dann weitersehen, ist seine ständige Devise. Tagsüber taucht er in der Anonymität verschiedener Städte unter, stiehlt, was nicht niet- und nagelfest ist. Er begeht Einbrüche, und die jeden zweiten Tag. Bevorzugte Beute: Bargeld. Doch auch anderes Brauchbares läßt er mitgehen, setzt es in vermieften Kneipen bei zwielichtigen Gestalten um. Der Ertrag ist mitunter so groß, daß er nobel tafeln, neue Bekleidung und Tickets für die Bahn kaufen kann. Die Nächte verbringt er entweder auf Parkbänken, in Bahnhofsgaststätten, in Abrißgrundstücken, Lauben, Baubuden oder, falls die Witterung es zuläßt, auf Wiesen, in Getreidefeldern und Scheunen. Manchmal bieten ihm Frauen mit horizontaler Nebenbeschäftigung Körper und Logis an. Dann benutzt er falsche Namen und phantasiereiche Legenden. Ansonsten bleibt er lieber im Verborgenen, vermeidet nähere Kontakte zu anderen.

Ungeordnete Gedanken, in den Westen abzuhauen, beschäftigen ihn zwar immer wieder, doch nehmen sie angesichts des hohen Risikos erwischt oder erschossen zu werden, keine konkreten Formen an. So streunt Hermann Vašik wochenlang durch verschiedene DDR-Bezirke. Größere Ortswechsel nimmt er mit der Bahn vor. Auf diese Weise erreicht er am Sonntag, dem 9. Juli 1972, den Hauptbahnhof in Leipzig. Es ist jener sonnenreiche Tag, den Manuela und Karsten Teige mit ihren beiden Kindern im Strandbad Auensee verbringen.

Vašik läuft zunächst ziellos durch die große Stadt, besucht im Kino »Capitol« gleich zwei Filmveranstaltungen hintereinander und hält sich danach bis zum Abend im Zoo auf. Wieder streift er unstet durch die Straßen. Als die Dämmerung hereinbricht, erreicht er zufällig die Saefkow-Straße. Auf der Suche nach einem geeigneten Schlafplatz fällt sein prüfender Blick auf die umliegenden Grundstücke. Dabei richtet sich sein Interesse auf ein zweistöckiges Haus mit großem Garten. Und in diesem Garten steht an lauschigem Plätzchen eine mit einer Plane überdeckte Hollywoodschaukel. Das ist's, dort will er übernachten. Nun heißt es warten, bis es gänzlich dunkel ist.

Von Ferne Donnergrollen. Ein Gewitter kündigt sich an. Als die Lichter im Haus längst verloschen sind, klettert er be-

Sicht von der Terrasse auf das Grundstück mit der abgedeckten Gartenschaukel, in der der Täter übernachtete.

44

hende über den Zaun und schleicht bis an den ausgewählten Ort. Da ringsum Stille ist und Dunkelheit, macht er es sich bequem. Er öffnet eine Konservendose mit Jägerhackbraten, futtert sie leer und wirft sie in hohem Bogen in die Büsche. Eine Handvoll Bonbons, die er bei seinem letzten Einbruch so nebenbei mitgehen ließ, bilden eine Art Nachtisch. Bald darauf meldet sich sein Bauch. Nur wenige Schritte weiter läßt er seinem natürlichen Bedürfnis freien Lauf.

Es beginnt zu regnen, erst zaghaft, dann immer heftiger. Vašik kriecht unter die schützende Abdeckung der Schaukel, richtet sich für die Nacht ein. Er hat vor, mit dem ersten Zwitschern der Amseln aufzubrechen. Doch der Regen prasselt unaufhörlich gegen die Plane, erzeugt ein gleichmäßiges Geräusch mit ermüdender Wirkung, und bald schläft der Mann ruhig und fest wie ein unschuldiges Kind.

Er erwacht viel zu spät. Längst hat der Regen aufgehört. Die Sonne scheint wie am gestrigen Tag. Unmöglich, das Versteck unbemerkt zu verlassen. Nahe Stimmen sind zu hören. Durch einen Schlitz in der Plane sondiert er vorsichtig die Lage, erspäht nicht weit entfernt Menschen auf der Terrasse des Hauses: Eine Frau und zwei Kinder, ein etwa zehnjähriger Junge und ein jüngeres Mädchen. Sie frühstücken. Mucksmäuschenstill verharrt Vašik in der Deckung.

Minuten später: Bewegung auf der Terrasse. Das Frühstück scheint beendet zu sein, Geschirr klappert. Er lugt durch den Schlitz: Die Frau räumt den Tisch ab. Weiteres Warten, unentwegt das Haus im Visier. Wiederum erscheint die Frau. Sie bugsiert ein Fahrrad in den Keller, kehrt ins Haus zurück. Einige Zeit später: Sie verläßt mit dem Mädchen das Haus, verriegelt die Gartenpforte und verschwindet. Vašik schießt durch den Kopf: Jetzt ist das Haus leer, beste Gelegenheit zum Einsteigen. Ich muß die Kleidung wechseln, brauche Geld. Dort an dem angelehnten Fenster an der Terrasse ist es am leichtesten.

Flugs ist er am Fenster, kriecht durch die Öffnung. Im Haus ist es still. Er blickt sich in verschiedenen Räumen um, denkt: Eine ordentliche Wohnung, hier ist Wohlstand! Blitzschnell plant er sein Vorgehen. Augenblicke später, wieder im Korridor, will er nun die Treppe empor zum Schlafzimmer. Da passiert es! Eine Tür öffnet sich. Vor ihm steht ein kleiner Junge, bekleidet mit beigefarbenen Shorts, Furcht in den Augen. Vašik ist über das unerwartete Zusammentreffen selbst erschrocken. Sein einziger Gedanke: Der kann mich verraten! Angst beherrscht ihn. Mit drohender Gebärde stürmt er auf den Jungen zu; eigentlich will er ihn nur einschüchtern. Doch der Kleine will flüchten, schreit aus Leibeskräften. Vašik reagiert blitzschnell, hält ihm gewaltsam den Mund zu. Er hat dabei große Mühe, den sich verzweifelt Wehrenden zu bändigen. Kurzerhand umfaßt er mit kräftigem Griff den Hals des Jungen und drückt solange zu, bis jede Bewegung erloschen ist. Er löst seine Hände und läßt den leblosen Körper zu Boden plumpsen.

Es dauert nur Sekunden, und Vašik hat die unvorhergesehene Konfrontation emotional überwunden, überzeugt sich, daß der Junge tot ist und läßt ihn vorerst liegen. Seelenruhig durchstöbert er die Räume, entnimmt aus der Schatulle im Schlafzimmer drei goldene Ringe. Den anderen Schmuck läßt er unberührt. »Dann bemerkt man nicht gleich, daß was fehlt«, sagt er dazu in der Vernehmung. Im Kleiderschrank findet er jede Menge passende Garderobe. Dann kleidet er sich um und stopft seine abgelegten, verschmutzten Sachen unter das Ehebett. Irgendwo findet er ein paar Mark, die postwendend in seinen Taschen verschwinden. In den Korridor zurückgekehrt, fällt ihm der tote Junge ein. Er trägt ihn in das Zimmer und wirft den Leichnam wie einen Sack Kartoffeln auf das heruntergeklappte Wandbett. Die Gurte wickelt er um den Hals des toten Kindes, verknotet sie fest und legt die Decke über den leblosen Körper. Bevor er verschwindet, läßt er das rote Kofferradio mitgehen, das in der Küche auf dem Kühlschrank steht. Bis zum späten Abend hält er sich auf dem Gelände des Hauptbahnhofs auf und versucht zunächst vergeblich, das Kofferradio gewinnbringend zu verhökern. Dann: Bei einem Toilettenmann hat er Glück. Die Legende mit dem Russen, der seine Uhr umsetzen will, überzeugt den Alten. Einen Teil des Geldes setzt er in einer Mitropagaststätte um, wo er Kontakt zu einigen alkoholisierten Tunichtguten aufnimmt, bei denen er für 50 Mark die

H. V. (Pfeil) wurde am 24. Juli 1972 dem Toilettenwart vom Leipziger Hauptbahnhof gegenübergestellt. Er blieb unerkannt, weil er in der Untersuchungshaft seine Frisur stark veränderte.

Ringe losschlägt. Mit dem letzten Zug vor Mitternacht verläßt er Leipzig in Richtung Halle.

Die Tötung des kleinen Jungen hat Vašiks Seele vollends ausgekühlt. Sicher, irgendwie tut es ihm leid, daß es dazu gekommen ist, aber eigentlich ist es ihm auch egal. Warum also daran weitere Gedanken verschwenden? Letztlich ist das Leben anderer ihm ebenso gleichgültig wie das eigene. Gewiß, irgenwann einmal wird er für den Mord büßen müssen, und zwar lebenslang. Doch bis dahin will er den Augenblick genießen, auf seine eigene, schäbige Art. Was morgen sein wird, bewegt ihn heute nicht. Und alle weiteren Überlegungen enden in dem absonderlichen Trost, daß letzten Endes immer noch die Möglichkeit einer Selbsttötung bleibt. Das alles macht ihn zu einem Menschen, dessen Gefährlichkeit nun um ein Vielfaches angewachsen ist.

Vašik streunt wie ein hungriger, scheuer Wolf durch die Großstadt, verbringt die Nächte auf Parkbänken, in Wartehäuschen oder Gartenlauben, nutzt jede sich bietende Gelegenheit zu Diebstählen und Einbrüchen, fast jeden Tag. Dabei geht er immer dreister vor: Auf offener Straße fordert er von zwei älteren Damen die Herausgabe des Inhalts ihrer Handtaschen, indem er sie mit den Worten, ein gesuchter Mörder zu sein, einschüchtert.

Erst die Verhaftung am 23. Juli 1972 beendet seine kriminelle Wanderschaft.

Die Ermittlungen gegen Hermann Vašik dauern bis Anfang September 1972. Dann endlich können Hauptmann Vietzke und Unterleutnant Striebl den Schlußbericht schreiben und die Akte zur Anklageerhebung an den Staatsanwalt übergeben.

Ein notweniger Nachsatz: Schluderhafte Polizeiarbeit in der Phase des ersten Angriffs – übrigens auch heutzutage häufige Praxis, die eine nachfolgende spezialisierte kriminalistische Tätigkeit erheblich beeinträchtigt – führte im geschilderten Fall erst nach 13 Tagen dazu, den Mörder dingfest zu machen. Dieser zeitliche Vorsprung erscheint auf den ersten Blick unbedeutend, aber schließlich ermöglichte er dem Mörder die Begehung weiterer zehn dreister Einbruchsdiebstähle und einer räuberischen Erpressung. Die Gewißheit, für das von ihm verübte Tötungsdelikt bereits lebenslänglich hinter schwedische Gardinen zu müssen, hat unbemerkt seine Risikobereitschaft gefährlich erhöht, denn er wollte, so lange es eben ging, sein kümmerliches Vagabundenleben in Freiheit fortsetzen. Nur glücklichen Umständen war es zu verdanken, daß Vašiks Selbstschutzpotential nicht herausgefordert wurde und er keinen weiteren Mord beging.

Bruderliebe – Bruderhaß

(Aktenzeichen 131-60/79 Bezirksstaatsanwalt Erfurt
Tagebuchnummer 1942/79 VPKA Erfurt)

Erfurt, Mittwoch, 23. Mai 1979, vormittags. Obwohl der Sommer dem Kalender nach erst einen Monat später beginnt, liegt bereits eine ungewöhnliche Wärme über der Bezirksstadt. Ein gelbgrüner Funkstreifenwagen der VP fährt in Richtung Bahnhof Nord, biegt von der Karl-Marx-Allee in die Spittelgartenstraße ab und stoppt vor dem Haus Nr. 11. Zwei Uniformierte steigen aus dem Fahrzeug. Eine ältere Frau, die bereits vor der Haustür wartet, geht schnurstracks auf sie zu. Sie will etwas sagen, doch einer der Männer fragt gleich: »Sind Sie die Anruferin?«

Die Frau nickt bejahend, weist auf die Fenster des Dachgeschosses und sagt: »Da oben, wo der Huck wohnt, da muß es sein!« Dann geht sie zurück zum Haus, die Ordnungshüter folgen ihr.

Bereits im Erdgeschoß riecht es streng und übel. Die Polizisten verziehen angewidert ihre Gesichter, steigen aber zielstrebig die Stufen empor, während die Frau in respektvollem Abstand hinter ihnen bleibt. Im Dachgeschoß herrscht ein nahezu unerträglicher käsig-süßlicher Gestank. Er scheint durch die Türritzen der Wohnung mit dem Namensschild »H.-W. Huck« ins Treppenhaus zu dringen. Die Polizisten blicken sich vielsagend an. Einer pocht kräftig an die Wohnungstür.

»Hat keinen Zweck«, bremst ihn die Hausbewohnerin, »den Huck habe ich schon seit Wochen nicht mehr gesehen.«

»Wohnt er allein?« fragt einer der Polizisten.

Die Frau sichert sich durch einen Kontrollblick ab, daß niemand anders zuhört und grient: »Ja, woher soll er denn 'ne Frau haben, wo er doch vor kurzem erst aus dem Knast ist.« Wieder verständigen sich die Polizisten durch einen Blick. Einer verläßt die Szene, die Frau aus dem Haus im Schlepptau, der andere bleibt auf dem Treppenpodest zurück.

Unter den aufmerksamen Augen der Staatsmacht öffnet bald darauf ein Schlosser mit wenigen Handgriffen die mehrfach verschlossene Wohnungstür. Der sich nun um so mehr ausbreitende Gestank verschlägt ihm derart den Atem, daß er schnell wieder verschwindet. Die Uniformierten betreten behutsam die Wohnung: Spärliches Inventar, das den Charme der 60er Jahre ausstrahlt. Junggesellenhafte Tristesse. In einer Ecke des Korridors viele leere Bier- und Schnapsflaschen, die stummen Zeugen einer leberschädigenden Leidenschaft.

Die Polizisten betreten das Wohnzimmer: Mitten im Raum ein antiquierter stromfressender Heizkörper, ein Paar ausgelatschte Sportschuhe. Auf dem Couchtisch Relikte eines kargen Mahls. Ein übervoller Aschenbecher, Zigaretten, Streichhölzer. Auf der Sitzfläche eines der beiden Sessel Hose, Hemd und Jacke, wie achtlos hingeworfen. In der Jackentasche Personalausweis, Betriebsausweis des VEB Kombinat für Umformtechnik »Herbert Warnke«, Fahrerlaubnis auf den Namen »Hans-Werner Huck, geboren 17.4.1951«, eine Geldbörse mit 60 Mark Bargeld. Insgesamt nichts Auffälliges.

Die Männer werfen einen Blick in die Küche: Speisereste, verschmutztes Geschirr, auf dem Tisch Zeitungen und Wohnungsschlüssel. Alles erscheint normal.

Im Schlafzimmer jedoch stoßen sie auf die Ursache des widerwärtigen Geruchs: An der rechten Wand steht ein Bett, daneben ein Nachttisch. Links neben dem Nachttisch, mit dem Rücken zur Fensterfront, sitzt auf dem Dielenfußboden der Leichnam eines offenkundig großen, massigen und kraftstrotzenden Mannes. Ein etwa ein Meter langer und fünf Millimeter dicker Strick umschnürt fest seinen Hals. Das Ende des straffen Strangs ist am oberen Fensterwirbel fixiert. Der Leichnam befindet sich im Zustand beginnender Schwarzfäule …

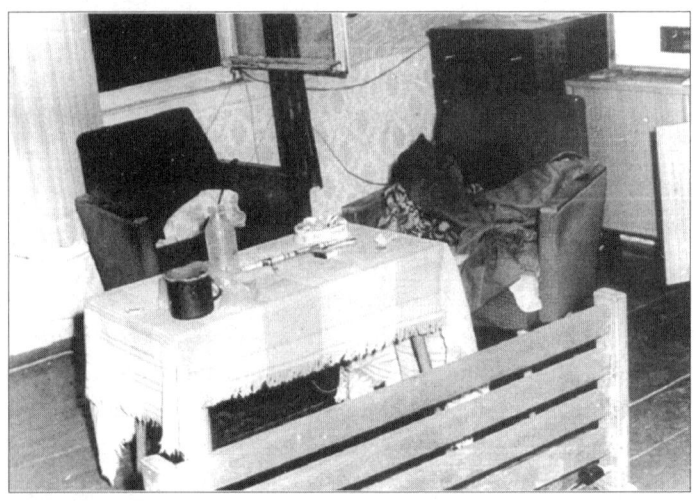

Teilansicht der Wohnstube des H.-W. H.

Mit dieser Inaugenscheinnahme endet die Zuständigkeit der beiden Uniformierten. Sie erstatten der Einsatzzentrale des VPKA, also des Volkspolizeikreisamtes, Meldung und beschränken sich bis zum Eintreffen eines Arztes und des zu-

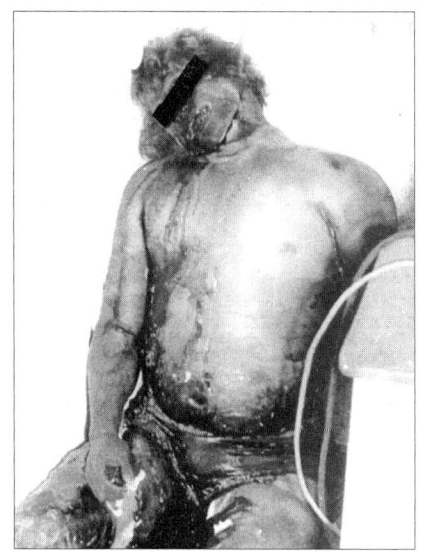

Der am Fenstergriff aufgehängte, in fortgeschrittener Fäulnis befindliche Leichnam.

ständigen Leichensachbearbeiters der Kriminalpolizei auf die Sicherung der Wohnung.

Der Arzt untersucht den Leichnam, während der Kriminalist Wohn- und Schlafzimmer durchstöbert. Einzige Auffälligkeit ist ein unter dem Kopfkissen im Bett liegendes braunes, leeres 50-ml-Fläschchen mit aufgeklebtem Etikett »Erfurter Apotheke, 6.4.1979, Äther DAB 7, kühl aufzubewahren. Feuergefährlich«. Der merkwürdige Fund veranlaßt den Polizisten nur zu einem Gedanken: Mit 50 ml Äther läßt sich nichts anfangen! Viel wichtiger für ihn ist die Tatsache, daß außer der Strangulation keine weitere Gewalteinwirkung am Körper des Toten festzustellen ist.

»Sieht aus wie Selbstmord. Atypisches Erhängen. Kein Wunder, bei dem Körpergewicht. Die Sterbezeit muß mehrere Wochen zurückliegen«, teilt der Arzt dem Kriminalisten mit und ergänzt, »erstaunlich, daß sich noch keine Fliegen eingenistet haben!«

»Die Wohnung war ordnungsgemäß verschlossen, kein Hinweis auf fremde Gewalt. Da können wir ja auf eine Sektion verzichten«, resümiert der Kriminalist.

Eine Stunde später findet der Tote im Kühlraum des Hauptfriedhofs seine vorletzte Ruhe, denn eine Bestattung ist erst nach der Freigabe möglich. Doch der zuständige Kreisstaatsanwalt zögert. Er fordert weitere Ermittlungen, will wissen, warum keine Vermißtenanzeige erstattet wurde, welches Motiv den Suizid tatsächlich ausgelöst hat und wie die Sterbezeit weiter eingegrenzt werden kann. Eine Gerichtssektion hält er allerdings für nicht erforderlich.

Die Mutter des Verstorbenen, Elisabeth Huck (48), eine einfache, rechtschaffene, spindeldürre und verhärmte Frau, die sich als Pförtnerin verdingt und im Stadtteil Ilversgehoven wohnt, nimmt die Mitteilung über den Tod ihres Ältesten gefaßt, nahezu ohne sichtbare Regung zur Kenntnis. Da seine Saufexzesse, Schlägereien und Diebstähle die Beziehung zu ihm ziemlich unterkühlt hätten, sei es ihr ziemlich gleichgültig gewesen, den Sohn mehrere Wochen lang nicht gesehen zu haben. Außerdem habe ihr jüngster Sohn Peter angedeutet, Hans-Werner könne sich auf einem heimlichen Weg in den Westen befinden.

Der Bruder des Toten wird befragt. Es ist Peter Huck (26), ebenso von bulliger Statur, aber mit Bierbauch, der mit Frau und Kind einen Steinwurf weiter in der Karl-Marx-Allee wohnt. Er habe Hans-Werner seit dem 6. April zwar nicht mehr gesehen, eine Vermißtenmeldung aber deshalb nicht aufgegeben, um bei der Polizei keine unnötige Aufmerksamkeit zu erwecken. Er wäre bisher der Annahme gewesen,

Hans-Werner sei illegal in den Westen gegangen. Sein Bruder, mit dem ihn im übrigen ein inniges Verhältnis verbände, habe ihm nämlich vor einiger Zeit anvertraut, mit Leuten zusammengekommen zu sein, die ihn für einige tausend Mark in den Westen schleusen würden. Die einengenden Verhältnisse in der DDR stünden ihm schon lange bis zum Halse, er wolle lieber ein freier Mensch sein, und das gelänge ihm nur in der BRD. Dort werde er sich mit einem Gewerbe als Messer- und Scherenschleifer eine neue Existenz aufbauen. Möglicherweise, so mutmaßt Peter Huck, hängt der Selbstmord seines Bruders damit zusammen. Vielleicht haben ihn die Leute geneppt oder die ganze Sache ist geplatzt …

Tage verstreichen. Auch Nachbarn des toten Hans-Werner Huck sollen aussagen, wann sie ihn letztmalig sahen. »Das muß der 6. oder 7. April gewesen sein«, versichern sie übereinstimmend. Nur über das Privatleben des Kraftpakets ist ihnen nichts bekannt.

Die politisch brisante Mitteilung des Bruders erweckt indes bei der Kriminalpolizei des VPKA erstaunlicherweise nur halbe Aufmerksamkeit, denn so recht will man ihm die Geschichte mit der vermeintlichen Schleusung nicht abnehmen. Womöglich ist sie nur ein plumpes Ablenkungsmanöver. Ahnt Peter Huck, daß sich die örtliche Kripo aus anderem Grund für ihn interessiert? Denn er ist beileibe kein unbeschriebenes Blatt, mußte wegen Eigentumsdelikten bereits mehrmals für einige Monate hinter Gitter und befindet sich lediglich auf Bewährung in Freiheit. Hinter seinem Rücken sammeln die bienenfleißigen Ermittler erneut Informationen über ihn. Sie vermuten längst, er könne weitere Diebstähle begangen haben. Doch diese Männer sind für das Eigentumsressort zuständig. Denn: Die Untersuchung verdächtiger Todesfälle obliegt dem Leichensachbearbeiter aus dem Kommissariat 3. Der aber geht nur sehr halbherzig der Frage nach, warum keine Vermißtenanzeige erstattet wurde, stellt die Recherchen in dieser Richtung sogar ein. Nur der Umstand, daß im Bett des Toten ein leeres Ätherfläschchen gefunden wurde, macht ihn argwöhnisch. Ließe sich nämlich im Körper des Toten Äther nachweisen, widerspräche dies einer Selbstmordversion und könnte den Verdacht einer vorsätzlichen Tötung begründen. Deshalb beantragt er beim Kreisstaatsanwalt eine Gerichtssektion, die nun auch angeordnet wird.

Endlich, am 31. Mai 1979, also acht Tage nach dem Auffinden des Toten, findet im Jenaer Institut für gerichtliche Medizin und Kriminalistik die Autopsie statt.

Auszug aus dem Sektionsprotokoll:
»Zum Zeitpunkt der Sektion wies die Leiche neben starker Hautfäulnis erhebliche Hautvertrocknungen im Sinne beginnender Mumifizierung auf. Hingegen waren Muskulatur und innere Organe, mit Ausnahme des Gehirns, nur gering faulig verändert. Es befand sich eine tiefe Strangfurche am Hals mit liegendem Strangwerkzeug (Hanfstrick mit einfacher Zugschlinge).

Die Blutungen in beiden Kopfnickermuskeln am Ansatz der Schlüsselbeine und im Gewebe am rechten oberen Schilddrüsenpol sowie die Punktblutungen in den bindegewebigen Hüllen der Schläfenmuskeln sind Ausdruck des Erhängens zu Lebzeiten. Andere Zeichen von Gewaltanwendung waren an der Leiche nicht vorhanden.

Grobsichtig fand sich kein Anhalt für krankhafte Organveränderungen, das Gehirn war frei von Blutungen.

Die im Blut festgestellte Alkoholkonzentration von 1,0 Promille erlaubt keine konkrete Aussage über den Grad der Alkoholisierung, da ein Teil dieses Wertes durch Fäulnisalkohole bedingt ist.
Äther konnte im Blut nicht nachgewiesen werden. Selbst bei Einnahme von Äther wäre dies auf Grund der Fäulnisvorgänge und der Zeit zwischen Todeseintritt und Sektion nicht zu erwarten, da dieser sich verflüchtigt haben würde.
Aus dem Grad der Leichenveränderungen kann abgeleitet werden, daß der Tod des Huck bereits vor mehreren Wochen eingetreten ist, wobei der 6.4.1979 durchaus Todestag sein kann ...«

Der Staatsanwalt hat nunmehr keine weiteren Einwände gegen eine Leichenfreigabe. Da die gerichtsmedizinischen Befunde der bisherigen Selbstmordversion nicht widersprechen, unterbleibt eine weitere kritische Prüfung, ob Hans-Werner Hucks Tod womöglich auf andere Art verursacht wurde. Lediglich die vermeintlich von innen verschlossene Wohnung wird zur Bestätigung eines Selbstmordes herangezogen. Aber weder ein überzeugendes Motiv, noch ein Abschiedsbrief wurden gefunden. Der Zweck des leeren Ätherfläschchens im Bett des Toten blieb ebenso ungeklärt wie die Frage, ob andere Personen im Besitz eines Zweitschlüssels für Hans-Werner Hucks Wohnung gewesen sein könnten. Leichtfertig schließt der Sachbearbeiter für Todesermittlungen den Fall als Suizid ab. »Ein den Tod Hans-Werner Hucks verursachendes, schuldhaftes Handeln eines anderen kann nicht nachgewiesen werden.« Wie sich Monate später herausstellt, ein verhängnisvoller Irrtum mit empfindlichen disziplinarischen Konsequenzen.

Während Peter Huck die Auflösung der Wohnung des Bruders übernimmt, erledigt seine Mutter die lästigen Bestattungsformalitäten. Der Leichnam Hans-Werners soll nun am 11. Juni 1979 auf dem Hauptfriedhof endgültig seine letzte Ruhe finden.

Am 4. Juni 1979, eine Woche vor dem Begräbnis. Mit sich zufrieden sitzt Peter Huck in einer billigen Kneipe und gießt etliche Biere in sich hinein. Ziemlich alkoholisiert torkelt er sitten- und verkehrswidrig heimwärts. Ein Schutzmann ermahnt ihn. Peter Huck empfindet dies als Affront, drückt unsanft eine Faust in dessen Gesicht und droht, ihm das Nasenbein vollends zu zertrümmern. Doch der Arm des Gesetzes ist stärker: Peter Huck wird festgenommen. Die bislang zurückgehaltenen strafrechtlichen Vorwürfe fortlaufender Diebstähle werden nun laut und durch »Widerstand gegen staatliche Maßnahmen« ergänzt. Damit ist der Nachweis erbracht, gegen die Bewährungsauflagen verstoßen zu haben. Zudem liegen dringende Verdachtsgründe und Wiederholungsgefahr vor, die Voraussetzungen für einen sofortigen Haftantritt. Peter Huck muß hinter Gitter. Die Strafvollzugseinrichtung Regis bietet ihm für die nächsten Monate Arbeit, Kost und Logis. Er ist sich bewußt, durch staatliches Gebot unabkömmlich, nunmehr dem Begräbnis seines Bruders fernbleiben zu müssen. Trotzdem: In einem herzzerreißenden Brief bittet er die Gefängnisleitung, ihm zu gestatten, am 11. Juni 1979 dabeisein zu dürfen, wenn die sterblichen Überreste seines innig geliebten Bruders zu Grabe getragen werden. Sein Antrag wird an den Staatsanwalt weitergeleitet. Doch der hat kein Verständnis für die posthume Bruderliebe und lehnt das Ansinnen ab.

Peter Huck gibt sich fortan seinem kärglichen Leben hinter Gefängnismauern hin. Doch er ist stinksauer, weil nämlich – während er aus dem sprichwörtlichen Blechnapf fressen muß – sein bester Kumpel nun ein Auto fahren kann, das eigentlich ihm gehört, und dessen Beschaffung dereinst ein hochkompliziertes, riskantes Unternehmen war. Der Ärger darüber ist so gewaltig, daß er seinen Rededrang schließlich nicht zurückhalten kann. Unter dem Siegel absoluter Verschwiegenheit vertraut er am 11. Oktober 1979 einem Zellengenossen an, wie er eigentlich in den Besitz des Autos kam, das ursprünglich seinem toten Bruder gehörte: Gemeinsam mit dem besten Kumpel, der Hansjörg Krüger heiße und gleich bei ihm um die Ecke am Nettelbeckufer wohne, habe er seinen Bruder umgebracht und erfolgreich einen Selbstmord vorgetäuscht. Absicht sei es gewesen, an das Auto zu gelangen, für das sein Bruder kurz zuvor einen Kaufvertrag abschloß und 14 000 Mark berappte. Dieses Auto stand zur Abholung bereit. Deshalb sei ein zweiter Vertrag fingiert worden, der belegen sollte, sein Bruder habe ihm das Auto weiterverkauft. Daraufhin hätte es der Verkäufer herausgegeben. Auf diese wundersame, wenn auch unredliche Weise habe er nicht nur ein großes Auto abgezweigt, sondern auch ein perfektes Verbrechen begangen. Respektvoll und staunend nimmt der Zellenkumpan die hochbrisante Mitteilung entgegen, stellt viele Fragen zu den Einzelheiten und gelobt ewiges Stillschweigen. Bereitwillig und gutgläubig plaudert Peter Huck drauflos. Seine Prahlsucht ist größer als die Vorsicht.

Da Verschwiegenheit unter Knastbrüdern aber eine äußerst rare und flüchtige Tugend ist, wird das Gelöbnis bald durch Eigennutz verdrängt. Denn: Der geduldige, aufmerksame

Zuhörer in Peter Hucks Zelle nimmt die nächste Gelegenheit wahr, sein Wissen beim Wachpersonal gegen ein paar Privilegien einzutauschen.

Die Maschinerie polizeilicher Ermittlungen im Todesermittlungsfall Hans-Werner Huck setzt sich schnell wieder in Bewegung, nunmehr gesteuert von der Erfurter Mordkommission. Deren Chef ist Hauptmann Schmelling, ein besonnener, aufgeweckter Enddreißiger. Er ist sich gewiß, daß die Beweisführung einer Täterschaft nur auf der taktischen Verwendung von internem Täterwissen beruhen kann. Die Vernehmungen erhalten damit eine zentrale Bedeutung, denn Spuren und andere sachliche Beweise erwartet bei der verkorksten Sachlage niemand mehr. Bei jeder der bevorstehenden Befragungen oder Vernehmungen werden nun die Detailkenntnisse über Planung, Vorbereitung und Durchführung der Tat gesammelt, verglichen und bewertet. Die Synthese aller Informationen aus dem Täterwissen muß schließlich eine schlagkräftige Folgerichtigkeit besitzen. Sie muß das Gericht auch ohne Sachbeweise überzeugen. Überdies muß dadurch dem möglichen Widerruf einer Aussage die beweishemmende Wirkung genommen werden.

Zunächst analysiert Schmelling die Zeugenaussage des redseligen Knastbruders. Sie ist präzise und enthält bereits jede Menge Detailwissen über die mögliche Tat. Ihren Wahrheitsgehalt zweifelt er nicht an. Diese Aussage ist der Wegbereiter weiterer Vernehmungen.

Nur: Die beim VPKA geführte Akte über die Todesursachenermittlung ist dürftig, unvollständig und voller Fragezeichen. Auch das darin enthaltene Sektionsgutachten kann den Nachweis einer Täterschaft nicht erbringen, es belegt lediglich den Strangulationstod, aber nicht dessen Ursache.

Allerdings fügt es sich in den Tathergang ein, den Peter Huck seinem Zellengenossen ausplauderte.

Hauptmann Schmelling und seine Mannschaft wenden in den nächsten Tagen viel Zeit für die Erarbeitung der Vernehmungspläne auf. Zunächst müssen alle Personen aus dem sozialen Milieu Peter Hucks gehört und die im Rahmen der Todesermittlungssache bereits erfolgten Vernehmungen wiederholt werden, ehe man sich den strafrechtlich bedeutsamen Fragen des Falls zuwendet. Am Ende des Verfahrens aber können die Untersucher zufrieden sein: Sie werden dem Staatsanwalt vier Täter servieren, auf die eine Mordanklage wartet. Jetzt aber stehen sie noch am Anfang der Wahrheitsfindung.

Peter ist nur zwei Jahre jünger als sein Bruder Hans-Werner. Ein harmonisches Familienleben lernen die beiden nie kennen. Der Vater macht sich schon frühzeitig aus dem Staube. So muß die Mutter allein die Kinder versorgen und aufziehen. Doch sie ist damit völlig überfordert, arbeitet als Pförtnerin im Schichtdienst. Folgerichtig verläuft die Erziehung chaotisch und hilflos, wechselt zwischen Despotie und Laxheit. Der Alkohol tut sein übriges. Zwistigkeiten, Unausgeglichenheit und Gleichgültigkeit beherrschen das Familienklima. Die beiden Jungen sind sich viel selbst überlassen, hecken einen Blödsinn nach dem andern aus, prügeln sich und sind diebisch wie man das von Elstern behauptet. All das bildet den Nährboden für ihre soziale Gefährdung. Hans-Werner schafft wenigstens die Schule bis zum Abschluß der 8. Klasse und findet als Schleifer in einem Metallbetrieb Arbeit. Er stiehlt geschickter als sein Bruder Peter, der wiederholt auf frischer Tat ertappt wird. Erst sind Süßigkeiten, dann Zigaretten und Alkoholika, später allerlei technisches Gerät Objekte ihrer Begierden.

Überhaupt ist Peter, der intellektuell auf ziemlich niedrigem Niveau steht, besonders anfällig für Fehlanpassung und soziale Störung: Bereits mit sechs Jahren ist er so schwierig, daß er eine Sonderschule besuchen muß. Er lernt nicht, schwänzt, stiehlt, kommt ins Kinderheim. Seine kriminelle Energie nimmt mit dem Älterwerden zu. Größere Diebstähle folgen. Die Behörden weisen ihn in einen Jugendwerkhof ein. Dort verbleibt er bis zur Volljährigkeit. Danach zieht er in die verwaiste Wohnung seines Bruders Hans-Werner, der hinter Gefängnismauern gerade über seine letzte Schandtat nachdenken soll. Diebstahl und Körperverletzung sind der Grund seines unfreiwilligen Aufenthaltes.

Brüderliche Übereinstimmung herrscht in ihrer Affinität zu fremdem Eigentum, der Neigung zu Schlägereien und im Hang zu exzessiven Trinkgelagen. Jedoch ist Peter auf seinen größeren Bruder neidisch, weil der stärker, intelligenter und raffinierter ist. Manchmal schlägt er sich mit ihm, doch er zieht immer den kürzeren. Den Groll über die Niederlagen frißt er in sich hinein.

1975 heiratet Peter die 22jährige Putzfrau Edith Wagner. Ihre Mitgift: Ein Kind und übermäßiger Alkoholkonsum. Sie beziehen in der Nähe von Hans-Werner eine Wohnung in der Karl-Marx-Allee. Bei einer Sauftour lernen die beiden ein gleichaltriges Pärchen kennen, das ganz in der Nähe am Nettelbeckufer wohnt. Er, Hansjörg Krüger, ein schlanker, blasser Typ mit schulterlangem Haar, Schnauzbart und beeindruckendem Vorstrafenregister. Sie, seine Lebensgefährtin Vera Hafenberg, eine Blondine, ebenso blaßgesichtig, mit ungepflegten Zähnen. Auf Anhieb verstehen sich die vier.

Asozialität, kriminelle Biographie und Alkohol schweißen zusammen. Von nun an finden die feucht-fröhlichen Partys abwechselnd in den Wohnungen der Paare statt. Mit der Zeit gewinnen die bislang stupiden Trinkgelage durch lüsterne Spielchen und Partnerwechsel eine »qualitativ höhere Stufe«, und gelegentlich darf auch Hans-Werner an den unsittlichen Vergnügungen teilhaben.

Dann muß Peter für zwei lange Jahre in den Knast. Betrug, Diebstahl und andere Unredlichkeiten werden ihm zur Last gelegt. Edelmütig tröstet Hans-Werner unterdessen seine Schwägerin Edith über den zeitweiligen Verlust des Gatten hinweg. Dankbar nimmt sie seine Dienste entgegen.

Ein Jahr später: Peter wird vorzeitig auf Bewährung aus dem ungastlichen Etablissement entlassen, erhält eine Beschäftigung als Hilfsarbeiter im VEB Kühlmöbelwerk. Ihm entgeht nicht, daß Edith inzwischen mit dem Schwager angebändelt hat. Das verschnupft ihn. Er stellt sie zur Rede. Die Angetraute windet sich damit heraus, Hans-Werner habe mit Gewalt den Platz in ihrem Bett erobert. Dabei läßt er es bewenden, doch er hat eine Stinkwut auf seinen Bruder. Aber auch diese frißt er wie bisher in sich hinein.

Als bald darauf nunmehr Hans-Werner für mehrere Monate hinter schwedische Gardinen muß, triumphiert er insgeheim. Ein betrügerisches Geschäft war dumm gelaufen. Peter übernimmt die Zweitschlüssel der Wohnung seines großen Bruders, um dort gelegentlich nach dem Rechten zu sehen, und er verwahrt sie auch weiterhin, als Hans-Werner längst wieder in Freiheit ist.

Das Jahr 1978 und die ersten Monate des darauffolgenden Jahres verlaufen ohne nennenswerte Zwischenfälle. Die

Brüder Huck scheinen mit sich und den Strafgesetzen Frieden geschlossen zu haben.

Doch der Schein trügt. Als Anfang des Jahres der Großvater stirbt und Hans-Werner einen Bargeldbetrag von 20 000 Mark erbt, flammen plötzlich Groll und Mißgunst in Peters Seele wieder auf. Er wurde nämlich im Testament nicht bedacht. Vor einigen Jahren stahl er dem Großvater mehrere hundert Mark. Die Sache kam heraus und nun, so schließt er folgerichtig, hatte der Alte es ihm auf diese Weise heimgezahlt.

Hans-Werner will sich indes mit dem unerwarteten Geldfluß einen Traum erfüllen: Ein Auto soll es sein, ein möglichst großes. Er hat Glück: In Elxleben, ein Ort im Erfurter Landkreis, macht er einen Verkäufer ausfindig, der seinen alten »Wolga GAS 24«, eine Limousine sowjetischer Bauart, für 14 000 Mark veräußern würde. Hans-Werner frohlockt und kündigt seinen raschen Besuch an.

Umgehend teilt er die freudige Kunde seinem Bruder Peter und dessen Freund Hansjörg Krüger mit. Die beiden bieten sich an, mit technischem Interesse und kritischem Blick dem Kaufprocedere beizuwohnen. Und Hans-Werner ist zufrieden, denn sechs Augen sehen mehr als zwei.

Am Wochenende darauf fährt das Trio mit dem Bus nach Elxleben und sucht den Verkäufer auf. Hans-Werner stellt ihm seinen Bruder und den Freund vor. Die Männer gehen hinters Haus. Dort steht das Objekt der Träume. Hans-Werner ist begeistert.

»Mensch, ist das eine Karre!« pflichten ihm seine Begleiter bei und beäugen das Gefährt mit kritischen Augen.

»Was macht'n der?« fragt Peter.

»140 Sachen«, meint der Verkäufer stolz.

»Und der Verbrauch?« ist die nächste Frage.

»12 bis 13 Liter«, antwortet der Eigentümer der Karosse. Und als die drei ziemlich verdutzt dreinblicken, ergänzt er: »Is ja auch 'ne Zweieinhalb-Liter-Maschine, knapp hundert PS!«

Achtungsvoll nicken die Männer mit den Köpfen.

Doch dem Fahrzeug fehlt die Starterbatterie. Also: Probefahrt nicht möglich. Aber Ehrenwort, der Wagen ist in Ordnung! Hans-Werner zögert nicht, denn bei der Situation auf dem Automarkt ist schnelles Handeln angesagt. Er unterschreibt den Kaufvertrag: »Spätestens Anfang März hole ich ihn ab!«

»Kein Problem«, meint der Verkäufer, erhält 14 000 Mark, und das Geschäft ist paletti.

In den folgenden Tagen überlegt Hans-Werner, wie er in den Besitz einer Autobatterie kommen könnte.

Peter, sein Kumpel Hansjörg und dessen Lebensgefährtin Vera führen hingegen ihre gewohnten abendlichen Biergespräche. Dabei läßt Peter mit einem für die Zukunft höchst bedeutungsvollen Satz die ganze Wut über seinen Bruder heraus: »Der Schweinehund hat immer Glück, und ich glotze in die Röhre!«

Dieser Satz lenkt das folgende Gespräch plötzlich auf ein gefährliches Thema.

»Liegt doch an dir«, meint nämlich Hansjörg.

Peter versteht nicht.

Doch sein Kumpel erklärt: »Ganz einfach: Machst'n platt, ist die Karre deine!«

Einen Moment lang muß Peter seine grauen Zellen strapazieren, um zu begreifen, was Hansjörg damit meint. Dann kapiert er: Das heißt, Hans-Werner muß verschwinden, und zwar für immer. Erst dann wäre der Seelenfrieden wieder hergestellt. Das ist logisch! Kriegsrat wird abgehalten. Das Trio kommt überein, kollektiv vorzugehen, schließlich verpflichtet Freundschaft. Tötungsvarianten, Alibi, Termin, technische Fragen und Einzelheiten des Vorgehens werden erörtert. Auf keinen Fall sollen nach vollbrachtem Werk verräterische Spuren zurückbleiben. Also: Jedes Risiko ist zu vermeiden. Nur so gelingt ein perfekter Mord.

Noch am gleichen Abend steht fest: Der verhaßte Bruder soll durch Gas vergiftet werden. Weil aber in seiner Wohnung kein Gasanschluß besteht, soll an die in der unbewohnten Nachbarwohnung vorhandene Gasleitung heimlich ein Gartenschlauch angeschlossen und nachts, wenn er schläft, Gas in sein Schlafzimmer hineingeleitet werden. Nach dem tödlichen Erfolg muß nämlich der Schlauch vor Ort verbleiben, um die selbstmörderische Handlung zu beweisen.

Zuvor aber will Peter sich in der Wohnung umsehen und prüfen, wie der Anschluß des Schlauches an die installierte Gasleitung erfolgen kann. Im Ergebnis seiner Inspektion am nächsten Tag allerdings kommen ihm ernste Bedenken: Man könne den Gartenschlauch nicht so ohne weiteres an die Gasleitung anschließen. Das Anschlußrohr sei nämlich mit dem vorhandenen Gasherd fest installiert und nur durch aufwendige Demontage freizulegen. Das wiederum verursache zu viele Spuren. Im übrigen verwerfe er den Plan einer Gasvergiftung. Diese Tötungsart sei zu unberechenbar und gefährlich, eine Explosion könnte Hausbewohner in Mitleidenschaft ziehen.

Die Argumente überzeugen. Eine Bedenkpause wird eingelegt.

Montag, der 2.4.1979. Es findet eine weitere Zusammenkunft statt. Diesmal nimmt auch Edith Huck teil. Das mörderische Quartett berät Details eines anderen Vorgehens: Hans-Werner soll in der Nacht vom 6. zum 7.4.1979 zunächst mit Äther betäubt und dann aufgehängt werden. Alles muß aussehen wie ein Selbstmord. Da Peter die Wohnungsschlüssel seines Bruders besitzt, ist es einfach, sich nachts in dessen Wohnung zu schleichen. Während Hans-Werner schläft, läßt sich das Vorhaben am besten verwirklichen, ohne Spuren zu hinterlassen. Aber das sei allein Männersache. Die notwendigen Requisiten für das tödliche Szenario will Peter auftreiben: Ein stabiler Hanfstrick, Handschuhe und Taschenlampe. Außerdem muß ausreichend Äther besorgt werden. Dafür sind die Frauen verantwortlich. Nun ist der Plan perfekt. Die vier sind zufrieden. Grund genug, die nächste Schnapsflasche zu öffnen.

Aber es gibt noch ein weiteres Problem. Der Verkäufer in Elxleben rechnet nämlich am Wochenende mit der Abholung des Fahrzeugs. Zu dieser Zeit soll Hans-Werner aber schon nicht mehr unter den Lebenden weilen. Also, den Mordtermin verschieben? Nein, das wäre keine gute Idee, befinden sie. Angenommen, Hans-Werner holt das Auto ab und meldet es gleich bei der Zulassungsstelle an. Von diesem Augenblick an wäre es offiziell sein Eigentum. Und bei seinem Tod würde alles die Mutter erben. Was ist zu tun, um in den Besitz des Wagens zu gelangen?

Peter ist ratlos. Vor allem grämt ihn jetzt, daß er nicht einmal einen Führerschein besitzt. Hansjörg hingegen, der längst über das begehrte Dokument verfügt, hat eine glänzende Idee: »Wir machen einen neuen Vertrag. Da muß drin stehen, daß ich der Käufer bin. Der Verkäufer hat ja sein Geld schon, muß also nur unterschreiben, und ich kann die Karre anmelden.«

Ja, das wäre die Lösung. Peter Huck gefällt der Vorschlag seines Kumpels, er wendet lediglich ein: »Wenn wir Freitagnacht die Sache mit meinem Bruder durchziehen, müssen wir gleich danach das Auto holen. Es darf noch nicht bekannt sein, daß er sich gekillt hat!«

Richtig, so soll es geschehen. Im Handumdrehen liegen Papier und Kugelschreiber bereit, um einen neuen Kaufvertrag zu formulieren.

Bis auf die Beschaffung des Äthers sind die Vorbereitungen abgeschlossen. Jetzt gilt es, Hans-Werner in Sicherheit zu wiegen und zu überprüfen, ob er am Freitagnacht auch tatsächlich zu Hause ist. Diese Aufgabe übernimmt Peter.

Alles läuft besser als der Plan vorsieht: Es trifft sich nämlich, daß Hans-Werner am Donnerstagabend bei seinem Bruder erscheint. Peters Frau Edith, Hansjörg und Vera sind auch anwesend. Man spielt Karten, trinkt, sieht fern. Mit schmieriger Freundlichkeit und künstlichem Frohsinn führen sie mit dem arglosen Kraftprotz eine seichte Konversation und erfahren, daß er am Freitag nach der Spätschicht erst gegen Mitternacht heimkehrt. Das trifft sich gut. Peter ergreift die Initiative, gaukelt Hans-Werner vor, aus seinem Betrieb eine passende Batterie abgezweigt und versteckt zu haben. Das war zwar unredlich, aber geschah aus reiner Bruderliebe, versteht sich. Eigentlich könnte das Fahrzeug nun abgeholt werden. Hans-Werner ist baff. Prompt will er nach dem Ausschlafen den nächsten Bus nach Elxleben nehmen. Und da die Batterie ziemlich schwer ist, nimmt er das scheinheilige Angebot seines Bruders, ihn dorthin zu begleiten, gern an.

Freitag, der 6.4.1979. Am Vormittag. Vera fordert von Edith zwanzig Mark, um Äther zu kaufen. Kurz darauf sucht sie die Apotheke in der Bebelstraße auf.

Der freundliche Pillendreher fragt nach dem Verwendungszweck der betäubenden, leicht entflammbaren Flüssigkeit. Doch die Frau ist auf eine Erklärung vorbereitet: »Wissen Sie, mein Mann ist aktiver Flugzeugmodellbauer und braucht Äther als Treibstoff für die kleinen Motoren!« Das klingt glaubhaft. Der Apotheker übergibt ihr zwei Fläschchen mit insgesamt 100 ml Äther – eine Menge, die er ohne Bedenken verkaufen kann.

Am späten Abend kommt das mörderische Quartett wieder zusammen. In dieser Nacht soll es geschehen. Die Luft knistert vor gespannter Erwartung und Nervosität. Strick, Äther, eine Windel, Handschuhe, Wohnungsschlüssel und Taschenlampe liegen bereit. Nun gilt es, bis nach Mitternacht auszuharren. Peter und sein Freund Hansjörg beruhigen sich mit Bier, die Frauen leisten ihnen Gesellschaft. Kurz nach 2.30 Uhr verstauen die Männer die mörderischen Requisiten in ihren Taschen und machen sich auf den Weg, sorgsam darauf achtend, nicht gesehen zu werden. Edith und Vera warten indes auf ihre unbeschadete Rückkehr.

Das Wohnhaus in der Spittelgartenstraße 11 liegt in nächtlichem Dunkel. Im Schein der Taschenlampe schleichen die Mörder die Treppe empor bis zum Dachgeschoß. Vorsichtig öffnet Peter die Wohnungtür. Auf leisen Sohlen dringen sie bis zum Schlafraum vor. Hans-Werner liegt, eingerollt in seiner Bettdecke, in tiefem Schlaf. Hansjörg schüttet den Inhalt der Ätherflaschen auf die Windel. Dann geht alles blitzschnell: Peter stürzt sich auf seinen Bruders und fixiert ihn mit seinem Körper derart, daß er unter der Decke völlig bewegungsunfähig ist. Gleichzeitig preßt sein Kumpel mit beiden Händen die äthergetränkte Windel kraftvoll auf Hans-Werners Gesicht, während er mit dem Gewicht seines Körpers Arme und Brustkorb des Wehrlosen niederdrückt. In dieser Position verbleiben die Mörder, bis nach fünf Minuten der Äther seine volle narkotisierende Wirkung zeigt.

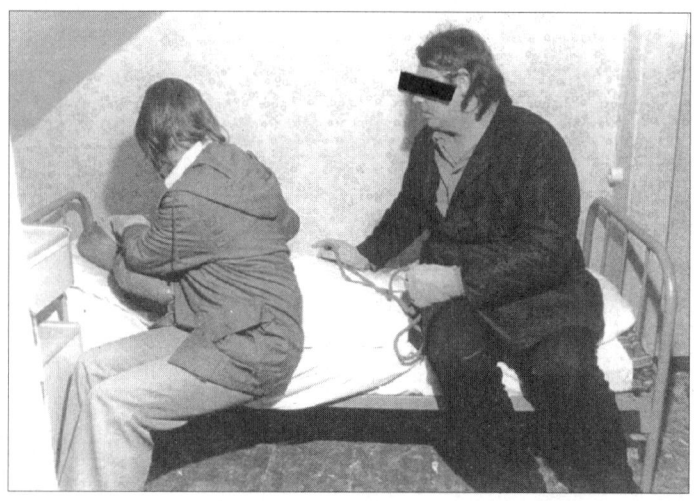

Die Täter demonstrieren im Rahmen der Rekonstruktion, wie sie den schlafenden H.-W. mit Äther betäubten.

In der späteren Vernehmung durch die Kriminalpolizei wird Peter Huck dazu aussagen:
»… Ich lag mit meinem Oberkörper auf seinen Beinen. Meine Beine hingen so am Bett runter. Hans-Werner war dabei zugedeckt. Also ich habe die Beine durch die Decke festgehalten. Er war munter geworden. Er konnte aber nichts machen, weil wir auf meinem Bruder drauflagen.

Mit den Beinen hat er gezappelt, aber ich hatte ihn fest. Danach, als er schon hing, sagte Hansjörg, daß er ihn auch fest hatte, so mit dem Arm im Schwitzkasten. Es hatte ja nicht lange gedauert, dann ist er eingeschlafen. Bevor er aber eingeschlafen ist, hat er Hansjörg noch erkannt, denn er sagte : ›Du Halsabschneider!‹ …

Hansjörg hat die Ätherflasche noch in der Hand gehabt, und er hat auch nachgegossen. Wann er die zweite Flasche genommen hat, weiß ich nicht. Hans-Werner schlief nach fünf Minuten ein. Solange hatten wir festgehalten …«

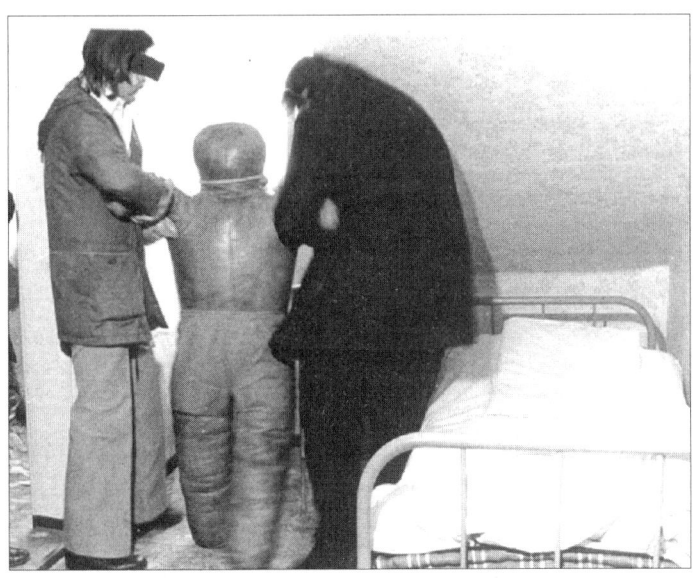

P. H. und H. K. demonstrieren mittels einer Ringerpuppe, wie sie den bewußtlosen H.-W. H. am Fenstergriff erhängten.
(Rekonstruktionsfoto)

Sodann wird die Schlinge um den Hals des Bewußtlosen gelegt. Dabei bemerken die Mörder, daß aus dessen Mund Blut und Speichel läuft und die Bettdecke verschmutzt. Sie rollen den schweren Körper aus dem Bett, schleifen ihn bis ans Fenster und lehnen ihn mit dem Rücken an die Wand. Es bedarf gehöriger Kraftanstrengung, Hans-Werner nun ein Stück anzuheben, eine Fußbank unter sein Gesäß zu schieben, die Schlinge am oberen Fenstergriff zu befestigen und die Fußbank wegzustoßen, damit der Strang sich spannen und den Hals fest umschnüren kann. Einige Augenblicke verweilen die beiden mucksmäuschenstill. Hansjörg legt sein Ohr auf die Brust des Erhängten und erfaßt dessen Handgelenk, um zu prüfen, ob noch Lebenszeichen festzustellen sind. Zufrieden teilt er seinem Kumpan mit: »Es ist erledigt, der tut keinem mehr was!«

Peter zieht unterdessen das Deckbett ab und sucht die Tatutensilien zusammen. Trotz eifrigen Bemühens: Eines der Ätherfläschchen kann er nicht mehr finden.

»Los, weg hier!« mahnt ihn sein Kumpan schließlich. Auf leisen Sohlen verlassen sie unbemerkt die Stätte ihrer Schandtat. Den Bettbezug, die Ätherflasche und die Handschuhe lassen sie im Müllcontainer eines Nachbarhauses verschwinden.

Edith und Vera haben eine große Kanne Kaffee gekocht und warten schon ungeduldig auf die Rückkehr ihrer Männer. Als sie gegen 4.00 Uhr heimkehren, steht der Sieg in ihren Gesichtern. Mit satanischem Vergnügen schildern sie die grausamen Vorgänge der letzten Stunde.

Staunend lauschen die Frauen ihrem Bericht, der nur einen kleinen, aber bedeutungsvollen Schönheitsfehler hat, nämlich, daß sich die zweite Ätherflasche immer noch in der

Wohnung des Toten befindet. Doch Peter meint gelassen: »Jetzt hau'n wir uns aufs Ohr. Wenn ich ausgepennt habe, gucke ich noch mal nach!«

Nach kurzem Schlaf ist er wieder auf den Beinen. Wichtiger als zu frühstücken ist es jetzt, erneut nach dem vermaledeiten Fläschchen zu suchen. Es gelingt ihm auch, unbemerkt in die Wohnung seines Bruders zu gelangen. Zunächst prüft er den Zustand seines Bruders, der unverändert still und stumm am Fenster hängt und offenbar tot ist.

Nun sucht Peter nach dem Ätherfläschchen. Vergeblich. Es läßt sich nicht aufspüren. Nach einigen Minuten ist seine Geduld erschöpft. Kurzerhand gibt er die Suche auf und schnüffelt lieber in den Schränken herum. Dabei stößt er auf eine kleine Stahlkassette. Mit einiger Mühe kann er sie aufhebeln, doch die Erwartungen, darin Bargeld zu finden, erfüllen sich nicht. Dafür entdeckt er eine nagelneue Armbanduhr mit digitaler Anzeige, die prompt in seiner Tasche verschwindet. Auch das Tonbandgerät und die Kugelboxen im Wohnzimmer läßt er gleich mitgehen. Heimgekehrt fragt die besorgte Gattin: »Und, hast du sie?«

Peter weiß, daß sie nur das Fläschchen meinen kann, macht eine abwehrende Handbewegung und beendet die mißliche Angelegenheit mit einem knappen Satz: »Nichts gefunden. Scheiß drauf!«

Von diesem Moment an interessiert ihn das Ätherfläschchen nicht mehr. Viel lieber führt er seine Trophäen vor. Mit einer Geste der Großzügigkeit überreicht er das Tonbandgerät seinem Kumpel Hansjörg, während er die Uhr noch am gleichen Abend in einer Kneipe für 400 Mark an den Mann bringt.

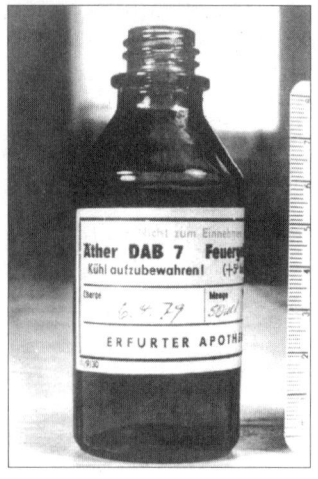

Das unter dem Kopfkissen des Opfers von der Polizei aufgefundene Ätherfläschchen.

Am nächsten Tag, es ist Sonntag, erscheint Peter beim Pförtner seines Betriebes, dem VEB Kühlmöbelwerk, und gibt vor, aus seinem Garderobenschrank etwas Wichtiges holen zu müssen, was er vergessen habe. Er darf passieren. Wenig später verläßt er das Gelände wieder, diesmal mit einem unauffälligen, schwarzen Kunstlederbeutel, darin eine Autobatterie. Volkseigentum, versteht sich. Schnurstracks schleppt er die schwere Kostbarkeit zu seinem Kumpel Hansjörg.

Am Montag, den 9.4.1979, erhält Elisabeth Huck unvermuteten Vormittagsbesuch von ihrem Sohn Peter. Er habe gerade in der Nähe zu tun und wolle die Gelegenheit nutzen, sich nach ihrem Wohl zu erkundigen. Welche Überraschung! Die Mutter ist leicht irritiert, denn derlei Interesse an ihrem Leben kennt sie von ihrem Jüngsten sonst nicht. In Wirklichkeit will er nur in Erfahrung bringen, ob sie Hans-Werner bereits vermißt, ihn womöglich schon besuchen wollte. Doch die Mutter ist arglos. Als sie für kurze Zeit die Stube verläßt, nutzt er die Gunst des Augenblicks und durchwühlt in Windeseile den Wohnzimmerschrank. Dabei erspäht er eine unverschlossene Stahlkassette mit einem beachtlichen Bündel Geldscheinen. Seine Vermutung ist richtig, daß es aus dem Erbe des Großvaters stammt und dem Bruder gehört, der es der Mutter zur Aufbewahrung anvertraut hatte. Kurzerhand läßt der mißratene Sohn das Geld mitgehen. Tagelang wird der Diebstahl unbemerkt bleiben.

Die von P. H. »besorgte« Autobatterie.

Der erfolgreiche Diebeszug versetzt Peter Huck in euphorische Stimmung, er entschädigt ihn für die nervenaufreibenden Mühen der vergangenen Tage. Stolz präsentiert er das Bündel seiner Frau Edith. Gierig zählt sie nach. Es sind 4000 Mark. Die Hälfte der Beute geht noch am Nachmittag an Hansjörg Krüger und Vera Hafenberg. Die beiden können Peter Huck überreden, gemeinsam den nächsten Bus nach Elxleben zu nehmen, um endlich das Auto abzuholen. So geschieht es.

Der Verkäufer stutzt zwar, weil er eigentlich Hans-Werner Huck erwartet hat. Doch Peter hat überzeugende Argumente parat: Sein Bruder habe bedauerlicherweise die Fahrprüfung nicht bestanden und aus Frust das Auto seinem Kumpel Hansjörg Krüger verkauft. Prompt überreicht dieser den neuen Kaufvertrag. Dem Verkäufer ist es egal, er hat ja sein Geld. Er liest, prüft, unterschreibt. Huck und Krüger bauen die Batterie in den Wagen ein, starten und fahren zurück nach Erfurt.

Als Hauptmann Schmelling mit seinen Männern das ihm übergebene Material der »Todesermittlungssache Hans-Werner Huck« analysiert hat und die Strategie weiteren Vorgehens festlegt, sind ihm freilich die geschilderten Tatvorgänge unbekannt. Jedoch stößt er in diesem Verfahrensstadium bereits auf Situationsfehler, die als ernstzunehmende Indizien den vermeintlichen Selbstmord widerlegen und statt dessen einen Mordverdacht allemal rechtfertigen:
Die Kriminalisten sind nämlich schnell dahinter gekommen, daß am 9. April 1979 Peter Huck und Hansjörg Krüger, nicht aber Hans-Werner Huck, den PKW aus Elxleben abholten. Folgerichtig müssen sich die beiden sicher gewesen sein, dieses Geschäft ungestört abwickeln zu können: Grund: Sie wußten, Hans-Werner lebt nicht mehr. Die Angaben des Autoverkäufers, der Kaufvertrag wäre deshalb geändert worden, weil der ursprüngliche Käufer angeblich die Fahrprüfung nicht bestanden habe, offenbart Peter Hucks vorsätzliche Falschaussage. Tatsächlich besaß sein Bruder seit mehreren Jahren einen Führerschein. Die Täuschung des Autoverkäufers gelang nur, weil Peter Huck und Hansjörg Krüger die Gewißheit hatten, daß Hans-Werner das Vorhaben nicht mehr durchkreuzen kann.

Bei den Recherchen zur Persönlichkeit des toten Hans-Werner Huck finden die Ermittler keinen erklärenden Hinweis auf den möglichen Verwendungzweck des Äthers. Abgesehen davon: Der Leichensachbearbeiter des VPKA, der damals den Todesfall untersuchte, ist niemals der Frage nachgegangen, warum sich auf dem leeren Fläschchen unter dem Kopfkissen des Toten keine Fingerspuren befanden, obwohl dieser Umstand beweist, daß sie vermieden werden sollten. Weiter: Der ungewöhnliche Fundort des Fläschchens weist auf eine bestimmte, wenn bisher auch noch unbekannte Rolle des Äthers in der Dynamik des tödlichen Geschehens hin. Und schließlich: Da sich der Apotheker recht zuverlässig erinnern kann, am 6.4.1979 einer blaßgesichtigen Blondine zwei Ätherfläschchen verkauft zu haben, liegt der Verdacht eines Zusammenhangs mit dem Todesfall nahe, zumal die von ihm abgegebene Personenbeschreibung der Kundin durchaus auf Vera Hafenberg paßt. Und diese wiederum zählt zum sozialen Umfeld Hans-Werner Hucks.

Schmellings Mitarbeiter finden aber auch heraus, daß Peter Huck im Zusammenhang mit der durch das VPKA geführten Todesursachenermittlung angegeben hatte, seinem Bruder die Zweitschlüssel der Wohnung lange vor dem 6. April 1979 zurückgegeben zu haben. Unerklärlicherweise glaubte man ihm damals. Aber niemals wurde nach diesen Schlüsseln gefahndet, denn in Hans-Werners Wohnung befanden sie sich nicht.

Und schließlich stoßen Schmellings Ermittler auf ein bisher unbeachtetes Protokoll. Es ist der Bericht des Leichensachbearbeiters über die Fundortuntersuchung vom 23. Mai 1979, der Tag der Entdeckung des Toten. Darin wird nebensächlich beschrieben, daß auf Hans-Werner Hucks Küchentisch unter anderem ein geöffneter, an ihn gerichteter Brief mit Poststempel vom 17. April 1979 gelegen habe. Aber: Hätte er diesen Brief selbst geöffnet, dann würde zwangsläufig eine mindestens um zehn Tage differierende, spätere Todeszeit zutreffen. Eine derartige Annahme stünde jedoch im Widerspruch zu den reichlich vorhandenen Aussagen der Zeugen, die Hans-Werner Huck letztmalig am 6. oder 7. April gesehen haben. Fazit: Nach dem 17. April 1979 muß ein Unbefugter sich in der fraglichen Wohnung aufgehalten haben, wohl wissend, daß dort der verwesende Leichnam des Hans-Werner Huck am Fenster hängt. Wer zu derlei fähig ist, muß grenzenlos kaltschnäuzig und abgestumpft sein. Merkmale, die durchaus auf Peter Huck zutreffen.

Die Situationsfehler werden zum Kernstück der folgenden Vernehmungen. Da sich Huck in Haft befindet, steht er bereits zur Verfügung. Doch als er mit dem strafrechtlichen Vorwurf bekannt gemacht wird, nunmehr auch unter Mordverdacht zu stehen, ist er ziemlich außer sich, will wissen, »welches Schwein ihn in die Pfanne hauen will« und gerät von einer Affektaufwallung in die nächste. Doch der Sturm legt sich schnell. Mit der Aussage seines Zellenkumpans konfrontiert, erkennt er die Zwickmühle, in der er sich befindet, aus der es kein Entrinnen gibt. Bereits am nächsten Vernehmungstag gesteht er, gemeinsam mit Hansjörg Krüger den Mord an seinem Bruder begangen zu haben.

Wenn der Vernehmer auf die Tatbeiträge seines Kumpels zu sprechen kommt, gerät Peter Huck mehrmals in ungebremste Wut, ein untrügliches Anzeichen dafür, daß die Kumpanei zu ihm längst zerbrochen ist. Und das aus triftigem Grund. Krüger hatte nämlich einen perfiden Plan ausgeheckt. Peter Huck sollte gehörig geneppt werden. Deshalb schickte er Vera Hafenberg zu ihrem alten Onkel. Sie legte ihm ein auf den 17. März 1979 zurückdatiertes Schriftstück zur Unterschrift vor, mit der er bestätigte, seiner Nichte 10 000 Mark geliehen zu haben. Der arglose Onkel, ein Analphabet, ließ sich erfolgreich beschwatzen, wußte aber nicht, was er unterschrieb. Nun konnte Hansjörg Krüger die Aufnahme eines Darlehens für den Kauf des alten »Wolga« belegen. Auf diese listige Weise wollte er den Besitz des Fahrzeugs sichern und gegen eine mögliche Herausgabeforderung seines Freundes gewappnet sein.

Peter Huck hatte davon erfahren und folgerichtig den Schluß gezogen: »Die Hunde wollen mich übers Ohr hauen!« Heftige, auch handgreifliche Auseinandersetzungen folgten. Dann griff das Schicksal ein: Wegen Widerstands gegen die Staatsgewalt und Verstoßes gegen Bewährungsauflagen mußte er hinter Gitter. Die Knastsituation verhinderte zwar weitere direkte Zusammenstöße, begünstigte aber die Entwicklung feindlicher Gefühle gegen seine bisherigen Komplizen.

Das aufgewühlte Gemüt des Beschuldigten wird taktisch genutzt, denn nach dem Motto »Ich muß jetzt lange brummen, aber die sollen auch bluten« fördert es seine Aussagebereitschaft. Der Vernehmer achtet darauf, daß Hucks Aussagen über die eigenen Beiträge am Mordgeschehen wahrheitsgetreu bleiben und nicht zusätzlich dem Mittäter angelastet werden. Später kommt die Rolle der beiden Frauen zur Sprache. Sich des Verrats bewußt, gibt Peter Huck nach einigem Zögern auch über deren Beteiligung Auskunft.

Als Hauptmann Schmelling das Vernehmungsprotokoll in den Händen hat, folgt der nächste Unersuchungsschritt: Seine Häscher werden in die Spur geschickt, um Hansjörg

Krüger und seine Lebensgefährtin Vera Hafenberg zu verhaften. Edith Huck ereilt das gleiche Schicksal. Doch sie ist unverkennbar schwanger, rechnet deshalb mit Haftverschonung. Vergeblich, denn: Nach § 123 StPO ist auch »bei einer schwangeren Frau die U-Haft unumgänglich, wenn sie eines besonders schweren Verbrechens dringend verdächtigt wird«.

In den ersten Gesprächen bestreitet Hansjörg Krüger inbrünstig, an dem Mord beteiligt gewesen zu sein, wohl wissend, daß die Kripo keine objektiven Spuren gegen ihn in der Hand hat. Er erbost sich über seinen Kumpel, hält dessen Anschuldigungen für bloße Infamie, sich wegen des Autos an ihm zu rächen. »Was Peter da quatscht, sind alles nur Lügenmärchen.« Auch die beiden Frauen weisen erst einmal vehement jeden Vorwurf zurück, von einer Tötungsabsicht, geschweige denn von einem Mordplan, jemals etwas gewußt zu haben.

Doch Schmellings Männer bleiben unbeeindruckt von derlei Sicherungsverhalten. Gleich nach der Verhaftung der drei werden deren Wohnungen durchsucht. Ohne Mühe entdecken die Kriminalisten das Tonbandgerät und die Kugelboxen des Opfers, über deren Herkunft die Beschuldigten höchst widersprüchliche Angaben machen. Auch die kompletten Fahrzeugpapiere für den »Wolga GAS 24« und der fingierte Kaufvertrag, der Hansjörg Krüger zum rechtmäßigen Eigentümer macht, entgehen ihnen nicht. Schriftproben von einer alten Schreibmaschine aus der Wohnung der Eheleute Huck werden mit der Schrift auf dem Kaufvertrag verglichen. Ergebnis: Identität der Schriften.

Ein Sturmangriff an Vernehmungen bricht los. Aussagen des einen Beschuldigten werden zur Waffe gegen den anderen, Vorhalte zu wirksamen Geschossen. Da Absprachen unter-

Das Corpus delicti, der von H. K. unrechtmäßig erworbene »Wolga GAS 24«.

einander nun nicht mehr möglich sind, verwickeln sich die Mörder und ihre Komplizinnen zwar in weitere Widersprüche, doch Stück für Stück offenbaren sie auch die Wahrheit. Gegenüberstellungen, Aussagedemonstrationen, Rekonstruktionen und die weitere Ermittlung von Zeugen ergänzen die Strategie der Untersucher. Wenn diese, sich über Monate hinziehenden, Prozeduren für beide Seiten auch nervenaufreibend sind, bleibt die Wirkung nicht aus: Im Frühsommer des Jahre 1980 ist der Fall endgültig aufgeklärt. Hauptmann Schmelling kann die Akte über den Mord an Hans-Werner Huck schließen und zur Anklageerhebung an die Bezirksstaatsanwaltschaft übergeben.

Für DDR-Verhältnisse höchst ungewöhnlich, wird einige Tage später in der Erfurter Tageszeitung »Thüringer Neueste Nachrichten« in einem mehrspaltigen Artikel unter der

Überschrift »Mord aus Haß und Habgier« ausführlich über die Untat berichtet.

Peter Huck und Hansjörg Krüger haben sich wegen gemeinschaftlich begangenen heimtückischen Mordes zu verantworten. Sie erwartet eine lebenslängliche Freiheitsstrafe. Edith Huck und Vera Hafenberg müssen wegen Beihilfe zum Mord für fünf Jahre in das berüchtigte Frauengefängnis Hoheneck, wenige Kilometer südlich von Karl-Marx-Stadt. Gegen ihr Urteil legen sie zwar Berufung ein, jedoch wird diese vom Obersten Gericht der DDR als »offensichtlich unbegründet« verworfen.

Hauptmann Schmelling aber weiß sehr genau, daß Aufdeckung und Aufklärung des Falls letzten Endes nur dem Zusammenspiel günstiger Umstände zu verdanken waren. Denn: Hätte Peter Huck sich seinem Zellengenossen nicht anvertraut, wäre das Verbrechen niemals aufgedeckt worden und bliebe ungesühnt.

Der literarische Kriminalinspektor Columbo ist auf die Untersuchung verschleierter Verbrechen spezialisiert. Zwar tappt auch er anfangs von Indiz zu Indiz, ergeht sich in tiefgründigen Grübeleien über die eine oder andere Spur, doch sein Weg ist gradlinig, ohne Rückschlag, ohne Stolpern. Das Rezept seines Erfolges: Er beherrscht wie kein zweiter die hohe Kunst, Situationsfehler aufzudecken und die Täter damit zu überführen.

In der Realität der kriminalistischen Untersuchung, insbesondere bei Gewaltdelikten, spielen Situationsfehler tatsächlich eine bedeutende Rolle. Sie entstehen zumeist im Resultat der Tatverschleierung, einen äußerlich kausal-logischen Geschehnisablauf zu konstruieren, der die tatrelevanten Umstände und Spuren kaschieren soll. Mit dem Begriff Situationsfehler werden meist Handlungen umschrieben, die dem Täter bei der Vortäuschung einer für ihn bedeutsamen Situation als Fehler unterlaufen. Insofern ist der Situationsfehler von anderen Veränderungen (z. B. am Tatort durch ärztliche Maßnahmen an der Leiche, naturgesetzliche Einwirkungen) abzugrenzen. Unter dem Aspekt der dem Kriminalisten zur Verfügung stehenden immensen spurenkundlichen Möglichkeiten (z. B. DNA-Analyse, Mikrospuren) ist die Vortäuschung eines das tatsächliche Geschehen überlagernden Handlungsverlaufs in allen notwendigen Details praktisch nicht möglich. Situationsfehler entstehen damit zwangsläufig und erklären sich häufig daraus, daß der weitaus größte Teil der Tötungsdelikte aus tataktuellem, situationsbedingtem Anlaß begangen wird. Will der Täter die Tat verschleiern, setzt dies eine völlig neue Willensbildung und Entschlußfassung voraus. Alle der Verdeckung dienenden Handlungen müssen aber der bisher geschaffenen Tatsituation angepaßt werden. Dadurch wird die Fehlerentstehung zusätzlich begünstigt.

Allerdings: Situationsfehler werden nicht erkannt, wenn subjektive Voraussetzungen beim Kriminalisten fehlen (z. B. verursacht durch Kompetenzmangel, Gleichgültigkeit, Unkenntnis, Voreingenommenheit) oder objektive Umstände seinen Erkenntnisvorgang beeinträchtigen (z. B. zusätzliche Veränderungen am Ereignisort, Zeitdruck, Unmöglichkeit des Einsatzes von Experten).

Dennoch ist die Aufdeckung von Situationsfehlern eine wesentliche Erkenntnisbrücke bei der Untersuchung von unnatürlichen Todesfällen. Sie ist der Schlüssel, um in das Dunkelfeld von Mord und Totschlag vorzudringen.

Vermißtensache Steffi Bibrach

(Aktenzeichen 2 BS 6/61 Bezirksstaatsanwalt Dresden
Tagebuchnummer 436/60 VP-Kreisamt Dippolsdiswalde)

Südlich der sächsischen Kreisstadt Dippoldiswalde führt die Fernverkehrsstraße F 170 durch das malerische Tal des Flüßchens Rote Weißeritz aufwärts in die Kammlagen des Erzgebirges über Schmiedeberg und Altenberg bis nach Zinnwald-Georgenfeld. Ihr Name endet am Grenzübergang zur CSSR, die heutige tschechische Republik, und verläuft als Straße Nr. 8 weiter in Richtung Teplice, seit den 90er Jahren eine berüchtigte sündige Meile.

Hinter dem kleinen Industrieort Schmiedeberg zweigt ostwärts der Weg nach Dönschten ab, wo das romantische Naturwaldbad liegt. Wenige Kilometer weiter erreicht man die Ortschaften Falkenhain und Bärenstein. Von dort aus schlängelt sich die Straße bis nach Altenberg, wo sie sich wieder mit der F 170 vereinigt.

Ende des Jahres 1960 wurde der ländliche Frieden dieser stillen, beliebten Urlauberidylle empfindlich gestört: Ein Mord war geschehen, ungewöhnlich und grausam. Entsetzen breitete sich aus. Fast alle kannten das Opfer und dessen Familie. Monatelang tappte die Polizei im Dunkeln.

Unterdessen kursierten Gerüchte, verbreiteten sich wilde Spekulationen über einen möglichen Täter und sein Motiv. Hinter vorgehaltener Hand wird ein biederer Fleischermeister der Tat verdächtigt. Lange Zeit bot das Verbrechen ausreichenden Stoff für abendliche Stammtischgespräche.

Als der Täter schließlich dingfest gemacht wurde, erfaßte die braven Bürger erneut das Grauen, denn fast alle kannten ihn und seinen blütenweißen Leumund.

Falkenhain, am 15. Dezember 1960. Es ist Donnerstagabend kurz nach 20.00 Uhr. Volkspolizeimeister Hechtmann (32), ein etwas hölzern wirkender Mann mit dünnen Lippen und glanzlosen Augen, zuständiger Abschnittsbevollmächtigter, sitzt zu dieser späten Stunde an seinem Schreibtisch und tippt auf einer alten Schreibmaschine irgendwelche Berichte. Überstunden muß er machen, sie sind die Würze aller Polizeiarbeit.

Aufgelöst und mit den Nerven am Ende betritt der Tischler Dieter Bibrach (34) dessen Büro: »Mensch, Walter, meine Kleine ist weg. Ich weiß nicht mehr weiter!«

»Nun beruhige dich und setz dich erst mal«, tröstet ihn der Uniformierte, bietet seinem abendlichen Gast einen Stuhl an und hört geduldig zu, was dieser zu berichten hat:

Steffi, seine 13jährige Tochter, wäre heute über Mittag in Dönschten beim Friseur gewesen, und kurz vor 14.00 Uhr sei sie von dort weggegangen. Das habe ihm der Meister bestätigt. Eigentlich hätte sie spätestens 14.30 Uhr zu Hause sein müssen. Doch bisher ist sie nicht erschienen, und niemand hat sie gesehen. Auch bei ihren Freundinnen hat sie sich nicht blicken lassen. Nun sei er in großer Sorge. Denn Steffi wäre ein zuverlässiges, vorsichtiges Mädchen, das sich noch niemals derart verspätet hätte und keinesfalls mit Fremden mitfahren oder sich herumtreiben würde. Er befürchte, daß seiner Tochter etwas zugestoßen sein könnte.

Der Polizist versucht auf seine Weise, den sichtlich erregten und besorgten Mann zu beruhigen: »Ich verstehe das, Dieter, ich habe auch eine kleine Tochter. Noch sehe ich keine Gefahr: So kalt ist es noch nicht, und Schnee ist auch noch nicht gefallen. Außerdem, dein Mädchen ist fast erwachsen, kennt jeden Stein und jeden Weg in unserer Gegend. Was soll denn passieren, jetzt sind ja kaum Urlauber hier?«

»Vielleicht ist sie nach der CSSR entführt worden«, mutmaßt Bibrach phantasievoll.

»Gott bewahre, doch nicht bei uns. Wer traut sich denn in unsere Gegend? Außerdem ist die Transitstraße nach Zinnwald zu weit entfernt«, versucht Hechtmann den Vater weiter zu beruhigen, sagt dann aber, indem er zum Telefonhörer greift: »Ich rufe im Kreiskrankenhaus an, wir wollen einen Unfall gleich ausschließen. Und wenn es dich beruhigt, suchen wir die Strecke bis Falkenhain gleich noch mal ab!«

Dieter Bibrach ist einverstanden. Hechtmann spricht mit der Krankenhausaufnahme in Dippoldiswalde: Fehlmeldung.

Anschließend startet der ABV sein Motorrad, Bibrach auf dem Soziussitz. Sie fahren im Schritttempo mehrmals die Straße nach Dönschten auf und ab und kontrollieren, soweit es bei der Dunkelheit möglich ist, das dicht bewaldete Gelände am Rande der Fahrtroute. Vergeblich. Betretene Gesichter bei den Männern. Von dem verschwundenen Mädchen keine Spur. Nach zwei Stunden stellen sie ihre Bemühungen ein.

Doch bevor sie sich trennen, kündigt VP-Meister Hechtmann an: »Wenn sie bis morgen nicht zurück ist, nehme ich 'ne Anzeige auf, dann kann ich Suchkräfte beim VPKA anfordern!«

Schon am nächsten Morgen ist Dieter Bibrach wieder zur Stelle, die Vermißtenanzeige zu erstatten. Seine Augen sind dunkel umrandet. Er und seine Frau konnten in der vergangenen Nacht keinen Schlaf finden. Die Hoffnung, daß Steffi heimkehren könnte, hatten die Eltern bald aufgegeben. Von innerer Unruhe getrieben, suchten sie deshalb bis in die frühen Morgenstunden noch einmal den Weg ab, den ihre Tochter nach Verlassen des Friseurs benutzt haben müßte. Doch ihre Anstrengungen blieben vergebens. Jetzt muß die Polizei helfen.

VP-Meister Hechtmann ist keineswegs mehr so zuversichtlich wie am gestrigen Abend. Er hat bereits mit der Kripo in Dippoldiswalde telefoniert und von dort Order erhalten, einen regulären Vermißtenvorgang anzulegen und erste Suchaktionen mit Freiwilligen aus den benachbarten Ortschaften zu organisieren. Inzwischen würde seitens des VPKA eine Suchmannschaft aus Bereitschaftspolizisten zusammengestellt und eine Meute Suchhunde angefordert, deren Einsatz für den nächsten Tag vorgesehen sei.

Sorgfältig nimmt der Polizist die Vermißtenanzeige auf, dann fragt er nach einem Foto von Steffi: »Wir brauchen's für die Fahndung!« Kein Problem. Bibrach trägt die Konterfeis seiner Lieben in der Brieftasche stets bei sich.

»Dieter, du kannst sicher sein, wir nehmen die Sache nicht auf die leichte Schulter«, bemerkt Hechtmann abschließend.

Am frühen Nachmittag drängen sich fast zwanzig Menschen in Hechtmanns kleinem Büro. Schüler, Lehrer, Nachbarn und Leute der freiwilligen Feuerwehr sind gekommen, bei der Suche nach Steffi Bibrach zu helfen. Auf dem Schreibtisch liegt eine ausgebreitete Geländekarte. Wie ein Feldherr erläutert Hechtmann seinen Plan, teilt danach die Suchkräfte ein. Jedem Helfer wird ein eng begrenzter Suchabschnitt zugewiesen. Gärten, Ställe, Schuppen, Brunnen und andere

Versteckmöglichkeiten innerhalb Falkenhains und auf der Strecke bis Schmiedeberg, aber auch die bergigen Flurstücke und das unwegsame Gelände seitwärts der Straße, nördlich und südlich von Dönschten, sollen abgesucht werden. Hechtmann selbst übernimmt die Kontrolle des winterlich verwaisten Waldbads. Die Aktion wird auf eine Dauer von drei Stunden begrenzt. Danach sollen sich alle Suchkräfte wieder bei ihm einfinden und Bericht erstatten. Ihm, als Vertreter der öffentlichen Ordnung, bleibt dann nur noch die Fertigung eines Protokolls über die Suchaktion. So jedenfalls will es die Kriminalpolizei, die nämlich, falls die Suche erfolglos abgebrochen werden muß, ab morgen die weiteren Ermittlungen im Vermißtenfall Bibrach übernimmt.

Bevor die Suchkräfte ausschwärmen, gibt VP-Meister Hechtmann ihnen mit auf den Weg: »Achtet auf jede Kleinigkeit. Gegenstände, Bekleidung, auffällige Bodenveränderungen usw. Solange kein Schnee fällt, haben wir gute Chancen, etwas zu finden!«

Als die Dämmerung hereinbricht, kehren die Helfer wieder zurück. Enttäuschung liegt in ihren erschöpften Gesichtern. Weder sie noch der VP-Meister konnten irgendeinen brauchbaren Hinweis aufspüren. Einziges Ergebnis: Dort, wo gesucht wurde, gibt es keine Spur des Mädchens. Hechtmann bedankt sich bei den Suchkräften für die Unterstützung, die betrübt von dannen trotten. Dann tippt er den Bericht über den Verlauf der Suchaktion. Ihn und den Geländeplan mit den fein säuberlich eingezeichneten Suchabschnitten heftet er in die Akte.

Todmüde kehrt er heim. Die Gattin hält schon seit Stunden sein Abendessen bereit. Doch er winkt ab, will nur noch eines: endlich schlafen.

Die Eltern des verschwundenen Mädchens sind nervlich völlig am Boden, werden von düsteren Vorahnungen gequält und finden auch in dieser Nacht keine Ruhe.

Zwei Nächte sind vergangen. Von Steffi Bibrach immer noch keine Spur. Im Ort kursieren bereits Mutmaßungen über die Gründe ihres plötzlichen Verschwindens. Nicht nur die Eltern glauben inzwischen, daß ihr etwas Schreckliches zugestoßen sein muß. Auch die Polizei nimmt die Sache ernst. Bereits am frühen Morgen finden sich deshalb Kriminalisten des Kommissariats 3 aus Dippoldiswalde im Büro des ABV von Falkenhain ein. Ihr Interesse gilt dem Stand der bisherigen Nachforschungen. Danach soll entschieden werden, ob die weiteren Ermittlungen noch in die Zuständigkeit des Kreisamtes fallen oder bereits von der Bezirksbehörde in Dresden geführt werden müssen. So verlangen es die Dienstvorschriften. VP-Meister Walter Hechtmann informiert die Männer über seine gestrigen Recherchen und die ergebnislose Suche. Der Mißerfolg ist ihm anzusehen. »Du hast alles Menschenmögliche gemacht, Genosse«, trösten ihn die Männer aus der Kreisstadt und übernehmen die Akte.
Die Fahnder sind besorgt: Ein 13jähriges, sittsames Mädchen aus einer ordentlichen, unbescholtenen Familie ist seit zwei Tagen spurlos verschwunden. Es gibt nicht die geringste Veranlassung anzunehmen, es sei wegen familiärer oder schulischer Probleme kurzerhand durchgebrannt. Könnte es sich verlaufen haben? Auch das halten sie für unmöglich. Denn das Mädchen ist in Falkenhain aufgewachsen, viele Leute kennen es, und die Gegend ist ihm bestens vertraut. Und ein Unfall abseits des Weges, irgendwo im Wald? Nicht auszudenken, wenn Steffi mit gebrochenen Gliedmaßen, wo-

möglich bewußtlos und unterkühlt irgendwo hilflos ihrem Schicksal ausgeliefert wäre? Immerhin: Es ist Winter. Auch wenn noch kein Schnee gefallen ist, die langen Nächte sind gefährlich kalt.

Der momentane Erkenntnisstand erlaubt zwar keine Antwort auf diese Fragen, doch eines steht fest: Rasches Handeln ist angesagt. Unter Aufbietung aller polizeilichen Möglichkeiten muß die Suche wieder aufgenommen werden, allerdings in einem weitaus größeren Gebiet als bisher.

Und noch ein Gedanke leitet die Männer: Die kriminalistische Erfahrung lehrt nämlich, daß mancher Mörder sein Opfer nach vollendeter Tat versteckt oder gar vernichtet. Dadurch wird nahezu automatisch ein Vermißtenfall verursacht. Da sich dessen äußeres Bild von dem eines harmlosen, zeitweiligen Verschwindens nicht unterscheidet, muß man, selbst wenn derartige Fälle selten sind, auch diese schlimme Möglichkeit erwägen. Sicher ist sicher. Fazit ihrer Überlegungen: Sofortige Einleitung eines Ermittlungsverfahrens gegen Unbekannt wegen des Verdachts eines Tötungsverbrechens und Übergabe des Falls an das Dezernat II der BdVP mit dem Vorschlag einer stabsmäßig geführten Suche, zu der bergerfahrene Helfer, Hundertschaften der Bereitschaftspolizei und Suchhundemeuten zum Einsatz kommen sollen.

Bereits am Mittag treffen Kriminalisten aus Dresden ein: Der Chef der Mordkommission, Hauptmann Max Bockelt, ein behäbiger, stiernackiger Mittvierziger mit Schmerbauch, aber hellwachem Geist. In seiner Begleitung zwei jüngere Mitstreiter. Mit geübtem Blick und bewährter Routine analysiert das Trio die vorhandenen Unterlagen. Dann zimmert

Bockelt mehrere Stunden lang an einem Schlachtplan für die weiteren Ermittlungen. Er sieht vor, die Suche nach dem vermißten Mädchen mit der Fahndung nach einem unbekannten Täter zu verbinden. Nervenaufreibende, organisatorische Vorbereitungen folgen. Doch der MUK-Leiter kennt sich aus. Im Umgang mit den kleinen und großen Entscheidungsträgern ist sein diplomatisches Geschick gefordert. Denn die Vorschläge müssen höheren Orts erst befürwortet werden, ehe Weisungen folgen können. Die Gewißheit, geplante Kräfte und Mittel im folgenden Ermittlungsprozeß auch tatsächlich einsetzen zu können, ist nur in einem zeitraubenden, zähen Prozeß zu erlangen, der Charme, Überzeugungskraft und Autorität voraussetzt.

Der dicke Hauptmann Bockelt versteht sein Handwerk, so daß am nächsten Morgen mehrere hundert Suchkräfte und eine Hundemeute für die Aktion zur Verfügung stehen.

Der Suchraum umfaßt das riesige Territorium zwischen Dippoldiswalde, Glashütte und Zinnwald. Tagelang durchkämmen die Sucher in kleinen Gruppen oder langen Ketten das waldreiche, bergige Gelände. Suchhunde stöbern durchs dichte Unterholz. Anwohner und Durchreisende werden befragt, ob sie zweckdienliche Hinweise geben können. Lautsprecherwagen der Polizei patrouillieren durch die Ortschaften und rufen die Bevölkerung auf, die Suche nach dem vermißten Mädchen zu unterstützen. Die Grenzpolizei wird in die Fahndung einbezogen und verstärkt ihre Kontrollen an den Übergangsstellen und im Hinterland. Bockelt nutzt Ortskenntnis und Bekanntheitsgrad des für das Gebiet zuständigen ABV Hechtmann und betraut ihn mit einigen Teilermittlungen und mit der Leitung einer kleinen Suchgruppe, die zwischen Schmiedeberg und Falkenhain wiederholt zum Einsatz kommt. So verstreichen die Tage. Vergeblich. Kein Hinweis, kein Bekleidungsstück, keine Spur. Schon längst glaubt niemand mehr, das Mädchen lebend zu finden. Jetzt geht es allein um seine Leiche. Beharrlich setzen deshalb die Sucher ihre Arbeit fort. Es ist die sprichwörtliche Suche nach der Nadel im Heuhaufen, deren Versteck allein der Mörder kennt.

Weitere Tage vergehen. Mißerfolg reiht sich an Mißerfolg. Als das Wetter sich verschlechtert und der erste Schnee fällt, kommt bei den Männern der Suchtrupps Frust auf. Aufmerksamkeit, Disziplin und Motivation sinken mit jedem erfolglosen Tag mehr und mehr.

Hauptmann Bockelt hat nicht nur alle Hände voll zu tun, weitere Suchräume festzulegen, die Kräfte neu zu formieren, ihre Berichte auszuwerten und die Fahndung nach dem unbekannten Täter zu leiten. Vor allem muß er die Einsatzkräfte immer wieder ermuntern, beim Absuchen der zugewiesenen Gebiete keine Nachlässigkeit zuzulassen und das Suchziel mit Ausdauer und eiserner Disziplin zu verfolgen. Denn kein Quadratmeter Waldboden, kein Haus und kein Nebengebäude dürfen ihrem prüfenden Blick entgehen. Selbst am Samstag, dem 24. Dezember, wird die Aktion bis zum Einbruch der Dunkelheit fortgesetzt. Doch alle Mühen sind vergebens.

Kurz vor Jahresende kommt von oben der Befehl, die Suchkräfte abzuziehen. Die Mordkommission soll sich auf breit angelegte Routineermittlungen beschränken. VP-Meister Hechtmann widmet sich fortan wieder seinen eigentlichen Aufgaben als ABV. Hauptmann Bockelt zieht sich mit einer sechsköpfigen Mannschaft in zwei Büros des VP-Kreisamts Dippoldiswalde zurück, um von dort die Schlacht gegen den großen Unbekannten zu führen. Er beharrt auf einer exakten Erfassung und Analyse der Personen- und Fahrzeugbewegung am Nachmittag des 15. Dezember 1960. Sein kriminalistisches Gespür lenkt ihn nämlich immer wieder auf die Version, Steffi Bibrach könne auf dem Weg von Dönschten nach Hause von einem unbekannten Kraftfahrer mitgenommen worden sein. Doch die Recherchen schleppen sich träge dahin.

Weitere Zeugen werden gehört. Zwar werden im Ergebnis der flächendeckenden Befragungsaktion einige Diebstähle, Betrügereien und Sexualdelikte aufgedeckt, doch zur Sache selbst kann niemand etwas beisteuern. Aus dem privaten Umfeld der vermißten Schülerin werden mehr als fünfzig

Blick auf einen Teil des Waldgeländes in Dönschten (in der Bildmitte eine Gerätebaracke des Waldbades), in dem die Suchaktion nach dem vermißten Mädchen stattfand.

Personen bezüglich ihres Alibis und möglichen Tatmotivs überprüft. Gleiches gilt für ebenso viele vorbestrafte Sexualtäter aus dem Kreisgebiet von Dippoldiswalde. Bald füllen unzählige Ermittlungsprotokolle die Aktenordner. Aber einen brauchbaren Verdachtshinweis auf eine Täterschaft gibt es nicht. Auch der unberechenbare Kommissar Zufall scheint in tiefem Winterschlaf zu liegen, sonst wäre der Leichnam des Mädchens schon längst entdeckt worden. Alles in allem: Bockelts Geduld wird viele Wochen lang auf eine harte Probe gestellt.

Erst zwei Monate später, es ist bereits Anfang März, tritt die lang erwartete Wende in dem Vermißtenfall ein. Auslöser sind die Saisonvorbereitungen im Waldbad Dönschten. In der wärmenden Frühjahrssonne wird dort emsig gemauert, gestrichen und gefegt. Das Schwimmbecken erstrahlt in neuem Glanz, die alten Trampelpfade weichen bequemen Pflasterwegen. Kurzum, die Relikte der vergangenen Saison und des Winters werden beseitigt. Zwei Arbeiter erhalten den Auftrag, die Gerätebaracke aufzuräumen. Weil dort eigentlich nur Werkzeuge, Schaufeln, Besen, Harken, Baustoffe und ausgediente Strandmöbel lagern, fällt ihnen der ungewöhnliche, nicht zu definierende Gestank in der Baracke sofort auf. Mit rümpfenden Nasen beginnen die Männer ihr ordnendes Werk. Doch schon bald entdecken sie etwas, das ihnen Sprache und Atem verschlägt: Zum Überwinterungsinventar der Baracke gehört nämlich auch ein Barren, der üblicherweise den Badegästen für ein gesundes Freiluftturnen zur Verfügung steht. Zwischen seinen Holmen liegt, flach zusammengeklappt, ein Liegestuhl. Einer der Männer hebt ihn an, dabei erblickt er einen Leichnam, der unverkennbar dabei ist, zu verwesen. Der Liegestuhl hatte ihn nahezu vollständig bedeckt.

»Ach, du große Scheiße!« stößt er hervor und lenkt damit die Aufmerksamkeit seines Kollegen auf sich. Entsetzt riskieren

In dieser Gerätebaracke im Waldbad Dönschten wurde das tote Mädchen gefunden.

beide einen kurzen Blick: Ein Leichnam. Es scheint ein Mädchen zu sein, bekleidet mit einem blauen Wintermantel, das Gesicht mit einem roten Tuch eingehüllt. Lang ausgestreckt ruht der tote Körper auf dem Barackenboden. Neben ihm eine schwarze Umhängetasche.

Grauen schüttelt die Männer. »Das ist bestimmt die Kleine aus Falkenhain«, mutmaßt einer von ihnen. Sie stürzen aus der Baracke und benachrichtigen über Notruf die Volkspolizei. Ihren Anruf nimmt die Einsatzzentrale des VPKA entgegen. Die wiederum alarmiert Bockelt und beauftragt VP-Meister Hechtmann als den nächsten erreichbaren Ordnungshüter mit der Sicherung des Fundorts.

Die Mordkommission und eine Meute uniformierter und ziviler Obrigkeiten aus Dippoldiswalde sind eine dreiviertel Stunde später vor Ort. Kurz darauf ist auch der Dresdener Gerichtsarzt Dr. Krüger zur Stelle. Er und Bockelt untersuchen das tote Mädchen. Zunächst beurteilen sie die Gesamtsituation: Haarfarbe des Mädchens, seine Bekleidung, die neben ihm liegende Umhängetasche vermitteln ausreichend Hinweise, daß es sich tatsächlich um den Leichnam der vermißten Schülerin Steffi Bibrach handelt. Eine vermeintliche Blutlache neben dem Kopf der Leiche erweist sich als eingetrocknete Fäulnisflüssigkeit, die dem verwesenden Leichnam entronnen ist. Ansonsten ist die Lage der Leiche ziemlich geordnet. Schleifspuren fehlen. Der Täter muß folglich kräftig genug gewesen sein, das Opfer zu tragen und vorsichtig abzulegen. Abwehrverletzungen und Kampfspuren sind ebenfalls nicht auszumachen.

Fragen stellen sich: Ist der Fundort mit dem Tatort identisch? Ist das Opfer dem Täter freiwillig gefolgt? Kannten sich beide? Wie verschaffte sich der Täter Zugang zu der verschlossenen Baracke? Stammt er womöglich aus dem Kreis der im Waldbad Beschäftigten? Bockelt ordnet seine Gedanken, weiß, welche konkreten Ermittlungen nun auf ihn warten.

Dr. Krüger entfernt unterdessen behutsam das rote Tuch, das den Kopf der Leiche umhüllt. In mehrfachen straffen Lagen sind um den Hals des Mädchens ein Strick und ein Bindedraht geschlungen, die tief in die Weichteile einschneiden. »Mögliche Todesursache Erdrosseln«, schlußfolgert der Gerichtsarzt fürs erste, ergänzt dann aber, »es könnte auch eine Sicherheitsdrosselung sein.« Bockelt versteht richtig. Der Täter kann, um ganz sicher zu gehen, nach der Tötung zusätzlich ein Drosselwerkzeug verwendet haben. Dann träfe unter Umständen eine andere Todesursache zu. Und die Todeszeit? Dr. Krüger will sich keinesfalls festlegen, schätzt angesichts der vergangenen winterlichen Temperaturen einen Zeitraum von mehreren Wochen bis Monaten. Die fortgeschrittenen Leichenerscheinungen lassen eben nur vage Aussagen zu. Ob das Mädchen sexuell mißbraucht oder gar vergewaltigt wurde, läßt sich ebenfalls nicht beantworten. Zwar zeigen Rock, Schlüpfer, Strumpfhalter und äußeres Genitale keine Auffälligkeit, aus der ein solcher Schluß gezogen werden könnte, doch ist dadurch eine Sexualtötung keineswegs auszuschließen. Nur die Obduktion kann zu einer sicheren Aussage führen.

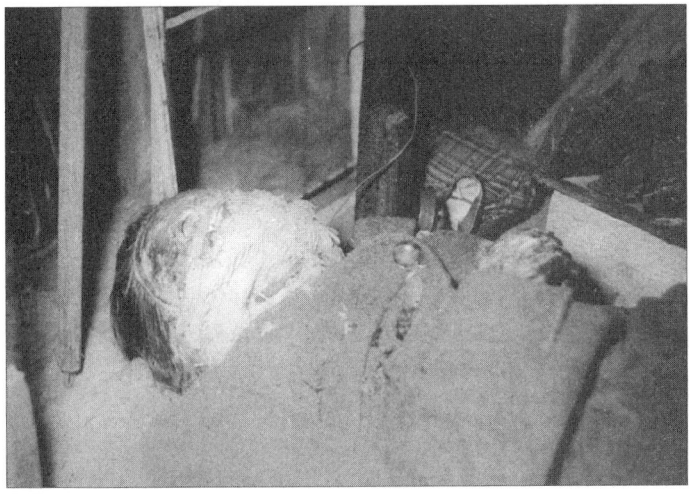

Teilansicht des Leichnams des getöteten Mädchens, der in der Baracke gefunden wurde.

Bockelt inspiziert zunächst die Umhängetasche, die neben der Leiche liegt. Sie ist ebenso leer wie die Manteltaschen des toten Mädchens. Aber: Nach der Aussage des Vaters müßte Steffi Bibrach nach ihrem Friseurbesuch ein Restgeld in Höhe von etwa 12 Mark bei sich haben. Es liegt also nahe, daß der Täter sich dieses Geld angeeignet hat.

Weiterhin prüft Bockelt Schuhe und Mantel des toten Mädchens. An den Schuhspitzen, Absätzen und an der Rückpartie des Mantels klebt jede Menge eingetrocknetes Erdreich. Er überlegt: Wenn man ausschließen könnte, daß die an den Schuhen anhaftenden Erdspuren identisch mit dem Boden vor der Baracke sind, müßte das Opfer bis dorthin transportiert worden sein. Dann wiederum ist dies nicht der Tatort. Und wenn sich feststellen ließe, aus welchem Areal der näheren Umgebung des Waldbades dieses Erdreich stammt, könnte der Tatort möglicherweise sogar exakt bestimmt werden. Der Hauptmann konsultiert seinen Kriminaltechniker. Klar, mit dem Mikroskop läßt sich die Spur an den Schuhen mit einer Probe des Bodens vor der Baracke mineralogisch vergleichen. Doch ob das Ergebnis eines solchen Vergleichs Beweiskraft besitzt oder nur ein grober Hinweis ist, kann er nicht beantworten. Und auf die zweite Frage reagiert er nur mit einem resignierenden, verneinenden Lächeln. Dennoch: Bockelt läßt die Erdreichanhaftungen an der Bekleidung der Toten für eine Untersuchung im KTI ebenso sichern wie verschiedene Proben des Bodens im Außenbereich der Baracke.

Untersuchungen von Bodenproben für spurenkundliche Zwecke sind in der Kriminalistik schon seit dem Beginn des 20. Jahrhunderts bekannt. Längst wußte man, daß Boden oder Erde mechanisch, chemisch und biologisch veränderte anorganische Bestandteile (Gesteine und Minerale), aber auch organische Substanzen, Pflanzen, Mikroorganismen und deren abgestorbenen Reste enthält. Hinzu kommen in Folge von Industrialisierung, Technisierung und Zivilisierung aber auch sogenannte Fremdbestandteile wie Baustoffe, Öle, Fasern, Chemikalien usw.

Die grundsätzliche Untersuchungsmethodik beruht auf einer mikroskopischen und mikrochemischen Analyse der tatrelevanten Spuren und Vergleichsproben. Ihr Zweck besteht im Nachweis einer möglichen Übereinstimmung. Trotz der in der Folgezeit einsetzenden rasanten Entwicklung der Analyseverfahren und der Labortechnik blieben die Untersuchungen hinsichtlich kriminalistischer Expertisen bis in die 60er Jahre eher eine Ausnahme. Das hatte zwei Gründe: Zum einen bestand die Auffassung, daß die Zusammensetzung des Bodens auf Grund seiner Heterogenität zu unterschiedlich sei, als daß daraus rechtsrelevante gutachterliche Schlüsse gezogen werden dürften. Zum anderen ist es bislang nicht gelungen, ein Untersuchungsverfahren zu entwickeln, das sowohl mit sicherer Aussagekraft als auch allumfassend angewendet werden konnte, weshalb international höchst unterschiedliche Untersuchungsmethoden zum Einsatz kamen (ein Umstand, der übrigens bis in die Gegenwart reicht).

In der DDR spielten Bodenuntersuchungen deshalb bis Anfang der 60er Jahre kaum eine Rolle. Danach fand eine rasante Entwicklung statt: Die kriminalistische Forschung konzentrierte sich auf der Basis mineralogischer und biologischer Untersuchungsverfahren auf die Entwicklung praktikabler Standards. Ihre Ergebnisse, eine Vielzahl wissenschaftlicher Publikationen und die Ausbildung von Experten lösten dann in den 70er Jahren einen regelrechten Boom der kriminalistischen Bodenuntersuchung aus, der bis zum Ende der DDR anhielt. Mittels bewährter Verfahren (Stereomikroskopie, Polarisationsmikroskopie, Dünnschichtchromatografie, aber auch spezieller Methoden wie Kolorimetrie, Fluoreszenz und Chemolumineszenz, Raster- und Transmissionselektronenmikroskopie) war man nunmehr in der Lage, an Hand von Spuren im Milligrammbereich bereits Aussagen über Bodenarten zu treffen und auf dem Wege des Vergleichs mit den in der DDR gültigen geologischen Spezialkarten Herkunftsbestimmungen zu ermöglichen. Der Einsatz von Spezialisten für die Analyse von Bodenspuren zählte seit dieser Zeit zum allgemeinen Methodenarsenal der Morduntersuchung.

Die Fundortuntersuchung in der Umgebung des toten Mädchens führt nur zu spärlichen Erkenntnissen. Zu viele störende Einflüsse haben die Spurenlage beeinträchtigt. Barackeninventar wurde umgestellt, teilweise wurde dort ausgefegt, mehrere berechtigte Personen hielten sich also in dem Gebäude auf. Das nimmt niemand übel. Aber kriminalistisch gesehen bedeutet das eine starke Veränderung des ursprünglichen Zustands. Fazit: Bedeutsame Spuren werden wohl nicht mehr zu finden sein. Und so ist es auch. Bis auf mehrere in der Nähe der Eingangstür gesicherte Haare gibt es keine tatbezogenen Spuren. Wie sich noch herausstellen wird, sind diese aber dem toten Mädchen zuzuordnen. Auch ein exzellenter Fingerabdruck auf einer Flasche mit Farblösungsmitteln erweist sich als nicht tatrelevant. Er scheint älteren Datums zu sein und wurde womöglich von einem Handwerker verursacht.

Stunden später. Die Männer beenden die Untersuchung. Dr. Krüger verabschiedet sich und fährt davon. Bockelt und sein Team rücken in Richtung Dippoldiswalde ab, die Leiche des Mädchens wird zum gerichtsmedizinischen Institut Dresden

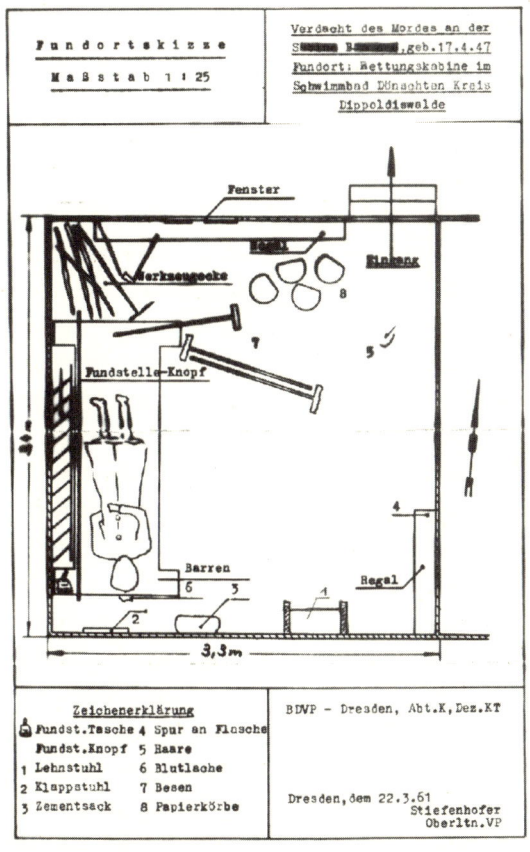

Kriminalpolizeiliche Fundortskizze zur aufgefundenen Leiche der Schülerin St. B.

überführt. Den Kriminalisten ist klar: Drei Untersuchungsversionen müssen den weiteren Verlauf der Ermittlungen bestimmen. So könnte durchaus ein Raubmord vorliegen, auch wenn die Beute unbedeutend ist. Zum anderen wäre ein Sexualmord im Sinne einer Verdeckungstötung nicht auszuschließen, auch wenn bislang keine Spuren einer Sexualhandlung festgestellt wurden. Und schießlich müssen Verwandte, Bekannte, Freunde und Nachbarn des Mädchens noch intensiver überprüft werden, denn ein Eliminierungsmotiv, das sich auf enge Täter-Opfer-Beziehungen gründet, muß sicher ausgeschlossen werden.

Zeitraubende Recherchen füllen die nächsten Tage aus. Eine vage Hoffnung verbinden die Männer der K mit den Gutachten über die Bodenspuren und die Obduktion. Sie könnten helfen, die weiteren Ermittlungen auf die eine oder andere Version zu fokussieren. Doch als sie vorliegen, bestätigen sich eigentlich nur alle bisherigen Vermutungen, auch wenn sie nun konkreter und objektiver erscheinen: So erbringt die Auswertung der Bodenspuren, »daß die Erdanhaftungen am Mantel und an den Schuhen der Geschädigten Artgleichheit aufweisen mit den Vergleichsproben aus der Umgebung des Fundorts«.

Auch das Obduktionsergebnis stützt im wesentlichen bereits vorhandene Vermutungen. Ursächlich für den Tod der Schülerin ist demnach ein Erwürgen. Nach Eintritt des Todes erfolgte zusätzlich eine Drosselung, zu der ein Strick und ein Draht benutzt wurden. Draht und Strick sind aber als kombinierte Sicherheitsdrosselung zu interpretieren. Ansonsten weist der Körper des Mädchens keine äußeren oder inneren Verletzungen auf. Auch das innere Genitale blieb unversehrt, das Jungfernhäutchen war intakt. Weder am Körper noch an der Bekleidung konnte eingetrocknete Samenflüssigkeit festgestellt werden.

Die Kriminalisten wissen es längst: Strick und Draht entstammen dem Inventar der Baracke. Der Täter fand sie direkt am Versteck der Leiche. Die Männer unterliegen auch nicht dem Fehler, sich von der mageren Spurenausbeute und den fehlenden Hinweisen auf einen sexuellen Gewaltakt irritieren zu lassen. Folgerichtig gehen sie weiterhin davon aus, daß die Tötung durchaus einen sexuellen Hintergrund besitzen kann.

Wie ein Lauffeuer verbreitet sich zwischen Schmiedeberg und Altenberg die Nachricht vom Fund der toten Steffi Bibrach im Waldbad. Die zutiefst erschütterten Eltern haben nun endgültige Gewißheit, daß ihr Kind ermordet wurde. Alle bisherige schlimme Ahnung wird auf diese Weise unwiderruflich bestätigt. Freunde und Nachbarn versuchen, durch taktvolles Bekunden ihrer Anteilnahme und Solidarität den Schmerz der Eltern zu lindern, die sich letztlich allein mit dem Unabwendbaren abfinden müssen. Tausend Gedanken kreisen in ihren Hirnen: Wer ist der Täter? Lebt er etwa unter ihnen? Ist er ein Bekannter, ein Fremder? Was mag er empfunden haben, als er ihnen auf so schreckliche Weise ihr Liebstes entriß? Wie lebt er, ist er verheiratet, hat er Kinder? Was geht in seinen Eltern vor, wenn sie eines Tages erfahren, daß ihr Sohn ein Mörder ist?

Von jetzt an setzen die Bibrachs alle ihre Hoffnung darauf, daß die Polizei den Schuldigen bald findet. Schließlich wollen sie ihm ins Gesicht sehen, wenn er seine gerechte Strafe empfängt. Diese bescheidene Genugtuung hält sie nun aufrecht, sie ist vonnöten für die Bewältigung des schweren Schicksalsschlages.

Überraschend schnell gibt der Staatsanwalt die Leiche zur Bestattung frei. Als am 13. März 1961 die Schülerin Steffi Bibrach zu Grabe getragen wird, finden sich viele Menschen ein: Mitschüler, Nachbarn, Freunde, Fremde. Auch der ABV, VP-Meister Walter Hechtmann, ist dabei. Diesmal nicht in Uniform. Er trägt einen dunklen Anzug, wie es sich geziemt. Auch Hauptmann Bockelt hat sich unter die Trauernden gemischt, hält sich diskret im Hintergrund und beobachtet die Szene. Bewegt folgen die Anwesenden der Rede des Pfarrers. Das Leid verbindet sich mit ohnmächtiger Wut über den unbekannten Meuchelmörder, der ein junges Leben einfach so auslöschte.

Nachdem der Sarg ins Grab herabgelassen wurde, bilden die Menschen eine lange Reihe und treten nacheinander andächtig und schweigend heran, um Kränze und Blumengebinde abzulegen. Freunde, Nachbarn, Steffis Mitschüler, Bekannte und die Honoratioren der Gemeinde gehen direkt auf die Eltern zu, um persönlich zu kondolieren. Unter ihnen auch Hechtmann. Er ist sichtlich ergriffen. Mit nahezu kämpferischer Geste, pathetisch und so lautstark, daß es auch die Umstehenden hören können, läßt er wissen: »Was da passiert ist … schrecklich! Ich fühle mit euch. Wenn ihr meine Hilfe braucht, mit mir könnt ihr immer rechnen. Daß wir als Volkspolizei den Schweinehund noch nicht fassen konnten, ist jammerschade. Aber ich und meine Genossen sind Tag und Nacht im Einsatz. Und ich verspreche euch: Wir geben keine Ruhe, bis er hinter Schloß und Riegel sitzt …«

Hauptmann Bockelt und seine Männer müssen sich in der momentanen Untersuchungssituation mit einer ziemlichen Informationsarmut abfinden. Doch derlei ist keineswegs ungewöhnlich für eine Morduntersuchung und noch viel weniger ein Anlaß für Resignation. Immerhin können den Ermittlungen nunmehr einige wichtige Fakten zu Grunde gelegt werden: So muß der unbekannte Täter Bezug zum Waldbad haben und wissen, daß während der Winterzeit das Gelände verwaist ist. Der schmale Fußweg von der Hauptstraße bis zu den kleinen Holzbaracken muß ihm vertraut sein. Vielleicht wußte er auch, daß diese nur mit einfachen Kastenschlössern gesichert sind, die sich, ohne Spuren zu verursachen, mit einem simplen Sperrhaken mühelos öffnen und schließen lassen. Und er konnte einschätzen, daß sich zur Tatzeit keine anderen Personen in diesem Terrain befanden, er war sich also ziemlich sicher, von anderen nicht beobachtet zu werden. Fazit: Der Täter könnte ein Beschäftigter des Bades, ein Einheimischer aus Schmiedeberg, Dönschten, Falkenhain oder aus einem Nachbarort oder gar ein Winterurlauber sein. Schließlich muß er kräftig genug sein, die Getötete mühelos zum Versteck zu tragen. Aber auch deren Persönlichkeit muß bei den strategischen Überlegungen berücksichtigt werden. Denn: Steffi Bibrach war zwar eine aufgeschlossene, fröhliche und selbständige Schülerin, die nichts Besonderes darin sah, auch größere Strecken allein zu laufen, jedoch verhielt sie sich Fremden gegenüber sehr zurückhaltend und kontaktscheu. Eltern, Verwandte und Schulkameraden sind sich einig, daß Steffi freiwillig niemals mit einem Unbekannten mitgegangen oder in dessen Auto eingestiegen wäre.

Bockelt schließt daraus, daß Steffi Bibrach den Täter kannte. Sie könnte, nachdem sie den Friseur in Dönschten verließ, ihm unerwartet einen Besuch abgestattet oder sich zu einem Stelldichein mit ihm verabredet haben. Auch ein zufälliges

Zusammentreffen auf ihrem Nachhauseweg wäre denkbar. Es ist leicht vorstellbar, das Mitfahrangebot eines ihr vertrauten Auto-, Motorrad- oder Mopedfahrers nicht ausgeschlagen zu haben. Kurzum: Diesen begründeten Vermutungen gibt Bockelt den Vorrang gegenüber allen anderen Versionen, die er freilich auch nicht aus dem Auge verliert.

Es ist für kriminalistische Untersuchungen charakteristisch, sich mitunter auf Ausgangsdaten beschränken zu müssen, denen allesamt das Attribut »möglich« anhaftet. Doch Möglichkeiten sind die Hängebrücken, den unwegsamen Dschungel in die Vergangenheit, in der das Verbrechen stattfand, zu durchqueren – wacklig zwar und beschwerlich, jedoch ein sicherer Weg zur Erkenntnis. Es kommt nur darauf an, alle denkbaren Möglichkeiten zu einem Netz gewissenhafter Prüfung zu verknüpfen, aus dem die Wahrheit nicht entrinnen kann. Bockelt ist sich gewiß: Die Beantwortung aller Untersuchungsfragen macht weitere flächendeckende Ermittlungen notwendig. Und diese werden eine riesige Informationsflut auslösen. Und genau das überfordert die Kräfte seines kleinen Teams. Deshalb muß Verstärkung heran. Nur: Von seinen eigenen Leuten in Dresden kann er niemanden mehr abziehen, weil sie mit der Untersuchung eines anderen Mordfalles total ausgelastet sind. Doch er benötigt weitere Kriminalisten, vor allem versierte Morduntersucher, und die wiederum gibt es nur in den Mordkommissionen der anderen Bezirke.

Nun muß Bockelt bei der Polizeiführung in Dippoldiswalde und in Dresden um gut Wetter bitten und sie von seinem Vorhaben überzeugen. Deren wohlwollende Zustimmung wiederum ist die Voraussetzung, die Angelegenheit nach oben weiter zu reichen. Denn die letzte Entscheidung über eine überörtliche Abkommandierung trifft die Zentrale der

Kriminalpolizei, die Hauptabteilung des Innenministeriums, im fernen Berlin. Eile ist geboten. Der Dienstweg ist einzuhalten. Trotzdem geht alles schnell und gut.

Bereits am 15. März 1961 treffen aus verschiedenen Mordkommissionen der DDR mehrere Ermittler in Dippoldiswalde ein. Bevor sie jedoch ihre eigenen Untersuchungsideen umsetzen können, müssen erst die vorhandenen Dokumente durchgearbeitet werden. Nur so gelingt es, in einem laufenden Ermittlungsverfahren schnellen Anschluß an den aktuellen Erkenntnisstand zu finden. Das stundenlange Durchforschen der dicken Aktenbände erweist sich zwar als mühseliger Vorgang, bietet aber den Vorzug, die massenhaft angesammelten Daten analysieren und kritisch bewerten zu können.

Unter den zugereisten Kriminalisten befinden sich Oberleutnant Lorenz aus Berlin und Oberleutnant Grimm aus Leipzig. Die beiden ernsthaften Männer sind Mitte Dreißig und gutaussehend wie Dressmen aus einem Modejournal. Ihre Aufmerksamkeit gilt dem Untersuchungskomplex »Vermißtenanzeige und Sofortmaßnahmen«, zu dem auch Pläne, Skizzen und Berichte über die Suche nach dem verschwundenen Mädchen zählen. Sie wollen nämlich der Frage nachgehen, warum die Tote nicht bereits im Dezember des Vorjahres gefunden wurde, als die offiziellen Suchmaßnahmen liefen. Denn es widerspricht jeglicher kriminalistischer Erfahrung, daß der Mörder sich erst nach Abklingen der Wochen dauernden polizeilichen Fahndungsaktivitäten entschlossen haben könnte, die Leiche zu verstecken, weil sie sich zu dieser Zeit bereits in erheblichem Zersetzungszustand befand.

So stoßen Lorenz und Grimm auf zwei Suchberichte des VP-

Meisters Walter Hechtmann. Präzise und wohl formuliert beschreibt er im Protokoll vom 16. Dezember 1960, das Gelände des Waldbads durchsucht zu haben. Dabei seien auch der Herrenabort und die Gerätebaracke kontrolliert worden. Diese Holzgebäude, durch Kastenschlösser gesichert, seien mit einem Sperrhaken leicht zu öffnen gewesen. Ein Hinweis auf die Vermißte habe sich nicht ergeben. Seinem zweiten Bericht vom 27. Dezember 1960 zufolge hat Hechtmann im Rahmen der stabsmäßig geführten Suchaktion Gelände und Gebäude des Waldbads nochmals kontrolliert. Wieder ohne Erfolg.

Lorenz und Grimm sind verwundert und verärgert. Hat der VP-Meister so schlampig gearbeitet, daß er die Leiche des Mädchens übersah? Sie konsultieren Hauptmann Bockelt. Auch er ist mißgestimmt. Polizisten, die seinerzeit an der offiziellen Suche beteiligt waren, werden behutsam befragt. Dabei wird bekannt, daß sich VP-Meister Hechtmann mit einer auffälligen Hartnäckigkeit um die Kontrolle des Badegeländes bemüht hatte, weil er angeblich der Ortskundigste in der Suchgruppe gewesen sei.

Das sind ausreichende Gründe, den ABV unverzüglich nach Dippoldiswalde zu zitieren. Bockelt will ihm wegen seiner oberflächlichen Arbeit wenigstens einen Rüffel verpassen. Grimm und Lorenz sollen ihn zuvor disziplinarisch befragen.

29. März 1961, Vormittag. Hechtmann ist zur Stelle, unschuldig wie ein Osterlamm und selbstbewußt, als stünde seine zeitweilige Abkommandierung in die Mordkommission bevor. Doch seine Stimmung schlägt schnell um.

»Genosse Hechtmann«, beginnt Grimm das Gespräch mit ernster Miene und wedelt mit den fraglichen Suchberichten in der Luft herum, »Sie haben zwei so schöne Berichte geschrieben. Nun erklären sie uns mal, warum sie die Leiche nicht gefunden haben!«

Der VP-Meister ahnt nichts Gutes, druckst herum, senkt seinen Blick, sagt kein Wort.

Lorenz nutzt die Fassungslosigkeit seines Gegenübers und ereifert sich: »So eine Pfuscherei habe ich noch nicht erlebt. Da waren Sie in der Gerätebaracke, und wollen nichts gesehen haben, hatten Sie denn Tomaten auf den Augen?«

»Ich bin mit'm Dietrich rein, habe alles abgesucht. Mir ist nichts aufgefallen. Mehr kann ich nicht sagen«, verteidigt sich Hechtmann.

»Klar, die Leiche war mit 'nem Liegestuhl zugedeckt, trotzdem hätte man sie sehen können. Als Sie zwei Wochen später wieder dort waren, muß es doch schon gestunken haben. Die Bude ist doch nicht mal zehn Quadratmeter groß«, wirft Grimm ein.

Der VP-Meister blickt hilflos in den Raum, überlegt, stammelt dann mit dünner Stimme: »Vielleicht hat der Täter die Leiche danach dorthin verbracht.«

»Nun reicht's aber! Auf den Satz habe ich gewartet«, erzürnt sich Grimm, »man kann die Sache auch ganz anders sehen! Können Sie sich vorstellen, in was für einer beschissenen Lage Sie sich befinden, Genosse Hechtmann?«

Das sitzt. Einen Augenblick herrscht Stille im Raum. Grimm und Lorenz starren ihn böse und herausfordernd an. Röte schießt in Hechtmanns Gesicht, sein Unterkiefer beginnt zu zittern wie in eisiger Kälte. Er öffnet nervös den Kragen seiner Uniformjacke, verharrt einen Moment, als wolle er genau überlegen, was er antworten will. Dann erklärt er völlig unerwartet: »Es war ein Unfall, ich hatte Angst!«

Grimm und Lorenz sind baff, blicken sich vielsagend an. Lorenz gewinnt als erster die Fassung zurück. Neugierig fordert er von Hechtmann: »Na, dann lassen Sie mal hören!«

Der VP-Meister holt tief Luft und spricht mit leiser, vibrierender Stimme: »Ich war mit dem Krad in Schmiedeberg unterwegs, habe meine Pistolentasche vom Sattler geholt. Auf dem Rückweg traf ich die Steffi. Sie wollte nach Hause. Ich hielt an und fragte sie, ob sie mit will. Im Sommer ist sie schon mal mit mir mitgefahren. Sie war einverstanden … Beim Waldbad hatten wir dann den Unfall. Die Maschine rutschte nach links weg und wir stürzten. Steffi fiel nach hinten, wahrscheinlich auf den Kopf, denn sie sagte keinen Mucks mehr. Ich dachte, jetzt ist sie tot. Da bekam ich Panik und trug sie zu den Baracken, wollte sie verstecken. Ich öffnete die Tür von der Gerätebaracke und legte sie auf den Fußboden … Da lag auch Draht und Strick rum. Mir kam der Gedanke, ich täusche ein Verbrechen vor, dann bin ich raus aus dem Schneider …«

Lorenz raunt Grimm ins Ohr: »Das war nur ein Teilgeständnis, da kommt noch mehr«, verläßt für eine Minute das Zimmer und kehrt mit Hauptmann Bockelt zurück. Der blafft Hechtmann gleich an: »Jetzt wird es richtig ernst für Sie!«

Der VP-Meister muß sogleich seine »Makarow« und den Dienstausweis herausgeben. Ihm wird eröffnet, daß ein Ermittlungsverfahren eingeleitet wird und die bisherige Befragung in eine Beschuldigtenvernehmung übergeht. Bockelt berät sich kurz mit Lorenz und Grimm. Begriffe fallen: Gefahr im Verzuge, Fluchtverdacht, Verdunklungsgefahr. Die drei sind sich schnell einig: förmliche Festnahme des ABV.

110

Dann folgen die üblichen erkennungsdienstlichen Maßnahmen, Karteien werden ausgefüllt, Portraitfotos gemacht,
Fingerabdrücke genommen.
Das peinliche Verhör dauert bis in die späte Nacht. Zunächst
bleibt Hechtmann hartnäckig bei der Unfallversion mit
nachfolgendem Vortäuschen eines Verbrechens. Doch Stück
für Stück korrigiert er seine Aussagen vom Vormittag. Endlich, nach Mitternacht ist das Geständnis komplett: Es war
ein heimtückischer Mord. Und: Als der Morgen graut, verkündet ein Richter den Haftbefehl.
Aber, ein Mörder in VP-Uniform paßt nicht ins hehre Bild
einer sozialistischen Ordnungsmacht, bringt womöglich die
grüne Zunft in Mißkredit und läßt andere Halunken hämisch
aufjauchzen. Deshalb muß Hechtmann die Uniform gegen
einen tristen, unauffälligen Trainingsanzug eintauschen, bevor er die Schleuse der Untersuchungshaftanstalt passiert.
Doch Bockelt, Lorenz und Grimm wissen nun, was sich
damals am Waldbad Dönschten ereignet hat ...

Dezember 1960, ein feucht-kalter Donnerstag ohne Minus-
grade. Der ABV aus Falkenhain, VP-Meister Walter Hechtmann, verläßt nach dem Mittagessen sein Haus. Der Rest des
Tages ist ausgebucht: Erst muß er zum Sattler nach Schmiedeberg: Die Lasche der Pistolentasche ist abgerissen und soll
fachgerecht angenäht werden. Am Nachmittag sind beim
Bürgermeister Fragen der Ordnung und Sicherheit in der
Gemeinde zu erörtern. Um 17.00 Uhr ist ein Kinobesuch
geplant, den er seiner Frau schon lange versprochen hat. Danach will er in seinem Büro lästige Schreibarbeiten erledigen.
Walter Hechtmann schwingt sich auf die Sitzbank seiner
geliebten ES 175, ein kraftvolles Motorrad aus den volks-

eigenen Zschopauer Werken, und knattert davon. Der Aufenthalt beim Sattler ist nur kurz. »Wird sofort erledigt«, verspricht der Meister, nimmt sich sofort der defekten Pistolentasche an und leistet so seinen bescheidenen Beitrag zur Kampfkraft des Ordnungshüters.

Auf der Rückfahrt begegnet der VP-Meister Steffi Bibrach, die sich nach ihrem Friseurbesuch zu Fuß auf dem Weg nach Hause befindet. Hechtmann stoppt sein Motorrad: »Steig auf, ich fahr dich nach Hause, wir haben ja den gleichen Weg.«

Die Schülerin hat keine Bedenken. Von einem Polizisten nach Hause gebracht zu werden, den sie überdies schon lange kennt, der in der Gemeinde eine angesehene Autorität darstellt und der sie im letzten Sommer schon einmal mit seinem Motorrad mitgenommen hatte, ist doch wohl eine Garantie für uneingeschränkte Sicherheit.

Unbekümmert folgt Steffi daher seiner Einladung und schwingt sich auf den Sitz hinter ihm. Der Anblick ihrer Beine löst bei Hechtmann auf der Stelle eine heftige sexuelle Erregung aus, die er nur wenige Augenblicke beherrschen kann. Nach hundert Metern Fahrt biegt er am Waldbad von der Hauptstraße in den sogenannten Pfützenweg ein, fährt noch ein Stück, hält an. Steffi ist verdutzt. Hechtmann kommt gleich zur Sache: Er wendet sich nach hinten, packt sie am Handgelenk, steigt vom Motorrad und grapscht ungehemmt zwischen ihre Schenkel.

Das Mädchen ist außer sich, fleht: »Tu mir nichts, du bist doch bei der Polizei!« Doch Walter Hechtmann will sich über das Mädchen hermachen, koste es, was es wolle. Steffi Bibrach gelingt es, sich aus seiner groben Umklammerung loszureißen und vom Motorrad zu springen. Ihr Peiniger ist zwar gleich wieder bei ihr, kann sie aber nicht fassen, denn sie schlägt mit ihrer Umhängetasche wild um sich und rennt in Richtung Waldbad davon. Hechtmann spurtet hinterher und holt sie bald ein. Es kommt zu einem heftigen Handgemenge. Steffi fällt zu Boden. Hechtmann stürzt sich auf sie, will ihr lautes Schreien unterbinden und hält mit eisernem Griff ihren Mund zu. Seine sexuellen Gelüste sind zwar längst verflogen, doch jetzt fürchtet er die Entdeckung. Deshalb treibt ihn nur ein Gedanke: Die darf mich nicht verraten! Blitzschnell umfaßt er ihren Hals und drückt mit aller Kraft zu. Er löst den Griff erst wieder, als das Mädchen tot ist. Mit Leichtigkeit gelingt es ihm, die Leiche bis zum Herrenabort zu tragen und dort abzulegen. Die Umhängetasche legt er dazu. Plötzlich fällt ihm das Treffen beim Bürgermeister ein. Er eilt zum Motorrad und fährt davon.

Das Gespräch beim Gemeindeboß dauert nicht lange. Hechtmann ist gefaßt, ganz der alte. Unbemerkt fährt er ins Waldbad zurück, fingert aus seiner Uniformjacke einen Dietrich, öffnet die Tür der Gerätebaracke, trägt das tote Mädchen hinein und legt es zwischen den Holmen des in der rechten Ecke stehenden Barrens ab. Strick und Draht dienen als straffe Sicherheitsdrosselung. Ehe er den Liegestuhl auf das tote Mädchen legt, umwickelt er dessen Gesicht mit einem Halstuch. Die Tasche versteckt er hinter der Leiche. Vorher hat er sie geleert, um den Inhalt anderswo zu vernichten. Die 12 Mark Bargeld, die das Mädchen bei sich hatte, verschwinden in seiner eigenen Geldbörse. Er verschließt die Barackentür, fährt nach Hause, um kurz darauf seelenruhig und entspannt die Gattin ins Kino zu begleiten. Als der besorgte Vater der Getöteten am späten Abend bei Hechtmann erscheint, um eine Vermißtenanzeige aufzugeben, tippt er gerade seine überfälligen Berichte.

Wenn er in der Folgezeit in der Vermißtensache Erkundigungen einholt und Leute befragt, streut er nahezu unauffällig, aber nachhaltig Fragen über einen ortsbekannten, unbescholtenen Fleischermeister ein. Damit erweckt er den Eindruck, die Polizei verfolge bereits eine heiße Fährte.

Nach dem Geständnis des Mörders sind die Zusatzkräfte in Bockelts Mannschaft wieder entbehrlich und werden abgezogen. Auch Lorenz und Grimm reisen wieder ab. Für sie ist der Fall damit erledigt. Die Weiterbearbeitung obliegt nun allein der Dresdener Mordkommission. Sie schließt aber die Aktendeckel erst einige Wochen später. Bis dahin sind noch umfangreiche personenbezogene Ermittlungen erforderlich, denn Hechtmanns Persönlichkeit muß aufgeklärt und wichtige Etappen seines bisherigen Lebenswegs nachgezeichnet werden:
Walter Hechtmann, Jahrgang 1928, stammt aus einer biederen Arbeiterfamilie. Die Volksschule durchlief er unauffällig mit mittelmäßigen Leistungen. Danach nahm er eine Lehre als Metzger auf. Mit 16 Jahren legte er sich aus banalem Grund mit einer Hausangestellten seines Lehrherrn so heftig an, daß er sich kurzerhand entschloß, sie mit Strychnin, einem hochtoxischen Alkaloid aus dem Samen der Brechnuß, zu töten. Doch der Versuch mißlang und die Sache kam heraus. Flugs brach er die Lehre ab und meldete sich freiwillig an die Ostfront, was soviel viel wie Strafbefreiung bedeutete. Das Glück war auf seiner Seite, denn er überstand die große Metzelei ohne äußeren Schaden. Danach schuftete er gut bezahlt bei der Wismut unter Tage und förderte Uranerz für die sowjetische Aktiengesellschaft. Er wurde strammes Mitglied der SED und erhielt manches Lob für gute Arbeit und

Linientreue. 1951 heiratete er eine Arbeiterin aus seinem Betrieb, die er unbedacht geschwängert hatte. Die Ehe zerbrach nach einem reichlichen Jahr, zurück blieben nur lästige Unterhaltsverpflichtungen. Er bewarb sich für eine Tätigkeit bei der VP. Mit Erfolg, trotz seiner eigenwilligen Biographie. Für die nächsten Monate konnte er nun in einer Kaserne für Dienstanfänger untertauchen. Kind der Arbeiterklasse zu sein, bei der Wismut gearbeitet zu haben und durch Parteiabzeichen politische Zuverlässigkeit zu demonstrieren, das waren die besten Voraussetzungen für eine schnelle Karriere. Egoistisches Vorwärtsstreben, Rücksichtslosigkeit und ein fast ungesunder Ehrgeiz, stets eine gute Arbeit zu leisten, waren seine markantesten Eigenschaften. So erklomm er alsbald den höchsten Wachtmeisterdienstgrad, avancierte zum Abschnittsbevollmächtigten in Schmiedeberg und bezog in Falkenhain eine geräumige Dienstwohnung. Er lernte eine neue Frau kennen, der er 1956 das Jawort gab.

Allerdings: Als sich der Verdacht seiner Täterschaft bestätigt, reicht die entsetzte Gattin umgehend die Scheidung ein.

Vor der Anklageerhebung wird Hechtmann psychiatrisch begutachtet. Das Ergebnis ist eindeutig: Der Beschuldigte sei »eine gemütsarme, brutale, egozentrische Persönlichkeit mit starkem Geltungsdrang und Neigung zu Affektausbrüchen, und strafrechtlich voll verantwortlich«.

Freundlicherweise bleibt Hechtmann auch vor Gericht bei seinem Bekenntnis, das Mädchen nach einem gescheiterten Vergewaltigungsversuch getötet zu haben, um die Tat mit dem Vortäuschen eines Raubmotivs zu verschleiern und somit nicht ins Fadenkreuz der Ermittler zu geraten. Er ist aussagewillig, betont aber bei jeder Gelegenheit, auch künftig für den Sozialismus einzutreten und der SED immer treu ergeben zu sein. Doch die Richter zeigen sich wenig beeindruckt, kennen keine Milde. Ihr Urteil lautet: lebenslanges Zuchthaus.

Walter Hechtmann benötigt viel Zeit, um die unabwendbaren äußeren und inneren Bedingungen eines Lebens in der Abgeschlossenheit des Strafvollzuges zu akzeptieren. Schwermut und Selbstmordgedanken plagen ihn ebenso wie die Häme seiner Mitgefangenen, einen ehemaligen Polizisten nun zu ihresgleichen zu zählen. Doch nach einigen Monaten der Gewöhnung erwacht sein altes Geltungsbestreben von neuem. Bei jeder sich bietenden Gelegenheit singt er lauthals revolutionäre Lieder aus dem Spanienkrieg und Kampflieder der SED. In den obligatorischen politischen Schulungen der Gefangenen ist er zum Wohlwollen seiner Bewacher ein linienkonformer Agitator und stellt sich als überzeugter Kommunist dar. Er strebt ein Wiederaufnahmeverfahren an und bemüht sich mit einer phantastischen Argumentation um Aufmerksamkeit: Trotz seines Geständnisses, niemals sei er ein Mörder! Die Tötung des Mädchens hätte auch keinen sexuellen Hintergrund, sondern sei Folge eines unglücklichen Zufalls. In Wirklichkeit wäre er nämlich Agent einer Westberliner Geheimdienstzentrale. Er habe am 15. Dezember 1960 in der Nähe des Waldbades einen Kurier erwartet. Dessen Fahrzeug sei bedauerlicherweise mit dem Mädchen kollidiert, das sich gerade auf dem Nachhauseweg befand. Um den Kurier zu schützen habe er die ganze Sache auf sich genommen und den tödlichen Unfall als Mord kaschiert …

Vergeblich! Hechtmann findet nirgends ein offenes Ohr für seine unglaubliche Geschichte und sein vermessenes Wiederaufnahmebegehren.

Im Jahre 1978 wird er wegen eines chronischen, inoperab-
len Rückenleidens auf Bewährung in die Freiheit entlassen.
Doch zurück nach Schmiedeberg zieht es ihn nicht mehr.
Die staatlichen Organe weisen ihm in einer fernen Stadt
Arbeit und Wohnung zu. Unbestätigten Meldungen zufolge
soll er bis zu seinem Tode 1989 ein unauffälliges Leben
geführt haben.

Chronik eines
gemeinschaftlichen Mordes

(Aktenzeichen BI 3/69 Bezirksstaatsanwalt Erfurt)

Als wenige Monate vor der Kapitulation Hitlerdeutschlands die Truppen der Roten Armee aus Richtung Ostpreußen unaufhaltsam gegen Berlin vorrücken, eilt ihnen der schaudererregende Ruf nach Rache an der deutschen Bevölkerung voraus. In panischer Angst vor möglichen Greueltaten verlassen deshalb Millionen Menschen aus den Gebieten jenseits von Oder und Neiße Haus und Hof. Nur mit dem Notdürftigsten ausgestattet, schließen sie sich den endlosen Trecks gen Westen an, einer ungewissen Zukunft entgegen. Hunger, Kälte, Krankheit und Tod sind ihre Gefährten.

In einem dieser Flüchtlingsströme befindet sich ein blaßgesichtiges, strohblondes 13jähriges Mädchen. Rosi. In ihrer Begleitung die bei einem Luftangriff verletzte Mutter, die sich nur mühsam mit Hilfe von Krücken fortbewegen kann. Einen Vater gibt es längst nicht mehr: gefallen an der Ostfront, sein Leichnam irgendwo verscharrt.

Die letzten Jahre gelten kaum einer sauberen ethisch-moralischen Erziehung, zu der die Mutter ohnehin nicht fähig wäre. Schulische Bildung spielt in den vielen Monaten unfreiwilliger Wanderschaft und Heimatlosigkeit eine völlig untergeordnete Rolle. Es geht vielmehr ausschließlich um die Strategie nackten Überlebens. Die traumatischen Erlebnisse dieser Zeit brennen sich in Rosis Seele ein, erzeugen Verbitterung, verbiegen ihren ungefestigten Charakter zu

Egoismus, Unaufrichtigkeit, Verschlagenheit und Mißtrau-
en – Eigenschaften, die sie zeitlebens beherrschen werden.

Da der Gesundheitszustand der Mutter besorgniserregende
Ausmaße erreicht, entschließen sich die beiden zu einem
baldigen Ende der Odyssee. So gelangen sie schließlich nach
Weimar – in die berühmte Stadt der Künste. Es gelingt
ihnen, bei einem Bauern in Kromdorf ein bescheidenes Zimmer zur Untermiete zu beziehen. Eine Zeitlang verdingt sich
die Mutter mit Näharbeiten, während Rosi widerwillig die
Schulbank drückt.

Dann stirbt die Mutter. Glücklicherweise, wenn auch mit
Ach und Krach, hat Rosi das Ziel der Grundschule erreicht.
Doch für eine Lehre fehlt die Lust. Jetzt will sie teilhaben am
beginnenden Leben. Lieber bestreitet sie ihren Lebensunterhalt mit allerlei Hilfsarbeiten und nutzt jede Gelegenheit
für oberflächliche Minne und Müßiggang.

Im Jahre 1949, Rosi ist gerade 19 Jahre alt, lernt sie auf einem
Jahrmarkt den zwei Jahre älteren Karl Hempel kennen: ein
mittelgroßer, muskulöser Pykniker mit glatt nach hinten
gekämmtem, pomadisiertem schwarzen Haar, in Weimar ge-
bürtig und von einfacher intellektueller Struktur. Er arbeitet
als Hilfsschlosser in einem Werk für Landmaschinen, zeich-
net sich dort durch großen Fleiß aus. Auch in seiner Biographie zeigt sich die gräßliche Fratze des letzten Krieges:
Der Vater und sein großer Bruder sind auf dem Schlachtfeld
geblieben. Die Obhut lag seitdem in den Händen der Mutter.
Die aber leidet schon lange an einer Tuberkulose und verbringt viele Wochen im Jahr in einem fernen Sanatorium.
Karl wird unterdessen in Pflegefamilien oder Heimen untergebracht. Doch eine richtige Erziehung, den menschlichen
Umgang mit anderen betreffend, findet so nicht statt. Meist

sich selbst überlassen, kümmert sich niemand ernsthaft um das Seelenleben des Heranwachsenden. Schule empfindet er schon immer als lästig. Folgerichtig bricht er sie vorzeitig ab. Körperliche Arbeiten sagen ihm aber zu. Und Hilfsarbeiter werden überall gebraucht. Im Landmaschinenwerk fühlt er sich wohl.

Lange wohnt er noch gemeinsam mit seiner Mutter in einer viel zu kleinen Wohnung. Reibereien sind vorprogrammiert. Daß er die wenigen Quadratmeter mit ihr teilen muß, verdrießt ihn schon lange. So ist es nicht verwunderlich, wie der auf Gegenseitigkeit beruhende Wunsch nach Selbständigkeit, Wärme und Geborgenheit, aber auch ein überschäumendes Liebesverlangen, die jungen Leute, Rosi und Karl, schnell zusammenführt. Das Resultat läßt nicht lange auf sich warten: Rosi wird mit 19 Jahren zum ersten Mal schwanger. Noch ehe ein Jahr vergeht, gibt sie Karl offiziell das Jawort und bezieht mit ihm die kleine Behausung seiner Mutter.

Doch die Ehe steht von Anbeginn unter einem ungünstigen Stern. Die klaustrophoben Wohnbedingungen führen bereits bei geringen Anlässen zu heftigen Auseinandersetzungen zwischen den jungen Eheleuten. Überdies verhält sich Karl zu dem Baby ziemlich unterkühlt. Rosi fühlt sich überfordert, die Pflichten im Haus mit denen einer Tätigkeit als Zeitungsausträgerin in Einklang zu bringen. Schließlich gibt sie die morgenstundliche Arbeit bei der Post auf und widmet sich fortan dem Hausfrauendasein.

Trotz der ehelichen Querelen: Auf der gemeinsamen Matratze verstehen sich Rosi und Karl so prächtig, daß im Jahre 1952 ihr zweites Kind geboren wird. Die Familie erhält eine kleine Wohnung, in der sie zwei Jahre lang lebt, bis 1954 das dritte Kind unterwegs ist. Ein erneuter Umzug wird notwendig. Bereits zwei Jahre später erblickt das vierte Kind das trübe Licht dieser Welt. Und so geht es fort, bis im Jahre 1962 bereits das achte Kind geboren wird. In der zuständigen Abteilung Wohnungswesen beim Rat der Stadt Weimar hat man alle Hände voll zu tun, der Familie immer wieder eine noch größere Wohnung zuzuweisen.

All dies ändert nichts daran, daß die inneren Verhältnisse im Hause Hempel von einem einzigen Chaos bestimmt werden. Ein konzeptionsloser, kontroverser, auf maßlose Züchtigung basierender Erziehungsstil und chronische wortgewaltige Duelle zwischen den Eheleuten, die gelegentlich sogar mit einer gewaltsamen Reduzierung des Inventars einhergehen, kennzeichnen das Familienklima. Ihm sind die Kinder als Zeugen bzw. direkt Betroffene ausgesetzt. Verhaltensstörungen sind das Ergebnis. Folgerichtig ertönt das nicht enden wollende Klagelied der Schulbehörde. Inzwischen gehen nämlich sechs Kinder der Familie, denen Disziplinlosigkeit, schlechte Leistungen, Schulschwänzen und äußere Verwahrlosung gemeinsam ist, in die gleiche Schule. Inzwischen haben die gestrengen Damen des Referats Jugendhilfe bereits ein wachsames Auge auf das Ehepaar Hempel und deren Kinder gerichtet. Längst sind die Auffälligkeiten der Kinder und die permanenten ruhestörenden Auseinandersetzungen zwischen den Eheleuten in dicken Aktenordnern bürokratisch exakt erfaßt. Die Behörden wittern nicht zu Unrecht die Gefahr einer Fehlentwicklung der Kinderschar.

Im Jahre 1964 schließlich, als Rosi Hempel von ihrem neunten Kind entbunden wird, wohnt die Großfamilie bereits in einer geräumigen Doppelhaushälfte im Westen Weimars, genauer gesagt in der Martersteigstraße. Deren Namen geht auf einen in der Gründerzeit bekannten Theatermann und Sohn der Kunststadt Weimar, den Schauspieler, Intendanten und Theaterhistoriker Max Martersteig zurück.

Aus der Verordnung »zur Verbesserung der Lebenslage von Familien mit 4 und mehr Kindern durch die Bereitstellung geeigneten Wohnraumes und Gewährung von Mietzuschüssen und anderen Zuwendungen« vom 3. Mai 1967:

§ 1 Maßnahmen zur Verbesserung der Wohnraumlage

(1) Familien mit 4 und mehr Kindern sind vorrangig mit solchen Wohnungen zu versorgen, die in der Größe der Personenzahl und Zusammensetzung (Alter und Geschlecht) dieser Familien gerecht werden. Der Ausstattungsgrad der Wohnungen soll auf der Grundlage der örtlichen Möglichkeiten weitgehend den Erfordernissen dieser Familien entsprechen.

(2) Die Räte der Städte, Stadtbezirke und Gemeinden werden beauftragt, in enger Zusammenarbeit mit gesellschaftlichen Organisationen sowie den Leitern von Betrieben, Dienststellen und Einrichtungen und den Vorständen von produktions- und Wohnungsbaugenossenschaften Maßnahmen festzulegen, die eine schrittweise Verbesserung der Wohnraumlage für Familien mit 4 und mehr Kindern sichern ...

§ 2 Gewährung von Zuschüssen für Mieten und Entgelte für Nebenleistungen

(1) Familien mit 4 und mehr Kindern mit niedrigem Familieneinkommen sind entsprechend den sozialen Erfordernissen zweckbestimmte Mietzuschüsse zu gewähren ...

(2) Die Räte der Städte, Stadtbezirke und Gemeinden können, wenn es die soziale Lage der Familien mit 4 und mehr
Kindern erfordert, Zuschüsse für Nebenleistungsentgelte
gewähren (Heizung, Warmwasserversorgung usw.) ...
§ 3 Gewährung sonstiger Zuwendungen
(1) Familien mit 4 und mehr Kindern mit niedrigem Familieneinkommen können auf Antrag im Interesse der
Kinder zweckgebundene Zuwendungen zum Erwerb von
Erstausstattungen für Möbel, Betten, Bettwäsche u. ä.
gewährt werden. Einmalige Zuwendungen können auch
zur Erstattung von Umzugskosten erfolgen ...
(2) Familien mit 6 und mehr Kindern können zur Erleichterung der Hausarbeit Haushaltswaschmaschinen zur un-
entgeltlichen Nutzung auf der Grundlage vertraglicher
Vereinbarungen zur Verfügung gestellt werden ...
Diese Verordnung tritt am 1. Juli 1967 in Kraft.

Die Ermahnungen von Amts wegen, dem Ehepaar Hempel das Erziehungsrecht zumindest über einen Teil ihrer
Kinder zu versagen, scheinen Erfolg zu zeigen. Plötzlich verstummen die Klagen der Nachbarn über den ruhestörenden
Familienbetrieb. Rosi und Karl haben richtig geschlußfol-
gert, wenigstens durch äußere Sittsamkeit und Ruhe ihren
Leumund in der Nachbarschaft aufzubessern und damit die
drohende amtliche Dezimierung ihrer Kinderschar abzu-
wenden. Auch den Lehrern ihrer Kinder gegenüber verhalten sie sich anscheinend einsichtig und kooperativ. Ansonsten ändert sich nichts an dem von Haßliebe geprägten Verhältnis der Eheleute. Immerhin: Karl sorgt durch fleißige
Arbeit im Betrieb, Überstunden und Sonderschichten für
ein erträgliches Einkommen, das, zusammen mit den, kin-

derreichen Familien gesetzlich zustehenden, staatlichen Zuwendungen, einen bescheidenen Lebensstandard sichert. Wenn er jedoch zu Hause ist, verhält sich Karl gereizt und streitsüchtig. Die Kinder leiden unter seiner Stimmungslabilität und Unberechenbarkeit ebenso wie die Mutter. Sie indes zahlt es ihm auf ihre Weise heim: Jede Gelegenheit arbeitsbedingter Abwesenheit ihres Mannes nutzt sie, um mit bauernschlauem Geschick und suggestiver Kraft die Kinder gegen ihren Vater aufzuwiegeln. Und das, obwohl sie selbst Strenge ausübt und Züchtigung nicht scheut. Mit der Zeit gelingt es Rosi, in den Kindern Haß gegen den Vater zu säen. Auch die Freundin der ältesten Tochter, Britta Obgartel – ein labiles Mädchen, deren Mutter sich herumtreibt und deren Vater die meiste Zeit in billigen Kneipen herumhängt –, kann Rosi für sich gewinnen, indem sie zeitweise bei Hempels wohnen darf. Im Verlaufe der Zeit baut sich zwischen den beiden Frauen ein enges Vertrauensverhältnis auf, bei dem Rosi die Rolle einer mütterlichen Freundin einnimmt. Dies alles bildet den Nährboden für eine unheilvolle Entwicklung.

Die Situation hinter der großen Fassade des Hauses in der Martersteigstraße spitzt sich weiter zu, als die älteste Tochter ihren neuen Freund, Helmut Hellriegel (23), zu Hause einführt. Er ist ein schlanker junger Mann, der zur Freude der Hempelschen Kinderschar sogar Gitarre spielen kann. Vor wenigen Tagen erst hatten sich für ihn die Knasttore geöffnet, hinter denen er wegen Diebstahls, sexueller Nötigung und vorsätzlicher Körperverletzung längere Zeit Enthaltsamkeit üben mußte.

Die Kinder mögen den freundlichen, zu Scherzen aufgelegten »Onkel« Helmut. Nur Vater Hempel macht keinen Hehl daraus, seine Nähe nicht zu dulden und verweist ihn kurzerhand des Hauses. Doch wenn er fern ist, sorgt seine Gattin Rosi betont heimlich dafür, daß Helmut Hellriegel die große Tochter auch nachts ungestört besuchen kann. Auf diese Weise gelingt es ihr, selbst mit ihm enge Bande des Vertrauens zu knüpfen.

Der junge Mann zeigt sich bald erkenntlich: Eines Nachts verläßt er auf leisen Sohlen das Bett seiner Freundin, um unter Rosis Decke zu kriechen und seine Dankbarkeit zu beweisen. Lustvoll läßt sie ihn gewähren. Diese Nacht ist der Beginn einer heimlichen Dreierbeziehung, und für einige Zeit teilen sich Mutter und Tochter Helmut Hellriegels Manneskraft.

Argwöhnisch ist nur Karl Hempel, denn er vermutet die heimliche Anwesenheit Hellriegels bei seiner Ältesten. Nach der Rückkehr von der Arbeit prüft er deshalb gewissenhaft jeden Winkel seines Heims. Die Erfahrung hat ihn gelehrt, besonders den Oberboden des Dachgeschosses abzusuchen, denn dort konnte er den unerwünschten Gast schon einige Male aufstöbern, um ihn unsanft aus dem Haus zu komplimentieren. Derartige Kontrollgänge werden zu seinem festen Ritual.

Monate vergehen. Als im Jahr 1967 das Herbstlaub fällt, befindet sich Rosi Hempel längst im Banne des dreizehn Jahre jüngeren Geliebten. Sie ist fest entschlossen, mit ihm zusammenzuleben und läßt ihre älteste Tochter wissen, Helmut Hellriegel innig zu lieben. Bitterböse tritt diese ihren Freund an die Mutter ab, tröstet sich aber schnell mit einem neuen, den sie allerdings niemals mit nach Hause bringt. Auch Helmut Hellriegel findet Gefallen an Rosis Idee einer gemeinsamen Zukunft. Schließlich ist seine Geliebte eine reife, in

Liebesdingen perfekte Frau, die ihn verwöhnen und versorgen könnte. Ihre vielen Kinder stören dabei nicht. Einziges Problem: Karl Hempel, der Ehemann.

»Laß dich scheiden«, lautet daher seine Forderung.

Doch Rosi winkt ab: »Halte dich da raus, laß mich nur machen!«

Längst geistert in ihrem Hirn der wahnwitzige Gedanke, irgendwann den Gatten zu töten und einen Selbstmord vorzutäuschen. Tag für Tag beschäftigt sie dieses Thema. Und mit der Zeit entsteht ein perfider, bis ins letzte Detail ausgearbeiteter Plan. Doch zu seiner Realisierung bedarf es moralischen Beistands und technischer Unterstützung. Behutsam, aber zielstrebig wählt sie aus ihrer Kinderschar den 15jährigen Sebastian und den 13jährigen Uli aus. Sie hält die beiden für geeignet, an dem dunklen Szenario mitzuwirken. Dabei geht sie von folgender Überlegung aus: Die Jungen hassen den Vater am meisten und können folglich am ehesten motiviert werden, das todbringende Vorhaben zu verwirklichen. Mit kalter Überlegung und suggestiver Überzeugungskraft geht Rosi nun vor. Zunächst verwöhnt sie die beiden Jungen, schmeichelt ihnen über alle Maßen. Gleichzeitig schürt sie deren Haß gegen den Vater und lenkt die heimlichen Gespräche immer wieder auf die Frage, wie gut sie alle ohne den Alten leben könnten. Auf diese Weise gewöhnen sich Sebastian und Uli langsam an den Gedanken, daß es besser wäre, wenn der Vater nicht mehr lebe.

Im Januar 1968 ist es dann soweit: Rosi Hempel stiftet die beiden Jungen an, den Vater zu vergiften. Sie würde alles heranschaffen, was man dazu benötige, allerdings müsse sie selbst im Hintergrund bleiben. Zur Sicherheit, versteht sich. Einzelheiten werden erörtert.

»Falls die Bullen doch was mitkriegen, müßt ihr alles auf euch nehmen«, appelliert sie an die beiden Söhne, »ich darf mit der Sache nicht in Verbindung gebracht werden. Denkt an eure Geschwister. Die müßten ins Heim, wenn man mich einsperrt!«

»Aber wir machen doch einen Mord, da gibt's lebenslänglich«, geben Sebastian und Uli zu bedenken.

»Es kommt nichts raus! Und wenn schon, euch kann nichts passieren. Ihr seid Kinder, und die kommen nicht ins Gefängnis!« zerstreut sie die Besorgnis der Jungen. Daraufhin geloben die Söhne ihrer Mutter absolutes Stillschweigen über das Besprochene.

Geraume Zeit danach vergräbt Rosi Hempel im Hausgarten eine verendete Katze. Was aber niemand weiß: Sie hatte versuchsweise aus verschiedenen Medikamenten einen Cocktail zubereitet und der Katze ins Futter gemischt. Und das mit überzeugendem Ergebnis.

Einer Nachbarin, die die Grabeaktion beobachtet, erklärt sie mit gespielter Betroffenheit: »Ich weiß auch nicht, aber plötzlich war sie tot!«

Anfangs verfängt sich Rosi Hempel in der abstrusen Idee, den lästigen Gatten mit Quecksilber zu vergiften. Es unbemerkt seinem Essen beizumengen, erscheint ihr leicht machbar. Sie glaubt, eine tödliche Dosis könne bereits mit dem silbrigen Inhalt von etwa zehn Fieberthermometern erreicht werden. Jedoch verwirft sie diesen Gedanken. Die Ursache für den Sinneswandel liegt aber nicht darin, daß sie in Erfahrung gebracht hätte, metallisches Quecksilber würde keineswegs die erwartete Wirkung zeigen, vielmehr ungehindert Karls Verdauungsorgane passieren. Nein, ihr scheint vielmehr die Beschaffung der Thermometer zu auffällig zu sein.

Bald darauf treibt sie ein Röhrchen mit zwanzig Tabletten »Neo-Secatropin« auf. Es ist ein wirksames Beruhigungsmittel, das in hoher Dosis durchaus ein Leben auslöschen könnte. Bereits der Test an der Katze hatte es bewiesen. Rosi Hempel pulverisiert das Medikament und instruiert ihre Söhne Sebastian und Uli. Termin und Ablauf des Szenarios werden festgelegt.

Als am vereinbarten Tag der Vater heimgekehrt ist und sich wie gewöhnlich in die Küche begibt, um einen starken Kaffee aufzubrühen, beschäftigt sich Rosi in der oberen Etage betont übereifrig mit irgendwelchen Hausarbeiten. Mit gespitzten Ohren und hellwachen Sinnen verfolgt sie die Vorgänge im Parterre. Uli hat sich in der Nähe der Küche in Deckung gebracht, während Sebastian außerhalb des Hauses in einem Versteck lauert. Seine Aufgabe ist es, nach geraumer Zeit an der Haustür zu klingeln. Das soll den Vater ablenken. Wenn dieser die Küche verläßt, um die Haustür zu öffnen, soll Uli in die Küche eilen und unauffällig das Pulver in den Kaffee mischen.

Genauso geschieht es. Doch der Vorgang endet anders als erwartet: Als Karl Hempel nämlich einen kräftigen Schluck des vergällten Kaffees nimmt, verzieht sich sein Gesicht zu einer Ekel ausdrückenden Grimasse. In hohem Bogen spuckt er den Inhalt seines Mundes gegen das Kücheninventar. Mit heftiger Geste gießt er den Rest des Kaffees in den Ausguß und schimpft: »Wollt ihr mich verarschen? Da hat doch einer was reingeschüttet!«

Das ist alles, was diese Episode an Wirkung hervorbringt. Vermutlich hält Karl Hempel sie für ein grobes Lausbubenstück seiner Kinder. Schlechten Gewissens haben sich Sebastian und Uli unbemerkt in ihr Zimmer zurückgezogen. Rosi gibt ihnen zu verstehen, sich ruhig zu verhalten, eilt zu Karl, beruhigt ihn schnell mit einem frisch aufgebrühten Kaffee und kann so die Gelegenheit nutzen, alle Spuren des mißlungenen Mordversuchs zu beseitigen.

Die pharmakologische Wirkung des Medikaments »Neo-Secatropin« beruht auf seinen in nur sehr geringen Mengen enthaltenen Hauptbestandteilen Atropin (Wirkstoff der Nachtschattengewächse) und Phenyläthylbarbitursäure.

Atropin führt als Spasmolytikum und Mydriatikum in höchst geringer Dosierung zur Entkrampfung des Magen-Darm-Trakts und zur Steigerung der Herzrhythmusfrequenz. In der augenärztlichen Diagnostik wird es zur Pupillenerweiterung eingesetzt.

Phenyläthylbarbitursäure hingegen ist ein Derivat der Barbitursäure und besitzt einen beruhigenden, schlaffördernden Effekt.

In sehr hoher Dosierung (mindestens 20 Tabletten) ist »Neo-Secatropin« allerdings durchaus geeignet, den Tod eines Menschen zu verursachen (durch zentrale Lähmung).

Im strafrechtlichen Sinne stellt Rosi Hempels Verhalten eine Anstiftung zum Mord dar, bei der die Kinder als sogenannte Tatmittler fungierten. Der Umstand, daß Karl Hempel den sicher zum Tode führenden Trunk wegen des widerwärtigen Geschmacks letztlich nicht zu sich nahm, qualifiziert die Tathandlung seiner Gattin als Versuch des Mordes (»mit tauglichen Mitteln«), der, wie die Vorbereitung, unter Strafe steht.

129

Hätte sie allerdings ihren ursprünglichen, stümperhaften Plan, den Ehemann mit metallischem Quecksilber vergiften zu wollen, in einen konkreten Tatversuch umgesetzt und hätte Karl Hempel die ihm zugedachte Menge tatsächlich zu sich genommen, wäre sein Tod trotzdem nicht eingetreten. Grund: Das Metall wäre ohne Schaden anzurichten wieder ausgeschieden worden.

Dennoch: Rosi Hempel handelte ernsthaft und tatentschlossen, wenngleich in Unkenntnis über die Wirkung des vermeintlichen Giftes. Strafrechtlich wäre eine derartige Handlung trotzdem als Versuch des Mordes (»mit untauglichen Mitteln«) geahndet worden. Die Täterin wußte nicht, daß allein die löslichen Salze des Quecksilbers (aber auch Quecksilberdämpfe) hoch toxisch sind.

Rosi Hempel ärgert sich über den Mißerfolg, sinnt aber unentwegt über eine neue Variante nach, den Gatten zu beseitigen. Ihre Überlegungen führen schließlich zu dem Entschluß, den Kreis der Eingeweihten zu erweitern. Dann könnten nämlich die verschiedenen Möglichkeiten der Tötung und Verschleierung kollektiv erörtert werden. So geschieht es auch.

Ab Frühjahr 1968 finden unter ihrer Leitung mehrmals höchst vertrauliche Beratungen statt, an denen ihr Geliebter, Helmut Hellriegel, die Freundin ihrer ältesten Tochter, Britta Obgartel, aber auch ihre beiden minderjährigen Söhne Sebastian und Uli teilnehmen. Stück für Stück zimmert dieser familiäre Geheimbund an dem tödlichen Spektakel. Schließlich kommt man überein, Karl Hempel zu erdrosseln, ihn anschließend auf dem Oberboden aufzuhängen und die Situation so herzurichten, daß ein Selbstmord angenommen werden muß.

Rosi Hempels Dramaturgie sieht folgenden Ablauf vor: Bevor ihr Gatte von der Arbeit heimgekehrt ist, soll Hellriegel bereits mit einer vorbereiteten Schlinge auf dem Oberboden warten. Während dessen halten sich Sebastian und Uli im Dachgeschoß in sicherer Deckung bereit. Wenn der Vater dann zu Hause ist, werden absichtliche Geräusche vom Oberboden seinen Argwohn wecken und ihn zu einer Kontrolle veranlassen. Und weil er dazu die im Dachgeschoß stehende Leiter benutzen muß, bietet sich für Hellriegel eine Möglichkeit zu schnellem Handeln. Sobald nämlich Karl Hempel durch die Bodenluke späht, kann er ihm blitzschnell die Schlinge um den Hals werfen und den Strick an einem Balken fixieren, während unterhalb der Luke Sebastian und Uli flugs die Leiter wegziehen. Auf diese Weise würde Hempels Körper frei über dem Fußboden hängen und jeglichen Selbstrettungsversuch vereiteln. Rosi Hempel und Britta Obgartel wären dann für das Kaschieren der Szene verantwortlich.

Inzwischen ist es Anfang Juli. Rosis Plan trifft auf die ungeteilte Zustimmung der verschworenen Gemeinschaft. Jetzt erwarten alle den entscheidenden Abend. Vorher erhält Helmut Hellriegel einen Strick, den er von nun an ständig bei sich führt.

Ende Juli bietet sich eine günstige Gelegenheit zur Realisierung des Vorhabens. Eigentlich läuft alles so ab, wie besprochen. Doch Helmut Hellriegel kann den Strick nicht um den Hals des alten Hempel legen. Sebastian hat nämlich in seinem Versteck ein Geräusch gemacht, das den Vater ablenkt. Bereits auf der Leiter stehend, wendet er den Kopf zur Seite und klettert zurück. Helmut muß alle Mühe aufwenden, sich klammheimlich zurückzuziehen. Karl Hempel aber befindet sich im Zustand naiver Arglosigkeit.

Rosi ist nun vorsichtig geworden, befürchtet, trotz der guten Vorbereitung könnte etwas schiefgehen. Um letzte Bedenken zu zerstreuen, entschließt sie sich zu mehreren praktischen Übungen: Alle Beteiligten müssen die vorgeschriebene Position einnehmen, die Länge des Strangwerkzeugs wird angepaßt, Sebastian und Uli müssen zeigen, wie gut sie sich verstecken und wie schnell sie die Leiter wegziehen können. Doch damit nicht genug. Um ganz sicher zu gehen, verlangt Rosi Anfang August eine wirklichkeitsnahe Generalprobe der Hinrichtung ihres überdrüssigen Ehemanns. Sie sorgt dafür, daß die anderen Kinder in dieser Zeit nicht zu Hause sind. Niemand soll Zeuge des makabren Spektakels werden. Diesmal muß Uli die Rolle des Vaters einnehmen. Alles klappt, wie mehrmals geprobt. Aber: Als dem Jungen die Schlinge um den Hals gelegt und die Leiter unter ihm weggezogen wird, gerät er beinahe selbst in eine lebensgefährliche Situation. Dieser Zwischenfall jedoch bestärkt die Beteiligten, sich ihrer Sache nun bombensicher sein zu können.

Am Abend des 9. August 1968 läuft der Countdown: Es ist gegen 20.00 Uhr, als das Abendessen in der großen Familie beendet wird. Rosi dämpft jede aufkeimende Streitlust ihres Gatten, den sie mit diabolischer Heuchelei sogar zu einem Spaziergang durch das Kirschbachtal überreden kann. Und genau das ist ihre Absicht.

»Wir sind in zwei Stunden zurück!« gibt sie der Kindermeute zu verstehen. Und wie üblich, müssen die großen ihre kleinen Geschwister zu Bett bringen. Sebastian, mit allen pädagogischen Vollmachten ausgestattet, sorgt aus triftigem Grund für schnelle Ordnung und Ruhe im Haus.

Unterdessen promeniert das Ehepaar Hempel in scheinbar friedvoller Eintracht durch den warmen Augustabend. Rosis überaus freundliches Gebaren hält den Gatten in absoluter Ahnungslosigkeit. Doch in ihr lauert die abscheuliche Hoffnung, daß alles bald ein Ende hat. Die Knaben Uli und Sebastian hingegen halten sich zu Hause bereit und warten, bis Britta Obgartel und Helmut Hellriegel zur Stelle sind. Kurz vor 22.00 Uhr beziehen die vier ihre vorgesehenen Posten im Hinterhalt. Von nun an heißt es, mucksmäuschenstill auszuharren …

Es ist Freitag, der 16. August 1968. Ein trockener, warmer Sommervormittag. Klopfenden Herzens macht sich Rosi Hempel auf den riskanten Weg zum VP-Kreisamt. Am liebsten würde sie umkehren. Doch das unangenehme Vorhaben ist unvermeidbar, es ist ein wichtiger Bestandteil ihres Selbstschutzes. Seit einer Woche ist Karl nicht mehr gesehen worden. Sein Betrieb hat schon nachgefragt, wo er bleibt. Natürlich kennt sie die Gründe, doch es wäre töricht, sie zu offenbaren. Also, um keinen Verdacht aufkommen zu lassen, ist es ratsam, sich so wie andere Menschen zu verhalten, die einen lieben Angehörigen vermissen. Folgerichtig muß sie daher tiefe Sorge über Karls Verschwinden und Interesse an seiner unbeschadeten Rückkehr demonstrieren. Und das heißt vor allem, ihn bei der VP offiziell als vermißt zu melden.
Der Uniformierte an der Hauswache des VP-Kreisamtes verweist Rosi an den Kriminaldienst im dritten Stock. Dort muß sie einige Minuten warten. Ein ziemlich finster dreinschauender Polizist in Zivil bittet sie schließlich in sein Büro. Höchstes Unbehagen befällt sie. Unter Aufbietung allen Talents liefert Rosi ihm jedoch den bühnenreifen Auftritt einer zutiefst besorgten Ehefrau und Mutter von neun Kindern, deren Angetrauter am späten Abend des 9. August nach

einem harmlosen Streit unversehens seine Jacke angezogen und, ohne ein Wort zu sagen, das Haus verlassen habe. Dies alles können ihre Kinder Sebastian und Uli bestätigen, die den kommentarlosen Abgang ihres Vaters zufällig hautnah miterlebten. Seit diesem Abend nun sei ihr Mann spurlos verschwunden. Auch in seinem Betrieb wäre er nicht mehr aufgetaucht. Eine Woche lang habe sie auf seine Rückkehr gewartet und überall gesucht, wo sie ihn vermuten würde. Vergeblich. Jetzt aber seien ihre Nerven bloßgelegt. Deshalb erbitte sie die Hilfe der Volkspolizei.

Der Gesetzesvertreter mit dem ernsten Gesicht notiert gewissenhaft Rosis Angaben. Er stellt etliche ergänzende Fragen zu Karls Personenbeschreibung, will Näheres über Freunde und Bekannte wissen, durchleuchtet die Tiefen des Familienlebens, forscht nach möglichen Hintergründen für das Verschwinden und verspricht schließlich, die Angelegenheit mit der notwendigen Dringlichkeit zu behandeln. So geht alles gut, und Rosi Hempel kann kurz darauf das Haus der Staatsgewalt mit dem Gefühl enormer Erleichterung verlassen.

Mehr als vier Wochen vergehen. Die große Aufregung und die anfängliche Ungewißheit über die Intensität der polizeilichen Ermittlungen sind verflogen. Seit ihrer Anzeige hat Rosi Hempel keinen Polizisten mehr zu Gesicht bekommen. Um ihre vermeintliche Besorgnis zu bekunden, ruft sie lediglich wiederholt im VPKA an und fragt nach. Dort, so meint sie zu verstehen, ist man offensichtlich mit den Nachforschungen aber noch keinen Schritt weiter. Das beruhigt sie sehr, macht sie beinahe glücklich. Noch nie zuvor waren die wollüstigen Nächte mit Helmut Hellriegel so ungestört wie in der Gegenwart. Selbst ihre Kinderschar ist zufrieden und genießt die Abwesenheit des ständig keifenden und prügelnden Familienoberhaupts. Rosis Befinden ist so gut, daß sie erfolgreich im Rathaus eine tränenreiche Bittstellszene vorführt: Dabei malt sie die mit dem plötzlichen Verschwinden des Gatten entstandene Familienbelastung in den Farben einer herzergreifenden Dramatik aus. Die Bürokraten der Abteilung »Innere Angelegenheiten« nicken verständnisvoll und gewähren bis zur endgültigen Klärung der Vermißtensache aus der Staatskasse ein großzügiges Darlehen.

Rosi Hempel unterliegt allerdings dem Irrglauben, die Polizei vernachlässige die Angelegenheit ihres Mannes. Die für Vermißtenfälle verantwortlichen Männer des Kommissariats 3 verfolgen längst die Fährte des vermeintlich abtrünnigen Familienvaters. Freilich setzten ernsthafte Ermittlungen erst einige Tage nach der Meldung ein, weil ein akuter Gefährdungsgrad oder gar ein Verbrechensverdacht bislang nicht begründet werden kann. Aber wenn der Vater einer neunköpfigen Kinderschar plötzlich verschwindet, muß sich die Exekutive einschalten, denn es besteht durchaus die Möglichkeit unterzutauchen, um so weiteren Unterhaltspflichten zu entgehen.

In der Abteilung »Jugendhilfe und Heimerziehung« beim Rat der Stadt Weimar studieren die Kriminalisten die dicke Akte über die Großfamilie mit den Berichten über deren chaotische Zustände. Erkundigungen in Hempels Betrieb werden eingeholt. Dort ist man des Lobes voll. »Karl ist ein gewissenhafter Kollege, der nie über Gebühr krankfeiert und noch nie unentschuldigt fehlte«, ist das Urteil des Brigadiers. Auch der ABV, der Vorsitzende des Wohnbezirksausschusses, Nachbarn aus der Martersteigstraße und das Schulpersonal werden über die Familie ausgefragt.

Bald steht fest: Karl Hempel ist eigentlich ein gutmütiger, starker Mann mit schwacher Psyche, dem Einfluß seiner ihm geistig überlegenen Frau ausgeliefert. Die ehelichen Scharmützel trägt er lautstark und mit vollem Körpereinsatz aus. Außerdem mißhandelt er seine Kinder, weshalb deren Verhältnis zu ihm ziemlich angstbeladen und haßerfüllt ist. Insbesondere der 16jährige Sohn Sebastian macht aus seiner Aversion gegen den Vater keinen Hehl. Rosi Hempel indes ist eine durchtriebene, intrigante Person, der man stets mit Mißtrauen begegnen sollte. Auch sie ist bei den Ehestreitigkeiten keineswegs zimperlich, wenngleich sie mehr die »psychologische Kriegführung« bevorzugt. Insgesamt sind die Verhält-

In diesem Haus in der Weimarer Martersteigstraße wohnte die Familie H. Der Tatort befindet sich im Dachgeschoß (Aufnahme von 2000).

nisse in der Familie Hempel erheblich verworren und gestört. Die Ursachen dafür liegen im ungehemmten, destruktiven Erziehungsstil und in dauernden ehelichen Dissonanzen.

Am Samstag, 19.9.68, erhält Rosi Hempel den Besuch zweier Männer des VPKA – ein dicker Mittvierziger und ein jüngerer, schlanker Typ mit Sommersprossen. »Kriminalpolizei«, stellen sie sich vor und präsentieren ihre Ausweise. Die bisherigen Ermittlungen in der Vermißtensache hätten noch keine nennenswerten Ergebnisse erbracht, meinen sie. Deshalb schlagen sie eine polizeiliche Besichtigung des Hauses vor, die natürlich Rosis Einverständnis voraussetzt, so wie es das Gesetz fordert.

»Das ist keine Durchsuchung«, betonen deshalb die Männer, »wir wollen uns nur mal umschauen, ob wir neue Hinweise über den möglichen Verbleib Ihres Mannes finden!«

Rosi fühlt sich in einer Zwickmühle, hat Bedenken. Blitzschnell überlegt sie: Das amtliche Ansinnen zu verweigern, wäre ein großer Fehler, dem nur lästige Fragen nach den Gründen für die Ablehnung folgen würden. Das könnte sie womöglich in eine prekäre Lage bringen. Im übrigen aber dürften die beiden im Hause nichts finden, was ihren Argwohn wecken könnte. Deshalb stimmt sie mit gespielter Kooperationsbereitschaft der Schnüffelei zu.

Länger als eine Stunde durchstöbern die Polizisten das unappetitliche Durcheinander im Hause der Familie Hempel vom Keller bis zum Boden. Rosi weicht ihnen keinen Augenblick von der Seite, verfolgt mißtrauisch jede ihrer Bewegungen. Die heillose Unordnung in den Räumen und Schränken veranlaßt die Männer wiederholt zu spitzen Bemerkungen, auf die Rosi verlegen nur mit einer schwachen Geste des Bedauerns reagiert.

Die Polizeiaktion erweist sich als Flop: Nicht ein einziger Hinweis auf Karl Hempels Verbleib läßt sich aufspüren. Auch die Frage, ob er außer seiner Bekleidung, die er am fraglichen Abend am Leibe trug, irgendwelche anderen Sachen, Ausweise, Geldbeträge mitgenommen haben könnte, läßt sich angesichts der chaotischen Zustände in der Großfamilie nicht beantworten.

Als die Kriminalisten ihren dienstlichen Besuch beenden wollen, kommt der 16jährige Sebastian Hempel von der Arbeit heim. Er wurde vor einigen Monaten vorzeitig aus der 7. Klasse entlassen. Jetzt ackert er lustlos als Handlanger auf dem Bau.

Die Anwesenheit der beiden Fremden scheint ihn nicht zu beeindrucken. Denn er wendet sich an seine Mutter, weist mit dem Kopf in Richtung der Polizisten und fragt unüberhörbar: »Sind die wegen dem Alten da?«

Rosi macht eine beschwichtigende Handbewegung und nickt wortlos, ohne eine Antwort zu geben. Die Männer beobachten diese Szene genau, grienen sich an, und der Typ mit den Sommersprossen gibt seinem Mitstreiter deutlich zu verstehen: »Hörst du, der kann seinen Vater nicht leiden!«

Sebastian kapiert, reagiert sofort und ohne Hemmung: »Der Alte ist ein Mistkerl!«

»Wann hast du denn den Mistkerl das letzte Mal gesehen?« fragt der Dicke ironisch.

Sebastian ist verlegen, schaut hilfesuchend die Mutter an, die sofort für ihn antwortet: »Na, am neunten August abends, als er mir-nichts-dir-nichts verschwand!«

Sebastian nickt beflissen.

»Hatte er Koffer oder Taschen bei sich?« will der Polizist wissen.

Wieder blickt der Junge die Mutter fragend und unsicher an. Diese pariert auf der Stelle: »Nein, nichts, weder noch.«

Das Gesicht des Dicken verfinstert sich. Er schickt einen strafenden Blick zu Rosi und fragt den Jungen erneut: »Und was hast du an diesem Abend gemacht?«

Sebastian druckst einen Moment lang herum und blickt hilfesuchend seine Mutter an. Wieder spricht sie für ihn: »Der Junge war die ganze Zeit ...«

Da fällt ihr der Typ mit den Sommersprossen schroff und ungehalten ins Wort: »Halten Sie doch mal die Klappe, der Junge kann doch wohl selbst antworten!«

Rosi gibt sich geschlagen und schweigt. Der Dicke klopft Sebastian kumpelhaft auf die Schulter und schiebt ihn sanft vor sich her nach draußen: »Komm, laß uns zur Dienststelle fahren, da können wir in aller Ruhe reden.«

Wieder blickt der Junge beschwörend seine Mutter an. Sie sagt nichts, nickt ihm nur wortlos zu. Sebastian deutet diese Geste, als würde sie sagen: Geh nur, wir haben ja alles besprochen! Dann fragt er den Dicken ängstlich: »Dauert's lange?«

Doch weder er noch der sommersprossige Typ antworten darauf. Einer von beiden sagt nur: »Keine Bange, wir bringen dich zurück!«

Die Kriminalisten kennen Sebastian Hempel ziemlich gut. Seine kleine Ganovenbiographie füllt bereits einige Seiten der dicken Akte beim Referat Jugendhilfe der Stadt Weimar: Schlechte Kinderstube, überaus miese schulische Leistungen und permanente Rüpeleien brachten die Lehrer an den Rand des Wahnsinns. In ihrer Verzweiflung weigerten sie sich schließlich, ihn weiter zu unterrichten. So flog er vor Abschluß der 7. Klasse in hohem Bogen von der Schule. Um sich nicht des Tatbestands der Asozialität schuldig zu machen, nahm er widerwillig eine Hilfstätigkeit auf dem Bau an. Doch sein Polier stimmt Hände ringend auch schon in das altbekannte Klagelied ein.

Anfangs beschreibt Sebastian die Vorgänge am Abend des 9. August streng nach dem Drehbuch seiner Mutter. Doch die Sätze, die er von sich gibt, sind stereotyp, klingen auswendig gelernt. Er kann auch bestimmte Details über den Ablauf des fraglichen Abends in keinen logischen Zusammenhang bringen. Die gelernten Aushorcher der Kriminalpolizei wittern deshalb sehr schnell, daß er mehr über die Umstände des Verschwindens seines Vaters wissen könnte, als er vorgibt. Ein Dauerfeuer von Fragen und Vorhalten sind die Folge. Sebastians dünnes Nervenkostüm hält dem nicht mehr stand. Widersprüche tun sich auf. Vorwürfe, nicht bei der Wahrheit zu bleiben, prasseln auf ihn nieder. Die Trümmer des zusammenbrechenden Lügengebäudes lasten zuletzt derart auf ihm, daß er unter Tränen gesteht, er habe seinen Vater in der Nacht zum 10. August mit einem Strick erdrosselt und den Leichnam im Gesträuch am Lottenbach, abseits der Straße nach Nohra, verscharrt. Und immer wieder beschwört er, die Tat ganz allein begangen zu haben.

Noch am gleichen Abend muß der Junge, eskortiert von einer ansehnlichen Schar Uniformierter, die Kriminalpolizei zu dem Ort führen, an dem er den toten Vater verscharrt haben will. Tatsächlich wird dort der bereits teilweise skelettierte Leichnam gefunden. Mit diesem Ermittlungsstand ist die Zuständigkeitsgrenze der Kriminalisten im VP-Kreisamt erreicht: Der Fall muß zur weiteren Bearbeitung an die zuständige Mordkommission in Erfurt übergeben werden, die flugs zu diesem Zweck im VP-Kreisamt einstweiliges Quartier bezieht.

Sebastian Hempels Eingeständnis, das Ergebnis der Fundortuntersuchung und gerichtsmedizinischen Sektion sind hinreichende Gründe, gegen ihn ein Ermittlungsverfahren wegen des Verdachts der vorsätzlichen Tötung einzuleiten und Haftbefehl zu erlassen.

Rosi Hempel nimmt die Inhaftierung ihres Sohnes mit geheuchelter Fassungslosigkeit und Bestürzung zur Kenntnis. Insgeheim aber ist sie beruhigt, daß er sich offenbar an die geheime Abmachung hält.

Drei Wochen vergehen. Inzwischen erfolgte die staatsanwaltliche Freigabe der sterblichen Überreste Karl Hempels. Im engsten Kreise der Großfamilie und einiger Neugieriger aus dem Wohngebiet wurden sie bestattet, freilich unter den wachsamen Augen des Gesetzes.

Sebastian, der der Zeremonie fernbleiben mußte, bleibt immer noch hartnäckig bei seiner Behauptung, den Mord an seinem Vater ebenso allein bewerkstelligt zu haben wie die Beseitigung des Leichnams. Doch die Untersucher argwöhnen, und das mit gutem Recht. Als Sebastian mit einer, dem Körpergewicht seines Vaters entsprechenden, Attrappe vorführen muß, wie er den Leichnam mit dem Fahrrad zum Versteck am Lottenbach transportiert haben will, versagen an einer Wegsteigung seine Kräfte. Dieser banale Umstand ist Ausgangspunkt für weitere nervenzehrende Vernehmungen, die Sebastians Stabilität zusehends schwinden lassen. Kurz darauf gibt er sein bisheriges Verhaltenskonzept scheinbar auf. Er bekennt, den Mord zusammen mit dem Freund seiner Mutter, Helmut Hellriegel, begangen zu haben: »Ich habe ihm die Schlinge um den Hals geworfen, Helmut hat die Leiter weggezogen. Danach haben wir die Leiche am Lottenbach verschwinden lassen.«

Warum er erst jetzt mit der Wahrheit herausrücke, wollen die Kriminalisten wissen. »Ich wollte Helmut nicht verraten«, rechtfertigt er sich.

Postwendend wird Hellriegel zugeführt, befragt und verhaftet. Da der 24jährige im Zusammenhang mit seinen Vorstrafen bereits Erfahrung mit polizeilichen Vernehmungen gemacht hat, vermuten die Untersucher, daß er vehement leugnen wird. Doch wider Erwarten gesteht er schon in der ersten Beschuldigtenvernehmung, an der Ermordung Karl Hempels und an der Beseitigung seiner Leiche beteiligt gewesen zu sein: »Sebastian und ich waren es, ganz allein!« Er übernimmt sogar die Hauptschuld für die mörderische Aktion: »Ich habe den Alten erdrosselt, als er über die Leiter auf den Oberboden wollte, während Sebastian lediglich die Leiter wegzog.«

Obwohl Helmut Hellriegel, wie sich noch herausstellt, wenigstens hinsichtlich seines eigenen Tatbeitrages die Wahrheit sagt, muß er sich in den Vernehmungen wochenlang gegen den Vorwurf wehren, der Mord müsse sich anders abgespielt haben. Er weiß nämlich nicht, daß Sebastian eine ganz andere Tatbeteiligung schildert. Und Sebastian wiederum hat keine Ahnung davon, daß Hellriegel in Haft ist. Auf diese Weise treten bei jeder Exploration weitere Widersprüche hervor. Erneute Vernehmungen, Aussageüberprüfungen und Ermittlungen folgen. Die Geduld der Untersucher wird so auf eine harte Probe gestellt.

Am 17. Oktober 1968, vormittags. Sebastian wird Hellriegel gegenübergestellt. Auge in Auge müssen sie zu ihren sich widersprechenden Aussagen Stellung nehmen. Mit Erfolg.

Während Hellriegel dabei bleibt, auf dem Oberboden stehend das Seil um Karl Hempels Hals geschlungen zu haben, korrigiert Sebastian seine früheren Angaben. Aber nur insofern, daß nicht seine, sondern Helmut Hellriegels Aussage der Wahrheit entspräche, indes sein Tatbeitrag darin bestand, gemeinsam mit seinem jüngeren Bruder Uli die Leiter wegzustoßen. Dann fügt er hinzu: Die drei hätten unter dem Siegel größter Verschwiegenheit ausgemacht, den Vater zu erledigen, um ihn dann verschwinden zu lassen. Und er beschwört: Von all dem wisse die Mutter nichts.

Daß Sebastian unversehens den 13jährigen Uli als weiteren Mittäter ins mörderische Spiel bringt, verdrießt die Kriminalisten. Wenn nämlich diese Behauptung zutrifft, hat sich auch Uli an dem Mord aktiv beteiligt. Um dies zu überprüfen, wird der Junge zugeführt. Aber er ist ein Kind, darf nicht beschuldigt und förmlich vernommen werden, denn »Personen, die noch nicht 14 Jahre alt sind, sind strafunmündig und daher strafrechtlich nicht verantwortlich«, heißt es im Gesetz. Nur eine sogenannte Anhörung ist erlaubt, und die darf üblicherweise nur im Beisein eines Erziehungsberechtigten stattfinden.

Erfolgreiche Taktik setzt gründliche Planung voraus. Deshalb beraten sich die Morduntersucher, gründlich und ohne Eile. Die Weisheit des Kollektivs produziert schließlich ein ausgeklügeltes Frageprogramm, nach dem Uli Hempel gehört werden soll.

Am 17. Oktober werden Rosi und ihr Sohn Uli freundlich, aber mit Nachdruck zum VP-Kreisamt gebracht, wo in einem Büro der Mordkommission das schwierige Gespräch mit dem Jungen stattfinden soll. Zur Sicherheit, und um zu vermeiden, daß die anwesende Mutter weder verbal noch durch Gesten in das Geschehen eingreifen kann, ist auch ein Vertreter der Abteilung Jugendhilfe erschienen, der jede ihrer Regungen kritisch verfolgen soll. Die Beteiligten werden entsprechend plaziert.

Mehrere Stunden dauert das erzwungene Interview. Anfangs druckst der Junge herum, ist wortkarg und ängstlich. Hilflos sucht er immer wieder den Blickkontakt zu seiner Mutter. Vergeblich. Doch die Art, wie der Vernehmer mit ihm umgeht, löst schrittweise die innere Verklemmtheit. Bald beginnt Uli zu reden. Erst stockend und zaghaft, dann immer flüssiger, bis es aus ihm heraussprudelt wie aus einer gerade entkorkten Flasche Krimsekt. Der Vergiftungsversuch mit den zerriebenen Tabletten, zu dem ihn die Mutter anstiftete, wird ebenso Gegenstand des Dialogs mit dem Kriminalisten wie sein Beitrag am gewaltsamen Tod seines Vaters.

Rosi, die ruhig und gelassen einige Meter entfernt hinter ihrem Sohn sitzt und nur dessen Rücken sehen kann, gibt sich zunächst beneidenswert selbstsicher. Doch je mehr der Junge von sich gibt, um so nervöser wird sie. Als Uli schließlich meint, den Plan für die Tötung seines Vaters hätte eigentlich seine Mutter ausgeheckt, sackt sie mit blutleerem Kopf kläglich in sich zusammen, unfähig, auf die Anschuldigungen mit überzeugenden Gegenargumenten zu parieren. Sie merkt längst, daß dieser Nachmittag in einem Fiasko für sie endet.

Ihr auffälliges Verhalten ist kriminalistischer Anlaß genug, sich ihrer anzunehmen. In einem Nebenraum wird sie verhört, hart und unnachgiebig. Die starke, kaltherzige Frau, die in der Familie das Zepter uneingeschränkter Autorität und Selbstherrlichkeit schwingt, ist plötzlich zu einem kleinlauten, unterwürfigen Häuflein Elend geschrumpft. Heulend gesteht sie, Initiator und Organisator des Mordkomplotts gegen ihren Gatten gewesen zu sein. »Ich wollte ihn loswerden, um mit Helmut zusammenleben zu können«, gibt sie als Motiv für die Untat an. Ermittlungsverfahren und Haftbefehl sind die staatliche Reaktion.

Der 13jährige Uli und seine kleinen Geschwister werden, wie in solchen Fällen üblich, der Obhut der Abteilung Jugendhilfe anvertraut und noch am gleichen Abend im Kinderheim Weimar untergebracht.

In den Folgevernehmungen präzisiert Rosi Hempel ihre Rolle als treibende Kraft im mörderischen Familienunternehmen und schildert die Details.

Sebastian und Helmut aber behaupten noch eine Zeitlang felsenfest, Rosi hätte mit dem Mord nichts zu tun. Erst Gegenüberstellungen und die Konfrontation ihrer Aussagen mit denen von Rosi führen zur Aufhebung der Widersprüche. Auf diese Weise wird schließlich auch die Mitwirkung der letzten Mittäterin, der 17jährigen Britta Obgartel, bekannt, deren Verhaftung Mitte November erfolgt. Ihre Aussagen tragen wesentlich dazu bei, daß sich alsbald ein scharf umrissenes Bild der Geschichte des Mordes an Karl Hempel ergibt.

Endlich ist es den Kriminalisten möglich, die monatelange Verwirrung zu beenden und den Fall zügig abzuschließen. Anfang Februar 1969 übergeben sie die mehr als 600 Seiten umfassende Akte an den Staatsanwalt. Drei Wochen später wird beim Bezirksgericht Erfurt die Anklage erhoben …

Rückblick: Als das Ehepaar Hempel von seinem Spaziergang am späten Abend des 9. August 1968 heimkehrt, herrscht im Hause bereits nächtliche Stille. Denn gleich nach dem Weggang der Eltern hat Sebastian seinen jüngeren Geschwistern Order erteilt, in ihren Betten zu verschwinden und sich dort mucksmäuschenstill zu verhalten, anderenfalls erwarte sie eine empfindliche Sanktion. Die Drohung zeigt auch schnelle Wirkung: Die drei Kleinsten schlafen bald ein. Die anderen aber liegen lautlos unter ihren Decken und erwarten gespannt die kommenden Ereignisse, die sie bald darauf in Form eines makabren Hörspiels miterleben.

Sebastian, Uli und Britta hocken im Dachgeschoß in ihren Verstecken. Helmut Hellriegel lauert, das Seil in der Hand, auf dem Oberboden. Die Leiter steht griffbereit neben der Luke. Es ist stockdunkel. Sebastian flüstert leise: »Los!« Das ist Brittas Stichwort. Sie tritt mit den Füßen einige Male kräftig auf und verschwindet eilig in einem der Kinderzimmer. Karl Hempel spitzt die Ohren. Was war das? »Ist die Arschgeige schon wieder im Haus?« keift er laut und stürmt fluchend die Treppe zum Dachgeschoß empor, während Rosi ahnungsvoll in der Toilette verschwindet. Er wirft einen Blick in die Kinderzimmer. Dort ist alles unauffällig, die Kinder scheinen zu schlafen. Daß Britta unter einem Bett versteckt liegt, entgeht ihm.

»Ich krieg dich!« triumphiert Karl böse und stellt, genauso wie es Rosis mörderisches Drehbuch vorsieht, die Leiter an die Luke zum Oberboden. Kaum hat er die ersten Stufen erklommen, spürt er ein straffes Seil um seinen Hals. Im selben Moment wird die Leiter unter seinen Füßen weggezogen. Schon hängt er frei in der Schlinge, strampelt einige Male hilflos mit Armen und Beinen. Dann geht nur noch ein Zucken durch seine Glieder. Sekunden später Stille. Karl Hempel ist tot.

Mit vor Aufregung rotem Gesicht eilt Britta Obgartel nach

unten zu Rosi. Ihre Mitteilung ist kurz und knapp: »Es ist vorbei!«

Unterdessen hieven die drei Jungen den toten Hempel auf den Oberboden. Sie werfen das freie Ende des Strangwerkzeugs über einen Querbalken und ziehen den Leichnam empor, bis die Füße des Getöteten fast einen Meter über dem Fußboden schweben. Dann wird das Seil am Querbalken fixiert.

Als sich alle nach vollbrachter Tat bei Rosi in der Küche einfinden, ist es kurz vor Mitternacht. Alle sind zufrieden. Immerhin verlief die Aktion mit militärischer Akkuratesse. Nun wird darüber beraten, wie es weitergeht. Fast zwei Stunden dauert die Sitzung, bis Rosi neue Regieanweisungen erteilt. Das Verhalten jedes einzelnen wird festgelegt, denn es herrscht Gewißheit darüber, daß die Kripo den Selbstmord ihres Mannes untersuchen wird. Mögliche Fragen werden aufgeworfen, Antworten abgestimmt. Denn in einigen Stunden muß Rosi die zufällige Entdeckung des toten Mannes anzeigen und die von Trauer erschütterte Witwe spielen.

Plötzlich ein schweres, dumpfes Poltern aus Richtung Oberboden. Was war das? Entsetzen in den Gesichtern des mörderischen Quintetts. Sebastian und Helmut zittern vor Angst. Rosi gewinnt als erste die Fassung zurück, mahnt die anderen, die Nerven nicht zu verlieren. Dann eilen sie nach oben, finden die Erklärung: Der Strick, an dem Karl Hempels Leichnam hing, war gerissen. Deshalb war der tote Körper auf die Dielen geplumpst. Für einen kurzen Augenblick hat sich der ungeliebte Vater und Ehemann noch einmal lautstark Autorität verschafft.

Rosi Hempel überlegt: Noch einmal aufhängen? Nein, zu riskant. Das würde Spuren verursachen, die die Inszenierung verraten könnten. Dann sagt sie zu den anderen: »Wir bringen ihn weg, er muß verschwinden, niemand darf ihn finden!«

Es ist kurz nach 3.00 Uhr. Der Morgen dämmert bereits. Während Britta Obgartel auf dem Oberboden mögliche Spuren beseitigt, wickeln die anderen den toten Karl Hempel in Decken, verschnüren ihn zu einem großen Paket, das sie hinaus auf den Hof tragen. Rosi vergewissert sich, daß die Hoftür verschlossen ist und holt das Fahrrad aus dem Keller. Mit vereinten Kräften versuchen die fünf nun, die Leiche auf das Fahrrad zu heben. Es erfordert einige Mühe, bis das unförmige, schwere Bündel sicher und im Gleichgewicht über dem Fahrradrahmen hängt.

Zur gleichen Zeit macht ein Nachbar aus dem Haus gegenüber sein Motorrad für eine lange Tour zur Ostsee startklar. Das ungewöhnliche Treiben hinter der Hoftür der Familie Hempel entgeht ihm zwar nicht, jedoch schenkt er ihm keine Beachtung. Augenblicke später knattert er davon.

Als wieder Stille in der Martersteigstraße herrscht, öffnet Helmut Hellriegel das Tor zur Straße einen Spalt weit und sieht sich vorsichtig um. Tatsächlich, die Luft ist rein. Sogleich transportiert das mörderische Quintett die unheimliche Fracht bis zum Flurstück am Sonnenberg, um sie am Lottenbach im dichten Strauchwerk zu verscharren.

Nach Hause zurückgekehrt sinken Britta, Sebastian und Uli erschöpft und hundemüde auf ihre Matratzen. Rosi hingegen genießt in vollen Zügen Helmuts Manneskraft ...

Am Ende des ersten Quartals 1969 verhandelt der 2. Strafsenat des Bezirksgerichts Erfurt die Mordsache Karl Hempel. Auf der Anklagebank sitzen Rosi Hempel, ihr 16jähriger Sohn Sebastian, ihr Liebhaber Helmut Hellriegel und ihre 17jährige Bekannte Britta Obgartel. Nur der strafunmündige 13jährige Uli bleibt der letzten, unfreiwilligen Zusammenkunft der Mörderclique fern.

Auszug aus der Anklageschrift:
Die Beschuldigte Rosi Hempel hat es verstanden, sich nicht direkt an den Tötungshandlungen zu beteiligen, sondern als Anstifter und Gehilfe sich im Hintergrund zu halten. Als geistiger Urheber der Straftaten hatte sie die Fäden in der Hand und bestimmte Art und Weise ihrer Begehung. Sie ist in der Lage, die Gesellschaftsgefährlichkeit ihres Verhaltens einzuschätzen …
Die Gesellschaftsgefährlichkeit ihrer Straftaten wird besonders dadurch charakterisiert, daß sie gewissen- und bedenkenlos aus verwerflichen und egoistischen Beweggründen ihre minderjährigen Kinder in das verbrecherische Geschehen einbezog. Welche verheerenden Folgen bei diesen bereits eingetreten sind, zeigte sich nicht nur in ihrem bedingungslosen Eintreten für die Mutter und deren verbrecherisches Handeln, sondern auch in deren Verhalten nach der Straftat. So überredete der 10jährige Sohn Winfried im Kinderheim Weimar einen 12jährigen Schüler, mit ihm aus »Spaß« ein Mädchen zu erhängen …
(Anm. des Autors: Dieses Vorhaben konnte dank des Eingreifens einer Erzieherin verhindert werden.)

Zuschauer sind »wegen Gefährdung der öffentlichen Ordnung und Sittlichkeit« vom Prozeß ausgeschlossen. Lediglich ein paar handverlesene Pädagogen, Psychologen, Mitarbeiter der Abteilung Inneres des Rates der Stadt und politische Funktionsträger sind zugelassen.

Nach mehrtätiger Verhandlung wird im Namen des Volkes schließlich für Recht erkannt: »Rosi Hempel und Helmut Hellriegel werden zu lebenslanger Freiheitsstrafe verurteilt. Die bürgerlichen Ehrenrechte werden ihnen auf Lebenszeit aberkannt.« Unter Anwendung des Jugendstrafrechts und unter Berücksichtigung des Gutachtens eines Psychologen, der gemäß § 16 StGB die beiden anderen für nur vermindert zurechnungsfähig hält, muß Sebastian Hempel für sechs Jahre und Britta Obgartel für drei Jahre hinter Gitter.

Uli Hempel, der nur im nichtjuristischen Sinne Mittäter war, wird strafrechtlich ebensowenig belangt wie seine jüngeren Geschwister, die Mitwisser des Mordes wurden. Fortan aber liegt ihre weitere Erziehung in den Händen der Kinder- und Jugendfürsorge.

Die Erscheinungsformen der Frauenkriminalität in der DDR unterschieden sich kaum von denen anderer europäischer Länder. Die weibliche Delinquenz in der DDR war zahlenmäßig sehr gering. Ihr Anteil an der Gesamtkriminalität betrug lediglich 25 Prozent. Mehr als 75 Prozent der durch Frauen begangenen Straftaten waren sogenannte Vergehen (leichte bis mittelschwere Delikte, die mit Bewährungsstrafen oder maximal 2 Jahren sanktioniert wurden). Als typische Frauendelikte galten Verstöße gegen § 113 StGB »Kindestötung«, § 146 StGB »Verletzung der Aufsichtspflicht bei Kindern und Jugendlichen«, § 142 »Vernachlässigung und Mißhandlung«, § 148 »Beeinträchtigung der öffentlichen Ordnung und Sicherheit durch asoziales Verhalten«, aber auch Ladendiebstahl, Betrug, Raub (Anteil weiblicher Täter bei diesen Delikten etwa ein Drittel) und schwere Körperverletzung (Anteil weiblicher Täter ein Zehntel).

Weibliche Täter begingen etwa 15 Prozent der vorsätzlichen Tötungsdelikte (demzufolge männliche Täter etwa 85 Prozent). Die Statistik jener Tötungsdelikte, die Frauen verübten, weist allerdings 80 Prozent Kindestötungen gemäß § 113 Abs. 1 Ziffer 2 StGB aus. Der Rest (20 Prozent) vorsätzlicher Tötungen unterteilt sich in der Reihenfolge ihrer Auftretenshäufigkeit in Eliminationstötungen (Beseitigung lästiger Personen, »Freimorden zum erwünschten Partner«), materiell motivierte Tötungen (Habsucht) und Tötung aus Haß oder Rache.

Frauen, die Tötungsdelikte begingen, wuchsen durchweg unter ungünstigen, dissozialen Familienbedingungen auf (sie waren meist selbst sogenannte broken home childs). Ihnen fehlten ausreichende soziale Bindungsfähigkeit und emotionale Wärme. Statt dessen dominierten Haltlosigkeit und sexuelle Triebhaftigkeit, Egoismus und Verwahrlosung, mitunter auch Alkoholmißbrauch. Ebenso charakteristisch war ein späteres Leben in konfliktgeladener und spannungsbeherrschter eigener Familie, meist mit ähnlich strukturierten Partnern, von denen sie innerlich schnell entfremdet waren.

Frauenkriminalität war in der DDR kein expliziter Gegenstand kriminologischer Analysen. Die ohnehin schon spärliche offizielle und inoffizielle Kriminalstatistik klammerte die Frau als Täterin gänzlich aus. Sie beschränkte sich nämlich bei der Erfassung lediglich auf allgemeine Angaben über »strafmündige Täter« und nahm auf die Geschlechterverteilung und die damit implizierten speziellen Fragen keine Rücksicht. Allenfalls bemühten sich forensische Disziplinen um die Aufhellung des Phänomens »Frauenkriminalität in der DDR« – dies freilich nur in bescheidenem Maße mit streng zugeschnittenen Themen.

Angstschweiß

(Aktenzeichen 131-254-72
Generalstaatsanwalt von Groß-Berlin)

Gerhard Lischka, 24, ist ein wortkarger Einzelgänger mit kindlichen Zügen. Zwei Jahre lang versucht er sich im heiligen Stand ehelicher Zweisamkeit. Doch weil er seine Frau prügelt und zu absurden Sexualpraktiken zwingt, läßt sie sich scheiden.

Er schüttelt diese Episode innerlich ab wie ein lästiges Insekt. Jetzt will er nur noch allein sein, das Leben genießen. Die Unterhaltsverpflichtung für das gemeinsame Kind schmälert das geringe Entgelt als Hilfsschlosser, aber seine Lebensansprüche sind bescheiden. Für einen richtigen Beruf, der die Lohntüte deutlich füllen könnte, fehlen ihm die notwendigen Zeugnisse. Aber selbst, wenn er sie besäße, wäre sein Interesse gering. Denn Schule ist ihm zuwider, hat bisher nur Abscheu erzeugt. Mehrmals sitzengeblieben, schafft er mit Gottes und der Lehrer Hilfe knapp die 8. Klasse der Sonderschule.

Lischka arbeitet in einem volkseigenen Metallbetrieb, ist dort fleißig, diszipliniert und kontaktarm. Die Freizeit verbringt er mit Rauchen, Trinken, Schlafen und der gelegentlichen Ablenkung mit Damen zweifelhaften Rufs, die häufig älter sind als er. In seinen geheimen Phantasien dominieren allerdings wesentlich jüngere Mädchen.

Gerhard Lischka vermag auch später keine echten Freundschaften einzugehen. Die wenigen Kontakte zu anderen sind oberflächlich, zweckorientiert, ohne Wert. Emotionale Bindungen bleiben ihm fremd. Selbst das Verhältnis zu seinen Eltern – rechtschaffene Leute, die sich lange Zeit um ihn vergeblich bemüht haben – ist längst ausgekühlt.

Wenige Wochen nach seiner Scheidung kollidiert er mit dem Gesetz: Enthemmt durch Alkohol und angestachelt durch einen Zechkumpan läßt er seinen sexuellen Gelüsten freien Lauf und vergewaltigt ein junges Mädchen auf brutalste Weise. Vor dem Berliner Stadtgericht muß er Rede und Antwort stehen. Den Richterspruch, zwei Jahre Freiheitsentzug ohne Bewährung, nimmt er kalt, regungslos und ohne Schuldbewußtsein entgegen. Für ihn sind von nun an nur noch dessen Auswirkungen auf sein eigenes Leben bedeutungsvoll.

In der Folgezeit muß er sich den strengen Regeln hinter den Gefängnismauern und der erbarmungslosen Hackordnung seiner Mitgefangenen unterwerfen. Sexualtäter sind auch unter Knastologen unbeliebt. Sie werden gedemütigt und schikaniert. Ganovenmoral unterliegt eigenen Gesetzen. Lischka begreift sehr schnell: Diese Bedingungen halbwegs unbeschadet zu überstehen, erfordert seinen höchsten Einsatz und macht jeden sentimentalen Gedanken an das künftige Leben draußen zu einer nebensächlichen Angelegenheit.

Erziehung durch gesellschaftlich nützliche Arbeit, heißt die Maxime des sozialistischen Strafvollzugs. Das bedeutet für den Strafgefangenen Lischka, in einer durch Wachposten und Drahtzäune von den übrigen Produktionsbereichen getrennten Abteilung der Rüdersdorfer Zementwerke in der Nähe Berlins schwere und staubreiche Arbeit zu verrichten. Der Bedarf an Zement auf den Berliner Baustellen in Ost, aber auch in West, ist riesig. Unentwegt wird produziert. Und das geht nur im Schichtsystem. Der Lohn für die

154

Plackerei ist kaum nennenswert, doch acht Stunden Schlaf und ein verhältnismäßig kalorienreiches Essen werden garantiert. Ansonsten heißt es rackern bis zur Erschöpfung. Der sozialistische Wettbewerb macht auch vor den Knasttoren nicht Halt. Arbeitsnormen müssen erfüllt, besser noch übererfüllt werden. Denn nur daran wird man ihn messen. Aber auch daran, wie es ihm gelingt, sich den offiziellen und inoffiziellen Autoritäten widerspruchslos zu unterwerfen.

Lischka schafft es. Seine Anstrengungen werden schließlich belohnt: Mit reichlich dreihundert Mark Rücklage in der Tasche und einer gerichtlichen Androhung, unverzüglich wieder »einzufahren«, falls er den Pfad der Tugend verlasse, öffnen sich am 1. Juli 1970 – drei Monate vor regulärem Strafende – für ihn die Tore zur Freiheit. »Wegen guter Führung auf Bewährung vorzeitig entlassen«, heißt die amtliche Begründung.

Die staatlichen Organe verlangen, sich regelmäßig bei der Polizei zu melden und bestimmte Lokale zu meiden, anderenfalls würden sie ein »Berlinverbot« aussprechen.

Lischka weiß, daß man ihn dann kurzerhand irgendwo in die Provinz verbannen könnte. Doch die Behörden verschaffen ihm auch eine kleine Wohnung in der Prenzlauer Allee, nahe der Wisbyer Straße. Und sie vermitteln ihm eine Tätigkeit als Eicher im VEB Transformatorenwerk »Karl Liebknecht« in Oberschöneweide – natürlich unter der Obhut einer Brigade mit dem Ehrentitel »Sozialistisches Kollektiv«. Das verspricht positiven Einfluß.

Alles in allem: Ein günstiger Ausgangspunkt für ein geordnetes Leben ohne Rechtsbruch.

Gerhard Lischka nutzt die Gunst der Stunde: Flugs richtet er mit billigen Gebrauchtmöbeln die kleine Wohnung ein, schafft sich eine bescheidene Behaglichkeit. Zu den Nachbarn ist er freundlich, ansonsten kümmern ihn die Belange der Hausgemeinschaft nicht. Und: Im Betrieb ist er zuverlässig, arbeitet fleißig, verhält sich kameradschaftlich, fast liebenswürdig. Aber er scheut nähere, persönliche Kontakte, meidet die regelmäßigen Zusammenkünfte seiner trinkfreudigen Brigade.

Lischkas Hang zur Selbstisolation scheint sich durch die Haft noch verstärkt zu haben. Die Kollegen verpassen ihm heimlich den Spitznamen »der Schweiger«. Die meisten wissen zwar, daß er ein »Knasti« ist, ihn aber nach den Gründen für die staatlich angeordnete Enthaltsamkeit zu fragen, vermeiden sie taktvoll. Die Gründe kennt man nur in den Räumen der Kaderabteilung.

Die Zeit vergeht, und die Stimmen hinter Lischkas Rücken verstummen. Es scheint, als wäre der Samen seiner Resozialisierung im fruchtbaren Boden des sozialistischen Arbeitskollektivs aufgegangen. Die Betriebsleitung zeigt sich erkenntlich: Man schlägt ihm eine berufliche Qualifizierung vor. Gerhard Lischka ergreift die helfende Hand. Einige Monate lang geht alles gut.

Das Verhängnis beginnt, als er an einem Herbsttag des Jahres 1971 von der Frühschicht heimkehrt. Ein Möbelwagen steht vor dem Nebenhaus. Sessel und Kisten versperren den Gehweg. Lischkas Slalom um diese Hindernisse wird jäh unterbrochen: Ein Mann, etwas älter als er, der gerade einen schweren Fernseher von der Ladefläche hievt, fragt:

»Haben Sie nicht Lust, sich 'n paar Mark zu verdienen?«

Lischka überlegt kurz und ist bereit. Vier Hände schaffen mehr als zwei. So verschwindet nach und nach der Inhalt des Möbelwagens in einer Wohnung der ersten Etage.

Hin und wieder unterbrechen die Männer ihre schweißtreibende Aktion für eine Pause. Lischka erfährt: Sein Gesprächspartner heißt Vollmer, fährt bei der BVG einen Linienbus, ist verheiratet und stolzer Vater einer achtjährigen Tochter namens Carmen. Bisher mußte er mit Frau und Kind in einer viel zu kleinen Hinterhauswohnung in der Jablonskistraße hausen. Nun ist er glücklich über die neue

Wohnhaus von G. L. in Berlin in der Prenzlauer Allee im Jahre 1972.

Wohnung. Lischka indes verhält sich, wie es seine Art ist, ziemlich wortkarg, offenbart aber einige Bruchstücke aus seiner Biographie, natürlich darauf bedacht, seinen Leumund nicht zu beschädigen.
Zwischen den Männern baut sich schnell eine Brücke der Sympathie auf. Und noch ehe ihre Arbeit beendet ist, duzen sie sich.

157

Als Stunden später Frau Vollmer mit ihrer kleinen Tochter, einem hübschen, blonden Mädchen mit Pferdeschwanz und lebhaften Augen, erscheint, ist das neue Heim fast eingerichtet. Mutter und Tochter stutzen beim Anblick des Fremden.

Vollmer beruhigt sie: »Das ist Gerhard von nebenan. Er hat mit zugepackt!«

Von diesem Tage an ist Lischka häufiger Gast bei den neuen Nachbarn. Ihre Einladungen nimmt er vor allem deshalb gern wahr, weil sie einen Fernseher besitzen – ein Luxus, auf den er bislang noch verzichten muß. Mit dem Ehepaar Vollmer versteht er sich gut. Auch die kleine Carmen kann er schnell für sich gewinnen. Sie nennt ihn bald vertrauensvoll »Onkel Gerhard«. Daß sie ihn gelegentlich in seiner Wohnung besucht, begünstigen die Eltern ohne jeden Hintergedanken. Denn: Manchmal sitzt Vollmer schon um vier Uhr früh auf dem Fahrersitz seines Schlenkerbusses: Das sozialistische Arbeitsvolk muß pünktlich an die Werkbänke. Die Gattin indes, die im Stadtbezirk Mitte in einem Elektrogeschäft arbeitet, verläßt ohnehin regelmäßig kurz vor sieben Uhr das Haus. Carmen aber begibt sich erst eine halbe Stunde später auf den Schulweg. Und wenn Lischka Spätschicht hat, folglich zu Hause ist, nutzt sie die Zeit für morgendliche Kurzbesuche.

Monate verstreichen. Doch im Verborgenen lauert das Verhängnis: Carmens Visiten bei Lischka sind inzwischen fast eine Selbstverständlichkeit geworden. Aber plötzlich brechen die Besuche ab. Lischka kann sich das nicht erklären. Vergeblich wartet er einige Tage, doch Carmen kommt nicht. Vorsichtig erkundigt er sich bei Frau Vollmer nach den möglichen Gründen. Sie gibt sich ahnungslos, speist ihn mit Ausflüchten ab, zeigt sich auf merkwürdige Weise reserviert. Er kann ihr Verhalten nicht deuten.

Doch dafür gibt es eine plausible Erklärung: Lischka weiß nämlich nicht, daß Carmens häufige Besuche, über deren Inhalte sie zu Hause kaum spricht, schon seit geraumer Zeit Argwohn bei den Eltern geweckt haben. Carmens ungewöhnliche Affinität zu ihm ist auch Freunden der Familie Vollmer aufgefallen. Herr Vollmer erkundigt sich unauffällig wie ein Detektiv in Lischkas Betrieb und erfährt von der Inhaftierung. Mißtrauen ist mobilisiert. Mehr oder weniger geschickt, aber peinlich genau, wird Carmen mehreren elterlichen Verhören unterzogen. Doch was das Mädchen von sich gibt, klingt unschuldig und harmlos: Nicht der geringste Hinweis auf unsittliches Tun. Um aber ganz sicher zu gehen, untersagen die Eltern Carmen den weiteren Umgang mit dem sonderbaren Zeitgenossen. Carmen gelobt Gehorsam.

Von nun an halten die Eheleute Vollmer ihren Nachbarn freundlich, aber entschlossen von sich fern. Lischka versteht schließlich die Signale nur zu gut, drängt sich nicht mehr auf. Folgerichtig werden die gemeinsamen Fernsehabende immer seltener, bis sie schließlich ganz aufhören. Carmens Eltern sind zufrieden.

Doch ihre wiedergefundene Arglosigkeit ist eine folgenschwere Illusion, schläfert ihre bisherige Aufmerksamkeit gefährlich ein: So entgeht ihnen, daß Carmen das Verbot, Lischka zu besuchen, bald mißachtet. Hinter ihrem Rücken bleibt sie auch weiterhin im Kontakt mit »Onkel Gerhard«, denn der stille, nette Nachbar hat immer eine Nascherei für sie bereit.

Es ist Mitte März 1972. Gerhard Lischka muß zur Spätschicht und erwartet Carmen zu einer Stippvisite. Beim Frühstück überdenkt er die Ereignisse der letzten Monate: Nein, Unrechtes hat er nicht getan. Im Gegenteil. Er geht seiner Arbeit nach, besucht die Betriebsakademie, trinkt zum Feierabend hin und wieder ein Bier, ohne sich an den Auseinandersetzungen seiner Zechbrüder zu beteiligen und meidet, wie es die Staatsmacht ihm aufgetragen hat, den Kontakt zu den bekannten sogenannten kriminell Gefährdeten seines Kiezes. Alles in allem ist er von seinem ernsthaften Bemühen überzeugt, nicht erneut auf die schiefe Bahn zu geraten.

Was aber die Eheleute Vollmer betrifft, vermutet er richtig, daß sie den Kontakt zu ihm deshalb abgebrochen haben, weil sie von seiner Vorstrafe erfuhren. Doch das stört ihn keineswegs. Ihn verärgert der Fernsehentzug, der ihn nun dazu zwingt, sich das begehrte Utensil selbst zu beschaffen. Andererseits bereitet es ihm ein hämisches Vergnügen zu wissen, daß die kleine Carmen ihn unerlaubt besucht, wenn auch nicht mehr so häufig wie früher. Sein eigenes Kind, das fern von ihm längst einen anderen Vater hat, ist ihm gleichgültig. Carmens Unbefangenheit gefällt ihm. Mehr nicht.

Lischka hat kein Empfinden dafür, daß sein Sexualleben ziemlich verroht ist. In der Abgeschiedenheit seiner vier Wände masturbiert er exzessiv, häufig mehrmals am Tag. Pornographische Bilder mit sadistischen Szenen ermöglichen dabei am besten die erforderliche Reizentfaltung. Überhaupt beherrscht Gewalt seine sexuellen Phantasien. Hin und wieder macht er in den verqualmten Eckkneipen seines Kiezes Bekanntschaften: liebeshungrige Frauen, die ihn so unverblümt anbaggern, daß er seine Scheu verliert. Dann läßt er sich zu intimen Dates verführen. Aber im Bett

160

entpuppt sich der sympathische, schüchterne Mitmensch als rücksichtslose, gewalttätige Sexualmaschine, vor der die entsetzten Damen die Flucht ergreifen.

Kurz nach sieben Uhr erscheint Carmen. Der prall gefüllte Schulranzen drückt auf ihre Schultern. Lischka entgeht nicht, daß sie unter dem Anorak eine weiße Bluse mit akkurat gebundenem roten Pionierhalstuch trägt. Dies erklärt ihre Eile: »Ich muß gleich los, halb acht ist Fahnenappell!« »Willst du 'ne Tasse Trinkfix, geht auch ganz schnell?« fragt Lischka. Das Mädchen nickt zustimmend, als es die rotweiße Büchse erspäht – ein Instant-Schokoladenpulver der Westfirma »Trumpf«, in der DDR produziert und als »Gestattungsproduktion« manchmal auch im volkseigenen Handel erhältlich. Ein Eßlöffel voll davon in warmer Milch verrührt, schon ist das begehrte Getränk fertig.

Während Carmen genüßlich daran nippt, meint sie beiläufig: »Nächste Woche komme ich wieder.«

Doch Lischkas Gesichtsausdruck zeigt Enttäuschung: »Geht aber nicht, hab die ganze Woche Frühschicht!«

»Und am Achtundzwanzigsten?« fragt das Mädchen weiter.

Lischka versteht nicht: »Wieso am Achtundzwanzigsten?«

»Da hab ich Geburtstag, ich werde doch neun!« verkündet Carmen stolz.

Lischka zögert einen Atemzug lang, dann sagt er: »Am Achtundzwanzigsten – ja, das geht, da habe ich Spätschicht!« Ihm fällt ein, Carmens Taschengeld etwas aufzubessern – ein unauffälliges Geburtstagsgeschenk, das bei ihren Eltern keine unnötigen Fragen wecken und die heimlichen Besuche nicht gefährden würde. Sich der Verschwiegenheit des Mädchens sicher, motiviert er es für den nächsten Besuch: »Na klar, du mußt ja kommen, dein Geschenk abholen!«

Carmen quittiert diese angenehme Aufforderung mit einem Lächeln. Als sie wenig später den Kakao ausgetrunken hat, bricht sie auf. Lischka begleitet sie zur Wohnungstür. Während das Mädchen mit schnellen Schritten die hölzernen Stufen des Treppenhauses hinunter poltert, ruft er hinterher: »Nächste Woche kauf ich mir 'n Fernseher!«

Carmens Geburtstag rückt immer näher. Die Eltern versprechen eine richtige Geburtstagsparty: Spielkameraden und Schulfreunde werden eingeladen. Die Küche soll zur Milchbar umfunktioniert, das Kinderzimmer mit Papierschlangen und Lampions ausgeschmückt werden. Ein Bekannter besorgt Platten von Lakomy, Schöbel und Maffay. Vater Vollmer tauscht den Dienst, damit auch er nachmittags zu Hause ist. Selbst die Oma aus Neustrelitz hat sich angesagt. All das verleiht Carmen ein Gefühl prickelnder Vorfreude. Ihre Erwartung ist so groß, daß die Tage träge dahin zu schleichen scheinen.

Am Dienstag, dem 28. März 1972, ist es dann soweit: Vater Vollmer mußte zwar zum Frühdienst, doch die Mutter weckt Carmen liebevoll mit einem Geburtstagsständchen. Der Frühstückstisch ist festlich gedeckt. Doch noch ist profaner Alltag. Die Party steigt erst am Nachmittag. Jetzt drängt es die Mutter ins Geschäft, aber mittags will sie zurück sein. Und Carmen muß den Vormittag die Schulbank drücken.

Kurz vor sieben Uhr verläßt Frau Vollmer das Haus. Bevor sie die Wohnungstür hinter sich zuschlägt, appelliert sie freundlich an Carmens Gewissen: »Schließ die Wohnungstür ordentlich ab und vergiß dein Pausenbrot nicht!«

»Ja, ja, ich weiß«, antwortet das Kind kurz und gelangweilt, längst an diese immer wiederkehrende Ermahnung gewöhnt. Carmen erledigt widerwillig den morgendlichen Abwasch, der zu ihren häuslichen Pflichten zählt. Dann schultert sie den Schulranzen und verläßt die Wohnung. Sie vergißt nicht, die Tür sorgfältig abzuschließen.

Wie geplant, betritt Frau Vollmer kurz nach 12.00 Uhr die Wohnung, abgehetzt und beladen mit kulinarischen Überraschungen für das Kindervergnügen. Kurz darauf erscheint die Oma aus Neustrelitz. Frau Vollmer ist froh, denn es gibt noch viel zu tun. Gegen 13.15 Uhr erwartet sie das Geburtstagskind. Doch die Zeit verstreicht. Von Carmen keine Spur. Mutter und Großmutter sind zunehmend beunruhigt. Wo bleibt das Kind nur? Um 14.30 Uhr soll das Fest beginnen. Noch können sich die beiden Frauen mit allerlei möglichen Erklärungen über Carmens Ausbleiben trösten. Doch das ungeduldige Warten legt die Nerven bloß. Die Stimmung ist gereizt. Vorwürfe über das leichtfertige Verhalten des Kindes werden laut. Der Ärger schafft sich freie Bahn. Weitere Zeit vergeht. Die Gereiztheit weicht zusehends einer quälenden Sorge.
Pünktlich um 14.30 Uhr klingelt es an der Wohnungstür. Endlich! Carmen kommt. Eine kurze Hoffnung flammt auf. Dann der Zweifel: Warum klingelt sie, sie hat doch einen eigenen Schlüssel? Mit gemischten Gefühlen öffnet Frau Vollmer die Tür. Die ersten Geburtstagsgäste erscheinen, Carmens Schulfreunde. Sie selbst ist nicht dabei. Blitzschnell zerrinnt die kleine Hoffnung. Dunkle Vorahnungen beschleichen die Mutter. Jetzt will sie es wissen: »Wo ist Carmen?«

Die Kinder sind erstaunt: »Wir dachten, sie ist heute zu Hause geblieben, weil sie doch nicht in der Schule war!«

Nein, das darf nicht wahr sein! Frau Vollmer stockt das Blut in den Adern, sie kann keinen klaren Gedanken fassen, fühlt nur, etwas tun zu müssen. Nichts wäre schädlicher als sich jetzt der Passivität des Wartens hinzugeben. Doch da sind noch die kleinen Geburtstagsgäste, deren festliche Erregung und Erwartung kaum besänftigt werden können. Sie spüren nichts von den berechtigten mütterlichen Sorgen.

In angstvoller Getriebenheit delegiert Frau Vollmer die weitere Verantwortung für die kleinen Gäste an ihre Mutter: »Ich muß zur Schule! Kümmere du dich inzwischen um die Kinder!« Dann schlägt sie die Wohnungstür hinter sich zu.

Sie nimmt Carmens üblichen Schulweg, konzentriert dabei den Blick auf Orte, die kindliches Interesse wecken könnten, erkundigt sich in den am Wege liegenden Geschäften. Vergeblich. Sie entdeckt ein funktionierendes Telefonhäuschen. Ratlos wählt sie den Polizeinotruf 110. Doch der Mann am anderen Ende der Leitung hat kein rechtes Ohr für ihr Problem, hält ihre Besorgnis für unbegründet, speist sie mit der üblichen Hinhaltetaktik ab, verweist sie aber wenigstens an die VP-Inspektion unweit des Senefelder Platzes: Sie solle mit einer Vermißtenanzeige noch bis zum Abend warten, weil nach polizeilicher Erfahrung sich die Mehrzahl der vermißten Kinder nach einigen Stunden von selbst wieder einfindet. Frau Vollmer fühlt sich unverstanden. Zerknirscht eilt sie weiter.

In der Schule herrscht ungewöhnliche Stille. Nur im Vorzimmer des Direktors klappert eine Schreibmaschine. Die Sekretärin macht Überstunden. Sie ist völlig ahnungslos, kann Frau Vollmers Besorgnis nicht mindern, ermöglicht

164

aber einen Anruf bei Carmens Klassenlehrerin, die glücklicherweise ein eigenes Telefon besitzt. Deren Auskunft bestätigt aber nur, Carmen war zum heutigen Unterricht nicht erschienen.

Frau Vollmer hetzt nach Hause. Verzweiflung hämmert hinter ihren Schläfen. Der Gatte, vom Frühdienst zurück, und die Oma beschäftigen unbeholfen und gereizt die kleinen Gäste. Ohne das Geburtstagskind ist die Stimmung fade und verkrampft, von quälender Ungewißheit überschattet. Kurzer Gedankenaustausch zwischen den Erwachsenen und die Party wird aufgelöst. Verständnislos und enttäuscht ziehen die Kinder davon.

Die Eltern suchen gewissenhaft Boden und Keller ihres Wohnhauses ab, streifen wie Spürhunde im Wohngebiet umher, um eine Witterung ihres Kindes aufzunehmen, indes die Oma zu Hause die Stellung hält und auf den glücklichen Umstand hofft, Carmen würde bald heimkehren. So verfliegen die Stunden. Aber das Mädchen scheint wie vom Erdboden verschluckt zu sein. Kein Signal, kein Hinweis – keine Hoffnung. Der Gedanke an das Schlimmste treibt die besorgten Eltern in den späten Abendstunden schließlich zur Polizei. Ein Uniformierter nimmt mit bürokratischem Ernst, aber geringer kriminalistischer Sachkunde die Vermißtenmeldung und eine grobe Personenbeschreibung Carmens entgegen. Auch er versucht, die Eltern auf die bekannte Weise zu besänftigen: »Wer weiß, was ihre Tochter veranlaßte, abzuhauen. Wenn sie friert oder Hunger hat, weiß sie schon, wo ihr Zuhause ist. Spätestens morgen. Glauben Sie mir, wir haben damit Erfahrung! Und sollte sie trotzdem morgen früh noch nicht zu Hause sein, kommen Sie wieder, dann kümmert sich die Kriminalpolizei um die Angelegenheit.«

Folgerichtig bleibt der polizeiliche Aufwand spärlich und halbherzig, beschränkt sich auf die Weitergabe der Personalien und Personenbeschreibung an die Funkwagen und die im Wohngebiet diensttuenden Streifen.

Quälende Ungewißheit und lähmende Hilflosigkeit lassen Mutter, Vater und Großmutter nicht schlafen.

Mittwoch, der 29. März 1972. »Kein Hinweis auf den Verbleib des vermißten Kindes«, heißt es im morgendlichen Lagebericht des Kriminaldienstes. Kurz vor 8.00 Uhr erscheint das Ehepaar Vollmer in der VP-Inspektion Prenzlauer Berg, übernächtigt und gereizt. Sie haben ein Foto ihrer Tochter mitgebracht. Bereits der Polizist am Einlaß verweist sie an die Kriminalpolizei in eine der oberen Etagen, wo sie ein ernst aussehender, rotblonder Endvierziger im grauen Anzug empfängt: »Oberleutnant Steingräber, ich bin der für Vermißtenfälle zuständige Sachbearbeiter.«

Er führt mit den Eltern ein langes, geduldiges Gespräch und macht dabei unentwegt Notizen. Sie übergeben ihm für Fahndungszwecke ein Foto ihres kleinen Mädchens. Neben der Ergänzung ihrer Angaben von gestern Abend will er vor allem Carmens Persönlichkeit, aber auch die Schul- und Familiensituation ergründen. Mögliche Konfliktstoffe sind auszuschließen, die für Ausreißer typisch sind. Auch übliche Tagesabläufe, Wegstrecken, bevorzugte Plätze und Gebäude sind Gegenstand seiner Neugierde. Was der Kriminalist wissen will, verrät Ernsthaftigkeit und Präzision. Mitunter werden Vollmers verlegen, weil sie die richtigen Antworten auf die vielen spitzfindigen Fragen nicht immer parat haben. Erinnerungsvermögen und Beurteilungsfähigkeit werden herausgefordert, vor allem dann, wenn Steingräber scheinbar nebensächliche Dinge anspricht. Wer kann denn auf Anhieb die Schuhe seines Kindes beschreiben, die Blutgruppe nennen oder den Inhalt der Schultasche aufzählen? So schwierig manche Antwort für die Eltern auch sein mag, dieser Mann besitzt ihr Vertrauen, der respektiert ihre Sorgen, der zeigt Bemühen.

Besonders interessiert sich Steingräber für Vollmers Angehörige, Freunde und Bekannte, aber auch jene Personen, zu denen Carmen sonst noch eine starke Bindung besitzen könnte. Eine ziemlich lange Liste mit Namen und Anschriften entsteht.

Beiläufig nennen Carmens Eltern dabei auch den Namen Gerhard Lischka. Obgleich sie beteuern, daß er nicht mehr zu ihrem Freundes- und Bekanntenkreis zählt, weil sie bereits vor Monaten den Kontakt zu ihm abgebrochen haben, ist dies für Steingräber allerdings keine Veranlassung, den Namen nicht auf die Liste zu setzen.

Abschließend informiert er Vollmers über das polizeiliche Vorgehen, auch darüber, daß das Präsidium am Alexanderplatz die weiteren Ermittlungen führen wird: Die Möglichkeit eines Verbrechens darf nicht leichtfertig außer acht gelassen werden. Das Argument überzeugt die Eltern, obwohl es ihre Gemütsverfassung zusätzlich erschüttert.

Dann telefoniert der Kriminalist mit dem Leiter der Mordkommission. Es geht um die Abstimmung polizeilicher Maßnahmen. Vollmers schlußfolgern, daß die Polizei die Sache nun ernstnimmt.

Steingräber erkennt die Fassungslosigkeit der Eltern und beruhigt sie, ohne falsche Hoffnungen zu wecken: »Bleiben Sie weiterhin kooperativ. Ich weiß ebensowenig wie Sie, was mit Carmen geschehen ist. Aber mit Ihrer Hilfe und unseren

Möglichkeiten werden wir es herausfinden!« Dann schließt er das Gespräch ab und sagt: »Halten Sie sich heute Nachmittag bereit, der Leiter der Mordkommission wird Sie besuchen!«

Wortlos und wie in Trance kehren Carmens Eltern nach Hause zurück. Jetzt wagen sie kein offenes Gespräch, unterdrücken lieber das Unvorstellbare. Doch in ihren Hirnen kreisen unentwegt die quälenden Bilder, ihrem Mädchen könne etwas Grauenvolles passiert sein. Verzweifelt klammern sie sich an die schwache Hoffnung, Carmen dennoch bald wieder in die Arme schließen zu können. Tatsächlich aber schmilzt diese Hoffnung mit jeder weiteren Stunde dahin wie Schnee in der Sonne.

Wie angekündigt, findet sich am Nachmittag der Chef der Mordkommission, Hauptmann Kroll (38), ein freundlich wirkender mittelgroßer Typ mit dunklem, gewelltem Haar, bei der Familie Vollmer ein. In seiner Begleitung zwei weitere Männer in Zivil: der sommersprossige Oberleutnant Meinicke, ebenso alt wie Kroll und dessen Stellvertreter sowie Oberleutnant Wischnewski (39), Kriminaltechniker der Kommission, virtuoser Spurensucher und Kettenraucher.

Das Erscheinen des kompetenten Trios deuten Vollmers als ein wichtiges Indiz für den Ernst der Lage: Ruhig und sachlich–kühl erläutert Hauptmann Kroll den verzweifelten Eltern, daß die Fahndung im gesamten Gebiet der Hauptstadt inzwischen auf Hochtouren läuft. Doch er verhehlt auch nicht, die Möglichkeit eines Verbrechens in Betracht zu ziehen: »Seit gestern früh ist Ihr kleines Mädchen spurlos verschwunden. Unsere bisherigen Ermittlungen verliefen erfolglos. Sie müssen jetzt mit dem Schlimmsten rechnen!«

Das trifft Carmens Eltern erneut wie ein Hammerschlag.

Kroll gibt ihnen jedoch keine Gelegenheit für traurige Tiefsinnigkeit. Unentwegt redet er auf sie ein, erläutert weitschweifig das laufende und künftige polizeiliche Vorgehen, bis er Vollmers davon überzeugt hat, in Carmens Zimmer nach Spuren suchen zu lassen, die eine spätere Identifizierung erleichtern. Auf seinen diskreten Wink hin verschwinden Meinicke und Wischnewski im Kinderzimmer, während er sich mit den Eltern und der Neustrelitzer Oma zu einem längeren Gespräch in die Wohnstube zurückzieht. Er will unendlich viel über Carmen, ihre Familie, Verwandte, Bekannte und Nachbarn wissen. So auch über Gerhard Lischka, den in sich gekehrten, freundlichen Mann, zu dem vermeintlich seit Monaten kein Kontakt mehr besteht.

Unterdessen ist man in Carmens Zimmer emsig bei der Sache: Meinicke durchsucht den Inhalt des Kleiderschrankes, des kleinen Bücherregals, der Spielzeugkisten und Tischschubladen in der vagen Hoffnung, irgendeinen Anhaltspunkt zu finden, der Carmens Verschwinden erklären könnte. Vergeblich, nirgends ein Hinweis. Wischnewski ist indes erfolgreicher. Er sichert mehrere blonde Haare vom Kopfkissen des Kinderbetts, nimmt Fingerabdrücke von einer neben dem Bett stehenden, halbvollen »Club-Cola«-Flasche und fertigt von Carmens Schlafanzug eine sogenannte Geruchskonserve.

Als die drei Kriminalisten nach einer reichlichen Stunde das Haus des großen Kummers verlassen, wendet sich Kroll noch einmal an die Eltern: »Sollten die Routinebefragungen in Carmens sozialem Umfeld und die Suchaktionen bis morgen nichts erbringen, leiten wir ein Ermittlungsverfahren gegen Unbekannt ein. Wir klären die Angelegenheit Ihrer Tochter. Versprochen! Auch wenn Sie Carmen nicht mehr wieder ...«

Vollmer unterbricht ihn schroff, als fürchte er sich vor dem Ende des letzten Satzes und fleht: »Ich weiß, aber bringen Sie uns bald Gewißheit!«

Donnerstag vormittag, am 30. März 1972, Lagebesprechung in der Mordkommission im VP-Präsidium am Alexanderplatz. Nach der offiziellen Vernehmung des Ehepaars Vollmer werten Kroll und seine Männer die bisherigen Ermittlungsergebnisse in der Vermißtensache aus. Die Protokolle über die Befragungen, Hundeeinsätze und Suchaktionen stapeln sich in einer dicken Akte. Die meisten davon sind wenig sachdienlich, bieten nicht den geringsten Anhalt für weitere Recherchen. Andere wiederum wecken zunächst Hoffnung, erweisen sich jedoch bei weiterer Prüfung als Folge von Irrtum oder Prahlerei. Fest steht: Wenn ein neunjähriges Kind seit drei Tagen ohne jeden erkennbaren Grund spurlos verschwunden ist, rechtfertigt dies den Verdacht eines Verbrechens. Folglich entschließt sich Kroll zur Einleitung eines Ermittlungsverfahrens gegen Unbekannt. Die Frage »Fremdtäter oder Beziehungstäter?«, die gewöhnlich die Verfahrensdauer beeinflußt, läßt sich in dieser Untersuchungsphase natürlich nicht beantworten. Deshalb richten sich die Kriminalisten vorsorglich auf eine langwierige Untersuchung ein. Sie diskutieren über die Versionen möglicher Hintergründe für das Verschwinden des Kindes und planen das weitere Vorgehen. Verantwortlichkeiten werden festgelegt. Kroll entschließt sich, weitere Kräfte anzufordern und diese am nächsten Morgen in ihre Aufgaben einzuweisen. Bis dahin muß Meinicke einen Untersuchungsplan ausarbeiten. Die Routineüberprüfung mehrerer hundert vorbestrafter Sexualtäter ist unumgänglich und verlangt Präzision. Ab morgen wird die Hektik Einzug in die Räume der

170

Mordkommission halten. Die Ruhe des heutigen Tages allerdings will Hauptmann Kroll noch nutzen, sich höchstpersönlich im Nachbarhaus der Familie Vollmer auf »Klingeltour« zu begeben. Vielleicht hat doch jemand das Mädchen gesehen. Am meisten jedoch interessiert er sich für Gerhard Lischka, dessen alte Strafakte er bereits gründlich studiert hat.

Als er wenig später seinen schwarzen Ledermantel mit dem Webpelzeinsatz überstreift und meint: »Ich fahre jetzt zur Prenzlauer Allee, danach zur Kaderabteilung im Transformatorenwerk. Das Alibi von dem Lischka läßt mir keine Ruhe«, gibt Wischnewski ihm noch eine wichtige Information mit auf den Weg: »Frag ihn auch nach seinen Klamotten, die er am Achtundzwanzigsten getragen hat, vielleicht sind Carmens Spuren dran!«

Hauptmann Kroll muß die öffentlichen Verkehrsmittel benutzen, der Pkw der Mordkommission wird anderswo dringender benötigt. Eigentlich rechnet er damit, daß die Auskünfte in Lischkas Wohnhaus mager sein werden, will aber sein Gewissen beruhigen. Die Vermutung bestätigt sich: Viele Bewohner arbeiten tagsüber, sind folglich gar nicht zu Hause. Die anderen, meist Rentner und Hausfrauen, wissen nichts. Er klingelt Sturm an Lischkas Wohnungstür. Vergeblich. Ein Nachbar bremst seinen Eifer: »Der is uff Arbeit, kommt erst spät zurück!« Na ja, Kriminalistenschicksal. Kroll zieht unverrichteterdinge ab. Jetzt treibt es ihn nach Oberschöneweide.

Bereitwillig übergibt ihm eine Mitarbeiterin der Kaderabteilung des Transformatorenwerkes die Personalakte Gerhard Lischkas zur Einsicht. Kroll vertieft sich eine Zeitlang darin, macht Notizen. Dann will er Lischka sprechen. Kein Problem. Die Dame ist dem Vertreter der Staatsmacht behilflich: Ein Raum in der Wache des Betriebsschutzes eignet sich für eine Befragung. Lischka wird dorthin bestellt.

Hauptmann Kroll wartet fast eine Viertelstunde. Gerhard Lischka betritt in blauer Arbeitskombi den Raum. Kroll reicht ihm die Hand und weist sich aus. Dabei mustert er den jungen Mann mit geübtem Blick. Dessen blasses Gesicht mit den unruhigen Augen und die zitternden, schweißigen Hände verraten höchste Anspannung.

»Lischka, Gerhard«, stellt dieser sich vor, »was gibt's denn?«

»Ich hab ein paar Fragen an Sie, reine Routine«, erklärt Kroll und beginnt: »Sie kennen doch die Familie Vollmer?«

Lischka nickt, gibt sich gleichgültig, doch hinter seinen Schläfen trommelt die Erregung.

»Wann haben Sie Carmen Vollmer zuletzt gesehen?« fragt Kroll weiter.

Lischkas blasses Gesicht errötet plötzlich. Kroll entgeht dies nicht. Der Befragte zögert, als müsse er nachdenken, sagt dann: »Weiß ich nicht mehr, kann vor zwei oder drei Monaten gewesen sein!«

Kroll glaubt ihm kein Wort, verzieht aber keine Miene und will wissen: »Bei welcher Gelegenheit?«

»Das war zu Hause bei Vollmers, kurz bevor sie Schluß gemacht haben«, antwortet Lischka prompt.

»Was heißt Schluß gemacht?« fragt Kroll weiter, als wäre er ahnungslos.

»Einfach so, erst waren wir befreundet, jetzt nicht mehr«, bemerkt Lischka kurz.

»Können Sie sich denken, warum?«

»Wahrscheinlich, weil ich einsaß. Weiß der Teufel, woher sie's erfahren haben«, grinst Lischka verlegen.

Hauptmann Kroll wechselt das Thema: »Was haben Sie vorgestern morgen gemacht?«

Auf Lischkas Stirn glitzern unzählige Schweißperlen. Um eine Sekunde Zeit zu gewinnen, fragt er zurück: »Vorgestern?«

»Ja, vorgestern, Dienstag, den 28. März 1972«, brummt Kroll.

Wieder scheint Lischka zu überlegen, läuft aufgeregt hin und her. Dann, als wäre es ihm gerade eingefallen: »Ach ja, geschlafen bis nach neun, dann an der Antenne gebastelt!«

Kroll kräuselt die Stirn, versteht nicht. Lischka klärt ihn auf: »Hab mir doch 'n Fernseher gekauft. Um zwölf bin ich dann zur Schicht.«

Wieder wechselt Kroll das Thema: »Und was trugen Sie vorgestern für 'ne Bekleidung?«

Lischka hat sich inzwischen einigermaßen gefangen, antwor-

Garderobenschrank von G. L.
Der Pfeil zeigt die Stelle,
an der das Lappenbündel
aufgefunden wurde.

tet sicher: »Genau die gleiche wie heute. Die hängt in meinem Spind.«

Doch Krolls nächste Frage ist ihm höchst fatal: »Zeigen Sie sie mir?«

Als würde Lischka damit rechnen, daß der Staatsgewaltige sein Vorhaben aufgibt, gibt er zu bedenken: »Aber die Umkleideräume sind drüben im Haus zwei!« Doch Kroll nickt mit dem Kopf, ja, er will sie sehen.

An Lischkas Spind hängt ein Vorhängeschloß. Als er es öffnen will, schiebt Kroll ihn sanft zur Seite und nimmt ihm die Schlüssel aus der Hand: »Lassen Sie mich das machen!«

Kroll öffnet den schmalen, hölzernen Spind: Auf dem Schrankboden schwarze Halbschuhe, an der Kleiderstange zwei Bügel mit Hose, Hemd und Anorak. Sein Blick streift das obere Fach: Einige leere Eierbehälter, zerknülltes Butterbrotpapier, eine Einkaufstüte. Sonst nichts Auffälliges. Oder? Dazwischen liegt noch ein ölverschmierter, grauer Lappen, zu einem unförmigen, kleinen Bündel geformt. Mit spitzen Fingern lüftet Kroll das kleine Päckchen. Was ist das? Den erfahrenen Untersucher durchfährt ein Riesenschreck: Aus dem schmutzigen Textil legt er Teile eines menschlichen Unterkiefers und einige lose Zähne frei.

»Und was ist das hier, Herr Lischka?« herrscht Kroll ihn an.

Lischka schießt das Blut bis unter die Schädeldecke, er sackt in sich zusammen, zittert am ganzen Körper und schluchzt verzweifelt: »Warum, warum ist das Mädchen nur gekommen? Ich hab doch noch Bewährung!«

»Wo ist die Leiche?« will Kroll wissen.

Lischka winselt: »Ich hab sie zerlegt und weggeschmissen im Bucher Wald.«

»Waren Sie's allein?«

174

Blick in den Garderobenschrank auf den von Packpapier umwickelten Putzlappen, in dem der teilweise verbrannte Unterkiefer des Opfers eingewickelt war.

»Ja«, stöhnt Lischka zermürbt.
»So, Herr Lischka, für Sie ist jetzt Schichtschluß«, sagt der Kriminalist, »Sie sind festgenommen!«
Zwei Polizisten des Betriebsschutzes nehmen Lischka bis zu seiner unfreiwilligen Fahrt zum Präsidium in Obhut. Kroll ruft Meinicke an, der immer noch über dem Untersuchungsplan brütet. Er faßt sich kurz: »Alle Maßnahmen sofort abbrechen, Tatverdächtiger ist gefaßt und geständig, ausführliche Vernehmung vorbereiten, Wischnewski unverzüglich hierher in Marsch setzen, Spurensicherung im Garderobenschrank Lischkas, weitere Befehle abwarten!« Krolls Mitstreiter triumphieren über das unerwartet schnelle Ende der

Vermißtensache. Doch sie wissen auch, daß dieser Arbeitstag noch lange nicht zu Ende ist.

Stunden später. Kaum hat Wischnewski seine Arbeit im Transformatorenwerk abgeschlossen, muß er mit Meinicke und großer Technik erneut ausrücken. Lischkas Wohnung und Keller müssen durchsucht, weitere Spuren gesichert werden. Indes sitzt der Festgenommene gesenkten Hauptes auf einem Schemel vor Krolls Schreibtisch, sich ganz dem Schicksal hingebend. Seine Augen starren gedankenvoll ins Leere. Der Hauptmann gestattet ihm, zu rauchen, weil er zunächst wichtige Telefonate führen muß. Als er damit fertig ist, blickt er Lischka mit ernsten Augen an, betätigt ein Tonbandgerät und leitet die Beschuldigtenvernehmung mit der Frage ein: »Welcher Teufel hat Sie geritten, den Unterkiefer des Mädchens in Ihren Betrieb mitzunehmen?«

Gerhard Lischka zuckt hilflos mit der Schulter, als wolle er damit ausdrücken, den Grund nicht zu kennen, starrt wieder auf den Fußboden und quetscht gequält hervor: »Ich hatte Angst, wußte nicht mehr, wohin damit!«

Im Verlaufe der nächsten Stunden wird er immer gesprächiger. Schließlich gesteht er ohne Umschweife, Carmen Vollmer ermordet und ihren Leichnam zerstückelt zu haben, um ihn spurlos verschwinden zu lassen. Minutiös schildert er, wie es dazu kam. Und: Je länger er über das ihn Belastende redet, um so mehr weicht die innere Lähmung von ihm, bis er sich auf merkwürdige Weise von einer ungeheuren Last befreit fühlt. Bis zum Morgengrauen des nächsten Tages dauert das peinliche Verhör, weil Kroll erst dann die ganze Wahrheit über die schrecklichen Vorgänge kennt.

Gerhard Lischka war seit Montag, dem 27. März 1972, stolzer Besitzer eines eigenen Fernsehers. Um dieses Ereignis zu würdigen, schüttete er spät abends nach Schichtschluß allerlei Biere in sich hinein, die ihm einen kurzen, unruhigen Schlaf verschafften. An die Verabredung mit Carmen Vollmer, die am nächsten Morgen eine Geburtstagsüberraschung von ihm erwartete, dachte er inzwischen längst nicht mehr.

Als er am Dienstag gegen sieben Uhr erwachte, tobten in seinem Hirn jede Menge wüste Phantasien. In ihnen machte er junge Mädchen zu wehrlosen Objekten der Befriedigung seiner gewaltdurchsetzten, sexuellen Vorstellungen. Die Erregung war so enorm, daß er auf der Stelle masturbieren mußte. Genau zu diesem Zeitpunkt klingelte es an seiner Wohnungstür. Unsanft wurde er in die Realität zurückgeholt. Erst da fiel ihm ein, daß die kleine Carmen ihr Geburtstagsgeschenk abholen wollte. Höchst mißgelaunt ging er zur Tür. Tatsächlich: Sie war erschienen und strahlte ihn mit erwartungsfrohen Augen an. Als er sie erblickte, entflammte die noch nicht erloschene Erregung von neuem. Sie bildete mit seiner Übellaunigkeit eine verhängnisvolle Allianz. Blitzschnell faßte er den Entschluß, sich an dem Kind zu vergehen.

Mit falscher Freundlichkeit bat er es herein. »Leg den Schulranzen so lange ab!«

Carmen folgte der Aufforderung, während Lischka die Wohnungstür schloß. Ohne Umschweife packte er dann das Kind am Genick, schob es brutal ins Zimmer, drückte es mit seinem Körper aufs Bett und riß ihm die Unterbekleidung vom Leib. Carmen wehrte sich aus Leibeskräften, schlug mit den Armen wild um sich, strampelte mit den Beinen. Sie wollte schreien. Vergeblich: Nur ein gequältes Schniefen entrann ihr, weil Lischka mit einer Hand ihren Mund verschlossen hielt. Die andere Hand attackierte unterdessen mit roher Gewalt den Unterleib des Kindes. »Massive Blutungen in der Scheide«, heißt es im späteren Gutachten der Gerichtsmedizin.

Lischka ließ erst wieder von dem Kind ab, als er den Orgasmus erreicht hatte, dessen feuchtes Resultat ihn auf der Stelle ernüchterte. Erschöpft wendete er sich einige Augenblicke von seinem Opfer ab, das vor Schmerzen und Angst wimmernd neben ihm auf dem Bett lag. Plötzlich schoß ein Gedanke durch sein Gehirn: Wenn ich sie gehen lasse, bringt sie mich in den Knast. Das Kind wollte sich gerade aufrichten, da stürzte Lischka erneut auf sie, umklammerte mit festem Griff ihren zarten Hals und drückte zu. »Du wirst mich nicht

Der Mörder zeigt bei der Vernehmung auf das zur Tat verwendete Küchenmesser.

verraten, du nicht!« stöhnte er während des Würgevorgangs. So verharrte er einige Minuten, bis er glaubte, das Kind sei tot. Um ganz sicher zu gehen, eilte er in die Küche, holte ein Messer und stieß es tief in das Herz des leblosen Körpers.

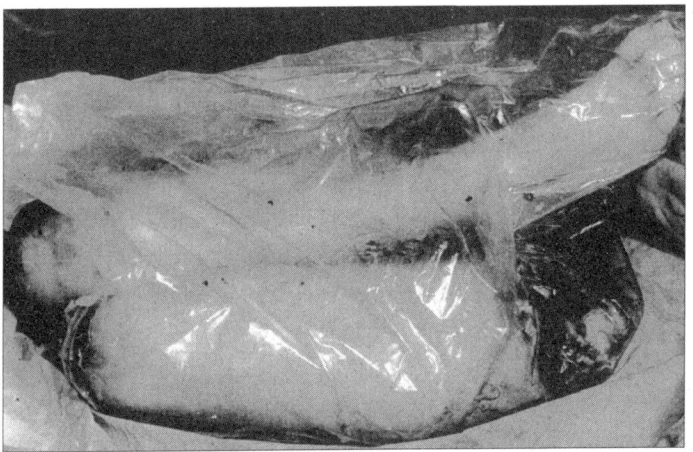

Die von G. L. in Plastikfolie und Textilien verpackten Extremitäten der getöteten Schülerin.

Danach war er erschöpft, hätte am liebsten geschlafen. Doch die Angst vor der Entdeckung seiner Bluttat gönnte ihm keine Ruhepause. Sie wurde zur bestimmenden Triebkraft seines weiteren Tuns. Wie von Geisterhand geführt lief er minutenlang in der Wohnung umher, rauchte und bemühte sich, die Gedanken zu ordnen: Unmöglich, den Leichnam in der Wohnung liegen zu lassen. Also, die Leiche mußte weg. Vier Stunden waren noch Zeit, dann mußte er zur Schicht. Lischka überlegte die Reihenfolge des Vorgehens. Eilig heizte er den Küchenherd, legte den Leichnam auf den Dielenfußboden und trennte mit dem Küchenmesser die Beine ab, die er zunächst in Plastikfolie, dann in Papier einwickelte. Das unauffällige Paket verstaute er in einem großen Stoffbeutel.

Laufend wischte er die entstandenen Blutlachen auf. Dazu mußte er viele Male neues Wasser holen, schließlich wollte er alle Spuren beseitigen. Zwischendurch eilte er zum Küchenherd, um Stück für Stück der Bekleidung, den Inhalt des Schulranzens und schließlich den Ranzen selbst zu verbrennen. Die Herdplatten glühten. Unaufhaltsam produzierten Angst, Anstrengungen und die unerträgliche Hitze in der Küche dicke Schweißperlen auf Lischkas Stirn. Immer wieder trocknete er das nasse Gesicht mit dem Unterhemd. Dann kam ihm der Gedanke, das Gesicht des toten Mädchens zu zerstören. Er glaubte, auf diese Weise eine Wiedererkennung zu vereiteln. So füllte er einen großen Kessel, der gewöhnlich zum Kochen seiner Wäsche diente, mit Wasser und setzte ihn auf den Küchenherd. Er trennte den Kopf von

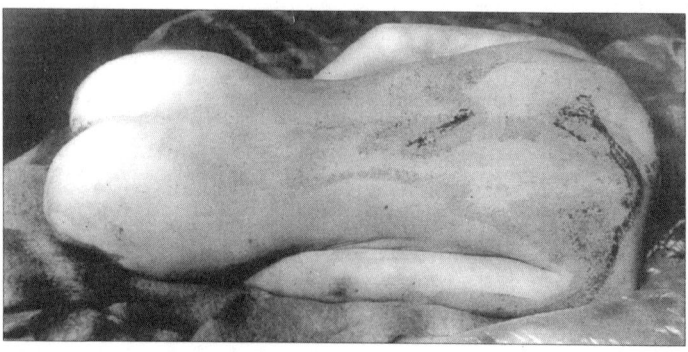

Der vom Täter ebenfalls in Plastikfolie und Textilien verschnürte Torso des Opfers.

der Leiche und kochte ihn. In der Zwischenzeit umhüllte er den Torso mit Textilien, legte sein schweißnasses Unterhemd dazu, verschnürte das Ganze mit Packpapier und Draht zu einem festen Paket, das er in einem Koffer verstaute.

Kurz nach 11.00 Uhr beendete er den Kochvorgang, goß einen Teil der »Brühe« in das Toilettenbecken. Beim Anblick des Kopfes, von dem sich inzwischen alle Weichteile gelöst hatten, packte ihn für einen Augenblick das Entsetzen. Doch unbeirrt verfolgte er weiter seinen Plan. Er atmete erst durch, als der in Folie und Papier eingewickelte Kopf in einem Einkaufsbeutel verschwunden war. Nun leerte er den Aschekasten des Küchenherds in einer der Mülltonnen auf dem Hof. Als der Mörder die restliche Brühe mit dem abgelösten Haut- und Muskelgewebe beseitigen wollte, durchfuhr ihn ein neuer Schreck: Erst jetzt bemerkte er, daß sich durch den langen Kochvorgang der Unterkiefer vom Schädel gelöst hatte. Ohne große Überlegung warf er ihn auf die noch vorhandene Glut im Küchenofen und hoffte, daß er dort sicher verbrennen würde.

Bevor Gerhard Lischka gegen 12.00 Uhr ruhig und gefaßt das Haus verließ, vergewisserte er sich, ganze Arbeit geleistet und alle Spuren beseitigt zu haben. Er war zufrieden, auch wenn die Ereignisse der letzten Stunden ihn ziemlich zermürbt hatten. Nur ein Koffer und zwei prall gefüllte Beutel blieben zurück. Dieses Gepäck mit dem abscheulichen Inhalt wollte er nach Rückkehr von der Spätschicht beseitigen.

Im Betrieb verhielt er sich unauffällig, fleißig, schweigsam und freundlich, wie sonst auch. Als er nach Schichtschluß gegen 22.00 Uhr heimkehrte, nahm er ohne zu zögern den Koffer und die beiden Beutel, fuhr mit der S-Bahn bis Buch und lief bis zum Ortsausgang in Richtung des »Dr.-Heim-Krankenhauses«. Dort, wo der Wald am dichtesten ist, versteckte er die Relikte seiner Untat. Dann fuhr er nach Hause zurück und schlief erschöpft tief und lange.

G. L. zeigt der Kriminalpolizei das Versteck der Leichenteile im Bucher Forst.

Den Vormittag des 29. März nutzte Lischka, um nochmals den Fußboden seiner Wohnung gründlich aufzuwischen. Die Gefaßtheit des gestrigen Tages war einer hochgradigen Nervosität gewichen, das schreckliche Geschehen wühlte ihn innerlich immer wieder auf. Angstbilder marterten seine Seele. Aber weniger der Mord, das Mitleid mit dem getöteten Mädchen oder ein Reuegefühl erschütterten sein Innenleben. Einzig und allein die Ungewißheit, entweder bald verhaftet zu werden oder unbeschadet davonzukommen, be-

Der im Wald aufgefundene ausgekochte Schädel des Opfers.

lastete ihn. Nur sie hielt das Gedankenkarussell in unaufhörlicher Bewegung.

Als er spät abends müde und von Angst erfüllt ins Bett sank, fiel ihm plötzlich ein, den Feuerrost im Küchenherd nicht gereinigt zu haben. Die Asche des verbrannten Unterkiefers könnte sonst sein Verhängnis werden. Doch zu seinem großen Entsetzen waren Knochen und Zähne nicht verbrannt, hatten ihre Form kaum verändert. Vorsichtig fingerte er den Kiefer aus der Asche. Jedoch: Der Knochen hatte durch die Hitzeeinwirkung seine ursprüngliche Festigkeit verloren. Deshalb gelang es ihm, ihn mehrmals zu zerbrechen. Die Bruchstücke wickelte er in einen alten Putzlappen. Doch eine innere Lähmung hinderte ihn daran, sich noch einmal zu den Mülltonnen im Hof zu wagen. So verstaute er das Päckchen in seinem Anorak. Als er sich am nächsten Tag zu Schichtbeginn umkleidete, legte er es in seinem Spind ab, glaubte, auf diese Weise das belastende Beweisstück unter Kontrolle zu haben. Er plante, es nach Arbeitsschluß im Schutze der Dunkelheit unauffindbar verschwinden zu lassen. Doch Hauptmann Kroll vereitelte mit einer schlichten Routinebefragung die Realisierung dieses Plans.

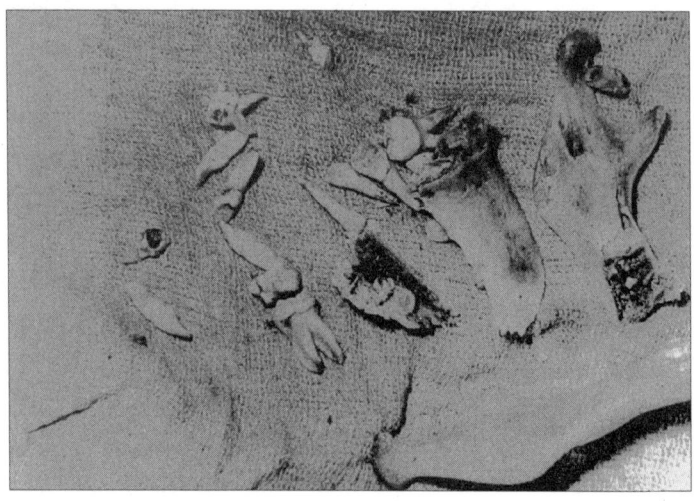

Der ausgewickelte Putzlappen mit Resten des Unterkiefers des Opfers.

Lischkas Geständnisbereitschaft und Kooperation begünstigen einen schnellen Verfahrensverlauf. Der Kriminaltechniker Wischnewski sichert in der Wohnung des Mörders unzählige Spuren: Blut des Opfers an der Tapete, Metallreste des verbrannten Schulranzens in der Aschetonne. Auch verschiedene Küchenmesser und der große Wäschetopf sind trotz Reinigung stumme Zeugen des gräßlichen Geschehens. Es gelingt schließlich nicht nur, damit Carmen Vollmer zu identifizieren, sondern auch die Einlassungen Lischkas zum Tatablauf spurenkundlich zu objektivieren. Einen Tag nach seiner Verhaftung werden mit Lischkas Hilfe die im Bucher Forst versteckten Leichenteile des Mädchens gefunden, die unverzüglich gerichtsärztlich untersucht werden. Auch diese Befunde decken sich mit seinen Aussagen.

Selbst das für die Verpackung der Leichenteile benutzte Unterhemd ist geeignet, um aus den Schweißspuren Lischkas Blutgruppe zu bestimmen.

Kurz vor der Anklageerhebung wird Lischka in der gerichtspsychiatrischen Abteilung der Charité begutachtet. Er läßt die medizinischen und psychologischen Prozeduren geduldig über sich ergehen, verhält sich dabei freundlich und kooperativ. Im Resultat der mehrwöchigen Untersuchungen werden bei Lischka eine nicht krankheitswertige Psychopathie, vor allem aber eine frühkindliche Hirnschädigung diagnostiziert. Letztere erklärt die Verzögerung seiner Persönlichkeitsentwicklung. Der Gutachter vertritt jedoch die Auffassung, daß die Hirnschädigung keinen Einfluß auf die bewußte Entscheidung zum sexuellen Mißbrauch und zur anschließenden Verdeckungstötung hatte. »Die Fähigkeit zu normgerechtem Verhalten sei zur Tatzeit nicht durch zeitweilige oder dauerhaft krankhafte Störung der Geistestätigkeit oder Bewußtseinsstörung eingeschränkt gewesen.« Die Lischkas Bewußtsein einengenden Ausnahmezustände werden nur auf die teilweise irrationalen Handlungen nach erfolgter Tötung beschränkt. Folge: Das Stadtgericht von Groß Berlin verurteilt Gerhard Lischka zu lebenslangem Freiheitsentzug.

Nahezu die Hälfte aller Tötungsverbrechen werden verschleiert, wenn auch in sehr unterschiedlicher Qualität. Auch für die DDR trifft diese Aussage zu: Die Vortäuschung eines Suizids, eines Unfalls oder natürlichen Todes stand dabei ebenso im Vordergrund wie die Absicht, die Tat anderen anzulasten. Jedoch: 10 Prozent der Täter entschlossen sich, die Opfer zumeist durch Verstecken, Vergraben, Versenken oder Verbrennen gänzlich verschwinden zu lassen. Bei engen prädeliktischen Beziehungen zum Opfer bevorzugte der Täter oftmals die Täuschungsstrategie einer Vermißtenanzeige, wobei das vorsichtige Einstreuen des Verdachts einer »Republikflucht« die Polizei zumindest zeitweise erfolgreich in die Irre führte.

Opferzerstückelungen kommen nur bei einem geringen Teil der Tötungsdelikte (3 Prozent) vor. Ihr hauptsächlicher Zweck liegt in der Verschleierung des Verbrechens, denn der Transport des Opfers zu einem Versteck soll damit ebenso erleichtert werden wie ein schnelles Vernichten der Leichenteile. Forensisch wird diese Form »defensive Leichenzerstückelung« genannt. Sie ist einzig und allein Resultat des Sicherungsverhaltens des Täters.

Demgegenüber steht die auch in der DDR sehr seltene »offensive Leichenzerstückelung«, bei der lustbetonte, sadistische oder rituelle Motive vorherrschen. Beide Formen können allerdings auch vermischt auftreten. Jedoch: Ihre Größe umfaßt im Vergleich zur gesamten Tötungskriminalität nur wenige Promille.

Die Unterteilung in defensive und offensive Leichenzerstückelungen erleichtert das kriminalistische Vorgehen, weil der jeweiligen Form charakteristische Täterpersönlichkeiten zugeordnet werden können. Abgesehen davon, daß die spurenkundliche Untersuchung der Leichenteile für die Identifizierung des Opfers von Bedeutung ist und ziemlich sichere Aussagen über verwendete Werkzeuge zuläßt, kann man aus der Zerstückelungsart mit gebotener Vorsicht bisweilen Rückschlüsse auf individuelle Eigenheiten des Täters, insbesondere psychopathologische Vorgänge, praktische Fertigkeiten, anatomische Kenntnisse oder gar berufliche Eigenheiten ziehen. Ein auf dieser Grundlage erstelltes psychologisches »Phantombild« stellt eine nützliche Hilfe für den kriminalistischen Ermittlungsprozeß dar.

Die Suche

(Aktenzeichen B I 9/67 Bezirksstaatsanwalt Karl-Marx-Stadt
Tagebuchnummer 1088/67 VPKA Zwickau)

Die Gemeinde Mülsen Sankt Niclas, ein idyllischer Flecken am östlichen Rand der Kreisstadt Zwickau, liegt inmitten des sächsischen Steinkohlereviers, das sich bis Oelsnitz erstreckt. Die meisten Menschen gehen im Bergbau oder in der Kokerei ihrem Tagewerk nach, andere arbeiten in der umliegenden Textilindustrie oder im Fahrzeugwerk VEB Sachsenring, der Geburtsstätte der schlichten Duroplastkarosse »Trabant«.

Im Frühjahr 1967 löste ein Mord bei den Dorfbewohnern blankes Entsetzen aus: Der 37jährige Heinz Klausdorf, verheiratet und Vater dreier Kinder, tötete die 46jährige Elisabeth Schäfer. Ihren Leichnam ließ er auf einem Schuttplatz verschwinden. Motiv der Untat: Seit einigen Monaten unterhielt er eine heimliche Beziehung zu Frau Schäfer. Er wollte sich von ihr trennen, doch sie drohte, das außereheliche Verhältnis seiner Angetrauten zu offenbaren. Um seine Ehe nicht zu gefährden, sah er keinen anderen Ausweg, als die lästige Geliebte zu beseitigen.

Die braven Einwohner von Mülsen Sankt Niclas konnten nicht fassen, was in ihrer Nähe geschah, immerhin stammten Frau Schäfer und der Mörder aus ihrer Gemeinde. Der Dorfklatsch kannte tagelang nur dieses Thema. Zwei Wochen lang war die Kriminalpolizei in Mülsen Sankt Niclas aktiv. Dann war der Täter gefaßt und überführt. Der Fall konnte schnell und erfolgreich abgeschlossen werden. Danach begannen die Gespräche zu verstummen, und bald geriet das schlimme Ereignis ganz in Vergessenheit. Für die Mordkommission Karl-Marx-Stadt waren die Ermittlungen in dieser Sache reine Routine, unspektakulär und beweisrechtlich problemlos.

Dennoch liegt über dem Fall der Schleier eines Geheimnisses: Die Umstände, die der Polizei den Weg zum Opferversteck wiesen und damit schließlich die Täterüberführung ermöglichten, sind so rätselhaft, daß ihre Zusammenhänge bis heute nicht erklärt werden können und deshalb hinreichenden Anlaß für allerlei parawissenschaftliche Spekulationen bieten. Der folgende Bericht soll daher die damaligen Ereignisse Revue passieren lassen. Er beschreibt die kriminologischen Zusammenhänge, bewertet ihre rechtlichen und gutachterlichen Aspekte, schildert das Zusammenspiel der Akteure und sucht nach einer Erklärung für das scheinbare Mysterium dieses Falles:

Heinz Klausdorf, Jahrgang 1930, Ältester von drei Brüdern, ist ein normales Kind und wächst in geordneten Verhältnissen auf. Sein Vater, wegen einer in den letzten Kriegstagen an der Westfront 1918 erlittenen Verletzung gehbehindert, seitdem Invalide, sorgt als Drogist in Zwickau für den Lebensunterhalt seiner Familie. Die Mutter müht sich redlich um die Erziehung der Kinder. 1936 wird der kleine Heinz eingeschult, durchläuft die Volksschule bis zum Abschluß der 8. Klasse problemlos. Die nationalsozialistische Indoktrination zeigt Erfolg: Sein kleines Herz gehört dem Führer. Er haßt Juden und Bolschewiken und betet zur Nacht für den Sieg der Deutschen gegen den Rest der Welt. Kaum aus der Schule entlassen, wird er kraft der unsäglichen »Anordnung über den Kriegseinsatz der deutschen Jugend« als Luftwaffenhelfer eingezogen. Der junge Patriot kann es kaum erwarten. Er bemerkt nicht, daß er Opfer des Wahnsinns ist. In einer Einheit der Flakartillerie erlebt er das Trauma alliierter Bombergeschwader. Fast ein Jahr dauert der Horror. Als Nazideutschland schließlich kapitulieren muß, ist sein Körper unversehrt, die jugendliche Seele jedoch hat Schaden genommen. Menschenfeindliches, kriminelles Verhalten eines untergegangenen Staates hat auch ihn kriminalisiert: Not und Elend auf der einen, die Verlockungen des Schwarzen Marktes auf der anderen Seite, begünstigen das. Hinzu kommt der schnelle Tod seiner Mutter. Der Vater ist mit den drei Söhnen überfordert. Überdies quält ihn ein Lungenleiden, das ihn schließlich zur Aufgabe der Drogerie zwingt. So schließt sich Heinz einer jugendlichen Bande an, begeht Diebstähle in einem Baustofflager der Besatzungsmacht, bis Sicherheitsleute der SMAD seiner habhaft werden. Eine Zeitlang verschwindet er in einem sowjetischen Arbeitslager. 1951 wird er entlassen, nach außen hin diszipliniert und angepaßt. Doch er meidet den Anschluß an andere Jugendliche, entwickelt sich zum Einzelgänger. Im Innern schwelt nach wie vor die Unmoral. Er schuftet in einer Schmiede, zeigt dort gute Leistungen, und es wäre auch so geblieben, wenn er nicht erneute Diebstähle begangen hätte. Für lange Monate muß er in Haft. In dieser Zeit stirbt sein Vater. Die Brüder teilen den spärlichen Hausrat unter sich auf. Nach der Haft wird ihm eine Arbeit im Tiefbau zugewiesen. Auch hier arbeitet er gut, kann aber das sprichwörtliche Mausen nicht lassen. Folge: Erneute Haftstrafe. Der inzwischen 23 Jahre alte Gefangene wird einem Arbeitskommando zugeteilt, um sich ein Jahr lang im Zwickauer VEB Steinkohlenwerk »Martin

Hoop« zu bewähren. Die schwere Arbeit gefällt ihm. Bei seiner Haftentlassung im Jahre 1954 äußert er den Wunsch, dort weiter arbeiten zu können. Die staatlichen Organe stimmen großzügig zu, weisen ihm eine Wohnung in Mülsen Sankt Niclas zu. Heinz Klausdorf ist zufrieden. Von nun an will er den Pfad der Tugend nicht mehr verlassen. Er arbeitet emsig, qualifiziert sich bald zum Blasversatzmaschinisten und verdient gutes Geld. Gegenüber seinen Kumpeln verhält er sich kollegial und aufgeschlossen. Im Grunde bleibt er aber ein Einzelgänger, immer noch im Bann der Naziideologie. Freilich hält er sich mit allzu direkten Äußerungen zurück, denn die Ohren der Sicherheitsorgane lauschen überall. Doch das, was er sagt, reicht, ihm den Spitznamen »Faschist« zu geben.

Im Jahr 1956 lernt er in einem ländlichen Tanzschuppen die 24jährige Anita Bär kennen. Sie arbeitet in einer nahen Gärtnerei. Der Liebe auf den ersten Blick folgt sogleich die erste Schwangerschaft. Noch im gleichen Jahr ist Hochzeit. Heinz sorgt für seine kleine Familie, läßt es ihr an nichts fehlen. Zwei Jahre später wird ein zweites Kind geboren.

Doch eheliche Treue fällt ihm schwer. Er nutzt jede Gelegenheiten für lustvolle Seitensprünge. Den jeweiligen Damen gibt er sich als geschieden aus, zerstreut deren Argwohn durch einen Personalausweis, den er früher einem Kumpel gestohlen hatte. Trotz der einst gefaßten guten Vorsätze verläßt ihn der Drang, fremdes Eigentum selbst zu besitzen, auch in den nächsten Jahren nicht. Habgier und charakterliche Labilität ebnen den Weg zum Rückfall. Etliche Einbrüche in Lauben, Garagen und kleinen Ladengeschäften gehen nun auf sein Konto. Seine Spezialität: Begehrte Elektrogeräte. Die Beute verscheuert er unter der Hand. Doch die Polizei kann nicht eingreifen, weil nämlich keines der Delikte angezeigt wird.

Auch im Jahr 1965 entgeht er knapp dem Arm des Gesetzes: Bei einer handfesten Rauferei im Dorfkrug mischt Heinz Klausdorf kräftig mit. Einer der Zechbrüder trägt eine Messerstichwunde am Hals davon, erstattet wegen gefährlicher Körperverletzung Anzeige bei der VP. Er beschuldigt Klausdorf. Aber die alkoholgetrübten Sinne der beteiligten Zeugen sind ungeeignet für eine objektive Beweiserhebung. Die Indizien zerbröseln. Klausdorf kann sich schließlich herausreden, und das Verfahren gegen ihn wird eingestellt.

Das alles geschieht hinter dem Rücken seiner Frau Anita. Sie indes kann sich nicht beklagen. Freilich, Heinz arbeitet viel. Seine Schufterei in drei Schichten ist anstrengend, bringt aber gutes Geld, und er sorgt für seine Familie. Auch das eheliche Intimleben erfüllt voll und ganz ihre Erwartungen. Wenn er manchmal in der Kneipe versackt, toleriert sie das großzügig, selbst wenn er angetrunken heimkehrt, verhält er sich rücksichtsvoll und leise. Außerdem gilt ihre Aufmerksamkeit jetzt wichtigeren Dingen: Ende des Jahres erwartet sie ihr drittes Kind.

Heinz Klausdorfs kriminelle und ehebrecherische Heimlichkeiten haben in der nunmehr zehnjährigen Ehe immer noch nicht zu Konflikten geführt. Doch nun bahnt sich ein Desaster an, das sein Leben endgültig aus der Bahn wirft.

In einem Materiallager seines Betriebes arbeitet nämlich die 46jährige Elisabeth Schäfer, ein üppiges, vollbusiges Weib mit roten Haaren. Sie ist verheiratet. Ihr Mann, 34 Jahre älter als sie und inzwischen geistig verwirrt, fristet seit mehreren Jahren in einem Pflegeheim ein kümmerliches Dasein. Vor acht Jahren gab sie ihm das Jawort. Ihre beiden unehelichen

Kinder waren damals noch klein. Eigentlich schloß sie die Ehe mit dem alten Mann, um sich und die Kinder versorgt zu wissen. Der damals noch rüstige 72jährige hingegen fand sich in seiner Eitelkeit bestätigt, eine so viel jüngere Frau an seiner Seite zu wissen.

Doch der Wonnemond schien nur kurze Zeit. Der alte Mann überschätzte seine Manneskraft und geistigen Fähigkeiten. Die Vergreisung schritt schneller voran als erwartet, und bald waren seine Potenzen erschöpft. Frau Schäfer hingegen genoß das Leben in vollen Zügen, freilich in den Armen fremder Männer. So geriet sie binnen kurzem in schlechten Ruf. Da die sexuellen Ausschweifungen auch wenig Zeit für ihre Kinder ließen, hatte der Rat der Gemeinde bereits ein kritisches Auge auf sie gerichtet.

Ende November 1966. Frau Schäfer bittet ihren Kollegen Heinz Klausdorf nach Schichtschluß zu sich nach Hause. Grund: Ihre beinahe antiquierte Waschmaschine streikt, und da er doch ein Hansdampf in Fragen elektrischer Geräte sei, bitte sie ihn um Diagnose und Reparatur. Klausdorf fühlt sich geschmeichelt und sagt zu. Länger als eine Stunde bemüht er sich um das begehrte Stück. Mit Erfolg. Unterdessen buhlt die liebeshungrige Frau Schäfer mit Schnaps und Körpereinsatz unverblümt um seine Gunst. Ebenfalls mit Erfolg. Während die Waschmaschine dann wieder auf vollen Touren läuft, darf sich Heinz lustvoll dem Liebesverlangen seiner Kollegin hingeben. Frau Elisabeth ist hingerissen, lobt seine Qualitäten, erwartet begierig das nächste Treffen. Und der eitle Mann sagt zu. So wird der Abend zum Ausgangspunkt für weitere heimliche Verabredungen.

Von nun an nutzt Frau Schäfer jede Gelegenheit, um mit dem neuen Geliebten zusammen zu sein. Fortwährend lädt sie ihn zu sich nach Hause ein. Heinz Klausdorf muß immer neue Ausreden erfinden, um seiner Frau die Abwesenheit zu begründen. Noch gelingt ihm das. Mit schier unerschöpflichem Variantenreichtum fordert Elisabeth Schäfer seine sexuelle Leistungsfähigkeit heraus.

Bei schönem Wetter suchen sich die beiden ein lauschiges Plätzchen im Freien. Manchmal finden die Liebesspiele auch im schmutzigen Ambiente des Steinkohlenwerks statt. Das liebestolle Weib ergreift immer mehr Besitz von ihm. Heinz Klausdorf spürt dies, befürchtet mit der Zeit, sich ihr völlig auszuliefern und seine Ehe aufs Spiel zu setzen, wenn er das Verhältnis fortsetzt. Die ersten inneren Kräfte regen sich gegen die nymphomanische Gier der Geliebten. Doch noch wagt er nicht, seinen geheimen Wunsch zu artikulieren und ihr den Laufpaß zu geben.

Als er im März 1967 einmal ziemlich lustlos ihrem Liebesverlangen nachgekommen ist, nutzt er die Gelegenheit ihrer sexuellen Entspannung und macht eine vorsichtige Andeutung, sich von ihr trennen zu wollen. Ihre Reaktion darauf ist heftig: Wüste Beschimpfungen prasseln auf ihn nieder. Diese lassen ihn gleichgültig. Aber sie droht energisch: »So nicht! Wenn du mich sitzenläßt, erfährt deine Frau von uns!«

Dieser Satz erschüttert ihn bis ins Mark: Nur das nicht, Anita darf nichts erfahren, ist sein einziger Gedanke. Kleinlaut wiegelt er ab: »Ist ja gut, es war nicht so gemeint!«

Dann zwingt er sich zu Zärtlichkeiten, die Frau Schäfer wieder versöhnlich stimmen. Weitere intime Treffen finden statt. Klausdorf wagt nicht, das Thema Trennung nochmals anzusprechen. In seinem Innern jedoch sucht er nach einem Weg, sich aus der Zwickmühle zu befreien. Er nimmt ein paar Tage Urlaub, will angeblich die Wohnung renovieren.

Also, in dieser Zeit keine Verabredung mit Elisabeth Schäfer. Jedoch verspricht er, sich am letzten Urlaubstag nach Schichtschluß mit ihr zu treffen – wie immer hinter dem Telefonhäuschen vor dem Werktor.

Klausdorf benötigt ein paar Tage der Selbstbesinnung. Außerdem will er sich intensiver seiner Familie widmen. Seine Frau Anita ist zufrieden. Fest steht, er muß sich aus den Fängen der liebestollen Frau Schäfer befreien. Also, wenn er sie von der Schicht abholen wird, will er ihr klipp und klar sagen, daß die Beziehung beendet ist. Doch bis dahin plagen ihn nervöse Leibschmerzen und er wird sich bewußt, welche Furcht ihm die resolute und unersättliche Frau Schäfer einflößt.

Freitag, der 14. April 1967, ein Frühlingstag wie aus dem Bilderbuch. Heute geht Heinz Klausdorfs Urlaub zu Ende. Die Galgenfrist ist verstrichen. Jetzt muß Elisabeth Schäfer die Wahrheit erfahren. Er weiß, um 14.00 Uhr endet ihre Schicht. Da seine Frau Anita bereits bemerkt hat, daß er sich seit einigen Tagen nicht wohl fühlt, fällt es ihm nicht schwer, seine Abwesenheit mit einem Arztbesuch in Zwickau zu begründen. Wenig später wartet er wie vereinbart hinter dem Telefonhäuschen am Haupttor des Steinkohlenwerkes. Seine Nerven sind ziemlich angespannt. Noch herrscht Ruhe vor dem Tor. Die Kumpel der neuen Schicht sind längst in den Umkleideräumen. Nur das ferne Zischen, Prusten und Stampfen der Maschinen, Öfen und Aggregate ist zu hören. Punkt 14.00 Uhr kündigt das Aufheulen der Sirene den Schichtwechsel an. Minuten später verlassen Hunderte von Männern und Frauen der Frühschicht das Steinkohlenwerk, passieren artig die Wache am großen Tor und sind im Nu in alle Winde verstreut. Elisabeth Schäfer hat Klausdorf schnell entdeckt, löst sich aus der Menge und steuert freudestrahlend auf ihn zu. Noch ehe er etwas sagen kann, küßt sie ihn leidenschaftlich, greift mit einer Hand hemmungslos zwischen seine Beine und haucht: »Mensch, bin ich geil auf dich!«

»Laß das, wenn uns jemand sieht«, faucht er zurück und blickt sich ängstlich um.

»Hast wohl Angst, deine Frau kriegt was mit?« stichelt Elisabeth, »ist doch sowieso egal, wenn du dich scheiden läßt, oder?«

Heinz Klausdorf wird verlegen. Das Unbehagen steht ihm im Gesicht, vorsichtig tastet er sich zum eigentlichen Thema vor. »Na ja«, beginnt er zögerlich, »genau darüber will ich mit dir reden.«

Frau Schäfer blickt ihm tief in die Augen, ahnt, daß ein Problem auf sie zukommt, enttäuscht fragt sie: »Soll das heißen, du willst nicht mehr?«

Lange Sekunden steht die Frage im Raum. Klausdorf druckst herum, will mit der Sprache nicht heraus. Die Angelegenheit ist ihm sehr fatal. Sofort gewinnt Frau Schäfer wieder Oberhand, öffnet ihre Handtasche, präsentiert eine große Flasche Rotwein, streichelt ihrem Liebhaber zärtlich über die Wange und drängt: »Hier, für uns. Komm mit zu unserer Lieblingsstelle. Versau uns nicht den schönen Tag. Nachher können wir reden!«

Sie erfaßt seine Hand, geht los und zieht ihn mit sanfter Gewalt hinter sich her. Einige Schritte lang zögert er. Sie merkt es, bleibt stehen, geht auf erotische Tuchfühlung und umgarnt ihn: »Heinzerchen, ich brauch dich doch so sehr. Los, komm!«

Jetzt zeigt ihre Taktik Erfolg. Die Lust auf ein erotisches

Vergnügen beginnt auch seinen Körper zu erfassen. Warum eigentlich nicht?, denkt er und entschuldigt seine bisherige Inkonsequenz damit, daß er ja auch später noch mit Elisabeth reden könne. Ein letztes Mal will er sich dem Sinnesrausch hingeben, er soll gewissermaßen wie eine Abschiedsvorstellung sein. Danach will er sich endgültig von ihr trennen, basta!

Zärtlich legt er seinen Arm um sie. Elisabeth lehnt ihren Kopf an die Schulter ihres Geliebten. So spaziert das Paar durch den Zwickauer Osten zur Dresdener Landstraße und biegt schließlich in einen einsamen, verschlungenen Feldweg ein, der nach wenigen Kilometern vor Mülsen Sankt Niclas endet.

Montag, der 17. April 1967. Am Morgen. Der Bürgermeister von Mülsen Sankt Niclas sitzt früher als gewöhnlich an seinem Schreibtisch, schlürft Kaffee, liest Zeitung, das SED-Organ »Neues Deutschland«, und erledigt eilig etwas Verwaltungskram. Dann schaltet er den Dienstfernseher an: Kampflieder dudeln aus dem Lautsprecher. Gleich beginnt aus dem fernen Berlin die Direktübertragung des VII. Parteitages. Das Hauptreferat wird Walter Ulbricht halten. Es wäre unverzeihlich, würde das Gemeindeoberhaupt sein Interesse an dem sechstägigen Politspektakel nicht auf diese Weise bekunden.

Die Sekretärin erscheint. Ihrem Gesicht ist anzusehen, daß sie etwas Wichtiges sagen will. Der Bürgermeister stellt den Ton am Fernseher aus: »Was gibt's denn?«

»Die Mädchen von der Schäfern sind seit Freitag allein, laufen im Ort rum und betteln in der Nachbarschaft um Essen. Die Mutter treibt sich wieder herum. Aber so lange war sie noch nie weg.«

»Und wo sind sie jetzt?« will der Gemeindechef wissen.

»Draußen vor deiner Tür«, sagt die Frau aus dem Vorzimmer.
»Schick sie mal rein«, beauftragt er sie.

Zwei Mädchen, ihre Schulranzen auf dem Rücken, betreten schüchtern, mit blassen Gesichtern und verheulten Augen das Büro des Bürgermeisters. Die zwöfjährige Susanne Schäfer und ihre zehnjährige Schwester Silvia. Der Ortsgewaltige hört geduldig zu, was die verstörten Kinder zu berichten haben. Am Ende des Gesprächs sind die Kleinen beruhigt und begeben sich mit den Frühstücksstullen des Bürgermeisters und seiner Sekretärin auf den Weg in die Obhut der Schule.

Fest steht nun: Schon drei Tage lang hat sich die Mutter zu Hause nicht blicken lassen. Seitdem sind sich die Kinder selbst überlassen, ohne Speis und Trank. Daß Elisabeth Schäfer die Mädchen gelegentlich auch mal nachts allein läßt, ist im Ort ebenso bekannt wie ihr anrüchiger Lebenswandel. Aber sich solange Zeit herumzutreiben und die Kinder derart zu vernachlässigen, will ihr niemand unterstellen.

Es muß also etwas Schlimmes passiert sein. Damit fällt dieses Vorkommnis in die Kompetenz der VP. Prompt erstattet der Bürgermeister beim ortszuständigen ABV, VP-Meister Pertus, eine Vermißtenanzeige. Nun muß sich der uniformierte Gesetzeshüter um die Angelegenheit kümmern. Beflissen leitet er die Anzeige an das VPKA Zwickau weiter. Doch dort nimmt man sich Zeit. Abwarten, heißt die übliche Devise, denn die vermißte Frau ist als Herumtreiberin und sogenannte HWG-Person bekannt, also mit »häufig wechselndem Geschlechtsverkehr«. Das ist überhaupt noch kein Grund für übereilte Polizeimaßnahmen. Um aber ganz sicher zu gehen, wird Meister Pertus beauftragt, mit den Freiwilligen VP-Helfern des Ortes nach der Verschwundenen zu suchen.

So geschieht es auch. Zunächst werden die Mädchen der vermißten Mutter in einem staatlichen Kinderheim untergebracht. Tagelang ist Pertus mit seinen Helfern unterwegs, durchkämmt den Ort ebenso wie die nähere Umgebung von Mülsen Sankt Niclas, führt Ermittlungen durch. Vergeblich. Frau Schäfer ist wie vom Erdboden verschwunden. Langsam regt sich nun auch die Zwickauer Kriminalpolizei: Weitere Suchaktionen finden statt, die Teiche in der Gegend werden abgesucht, Spürhunde kommen zum Einsatz, eine offizielle Suchmeldung erscheint in der Ortspresse. Wieder ohne Erfolg.

Am 25. April wird endlich ein Ermittlungsverfahren gegen Unbekannt wegen Verdachts eines Tötungsverbrechens eingeleitet und der Fall der Mordkommission in Karl-Marx-Stadt übergeben. Bereits nach zwei Tagen wissen die Kriminalisten: Frau Schäfer wurde am 14. April kurz nach 14.00 Uhr vor dem Gelände des VEB Steinkohlenwerk in Zwickau in Begleitung eines jungen Mannes gesehen. Eine Arbeitskollegin der Vermißten erfuhr am Tage ihres Verschwindens von ihr, daß sie nach Schichtschluß eine Verabredung mit einem verheirateten Mann hätte, der im gleichen Betrieb beschäftigt sei und zur Zeit Urlaub habe. Fünf Zeugen bestätigen, das eng umschlungene Paar an der Dresdener Landstraße gesehen zu haben. Darüber hinaus können sie eine ziemlich genaue Personenbeschreibung des unbekannten Begleiters abgeben. Mit diesen Informationen finden die Ermittler schnell heraus, daß Heinz Klausdorf der fragliche Unbekannte ist.

Seine Vernehmung hat nun Vorrang: Hartnäckig bestreitet er, mit Frau Schäfer am Nachmittag des 14. April zusammen gewesen zu sein. Sie sei nur eine Kollegin, die er kaum näher kenne. Kurzerhand wird er den Zeugen gegenübergestellt, die ihn gesehen haben. Es gibt keinen Zweifel an der Richtigkeit ihrer Wahrnehmung. Sein Lügengebäude bricht zusammen: Er wollte rücksichtsvoll sein, die eigene Frau sollte von der außerehelichen Beziehung zu Elisabeth Schäfer nichts erfahren. Nun gibt er zu, sich doch mit Frau Schäfer getroffen zu haben: Beide seien aber nur im Kulturpark spazieren gewesen. Er habe sich nach etwa einer Stunde von ihr an der Dresdener Landstraße verabschiedet, weil er in der Stadt noch Ersatzteile für Frau Schäfers defektes Radio besorgen mußte, um es bei sich zu Hause zu reparieren. Aber diese Notlüge ist ein simpler Situationsfehler, den die Kriminalisten gleich erkennen. Die Kinder Susanne und Silvia Schäfer haben nämlich bei ihrer kriminalpolizeilichen Befragung geäußert, sie wären das ganze Wochenende allein gewesen. Nur am Samstagnachmittag sei ein Freund der Mama erschienen, habe auf einem Zettel eine kurze Nachricht hinterlassen und das kaputte Radio zur Reparatur mitgenommen. Es stimmt: Die Polizei hat bei der ansonsten erfolglosen Durchsuchung in Frau Schäfers Küche einen Zettel mit dem handgeschriebenen Text »Komme am Dienstag halbdrei, Heinz« gefunden. Klausdorf bestreitet nicht, den Zettel geschrieben zu haben. Im Gegenteil. Er will damit sogar beweisen, keinesfalls mit dem Verschwinden von Elisabeth Schäfer etwas zu tun zu haben. Doch auf die heikle Frage »Woher wußten Sie denn, welche Ersatzteile Sie am Freitagnachmittag in Zwickau kaufen wollten, wo Sie das Radio doch erst am Samstag abgeholt haben?« antwortet er ausweichend und behauptet schließlich, er habe gar nicht beabsichtigt, Ersatzteile zu kaufen, sondern wollte lediglich ausfindig machen, wo man sie erwerben kann.

200

Für die Ermittler der Mordkommission ist Heinz Klausdorf eine höchst verdächtige Figur in diesem Fall. Inzwischen sind mehr als zehn Tage ohne ein Lebenszeichen von Frau Schäfer vergangen. Ein Verbrechensverdacht ist nun nicht mehr von der Hand zu weisen. Gegen Klausdorf wird ein Ermittlungsverfahren eingeleitet. Immerhin ist er der letzte, der mit Frau Schäfer gesehen wurde. Warum lügt er, wenn er ein reines Gewissen hat? Könnte er sich seiner Geliebten nicht deshalb entledigt haben, weil sie ihm mit der Zeit lästig geworden ist?

Aber die stundenlangen Befragungen führen keineswegs weiter: Klausdorf schweigt, trotzig, in sich gekehrt und voller Entrüstung, daß man ihm zutraue, seine heimliche Geliebte umgebracht zu haben. Fazit: Da die bisherigen Begründungen für seine Verhaftung auf rechtlich schwachen Füßen stehen, gilt es weiter zu ermitteln, den Tatort, vor allem aber die Leiche zu finden. Denn ohne Leiche ist der Nachweis eines Verbrechens nur sehr schwer möglich. Und ohne Nachweis eines Verbrechens ist Klausdorfs Täterschaft nicht zu beweisen. Zähneknirschend müssen ihn die Kriminalisten schließlich nach Hause entlassen.

In den letzten Apriltagen sind weitere Polizeikräfte und Hundestaffeln im Einsatz, die Gegend zwischen Zwickau und Mülsen Sankt Niclas abzusuchen. Doch alle Maßnahmen verlaufen im Sande. Deshalb ist beim Beschuldigten Klausdorf eine Wohnungsdurchsuchung vorgesehen. Denn es ist nicht ausgeschlossen, daß sich dort der Tatort oder das Leichenversteck befinden. Zumindest besteht die vage Hoffnung, Spuren, Beweise oder Indizien aufzuspüren, die über den Verbleib der Vermißten Auskunft geben oder helfen, den Verdächtigen zu überführen.

An der Aktion nehmen Ermittler der MUK und Kriminaltechniker teil. Auch die Anwesenheit des ABV, VP-Meister Pertus, ist zweckmäßig, denn er kennt Örtlichkeiten und Leute am besten. Und da das Gesetz bei einer Wohnungsdurchsuchung die Gegenwart von Zeugen vorsieht, wurden zwei Nachbarn überredet, am Morgen des 2. Mai 1967 das ungewöhnliche Spektakel mit stillem Interesse zu verfolgen. Anita Klausdorf hält sich mit Kindern einstweilen bei Verwandten in einem Nachbarort auf. Sie kann die Demütigung des ehelichen Vertrauensbruchs und der polizeilichen Schnüffelaktion um ihren Mann einfach nicht verkraften.

Heinz Klausdorf, dem ein Uniformierter nicht von der Seite weicht, versucht, die Emotionen zu unterdrücken. Er sitzt, äußerlich teilnahmslos, als ginge ihn das Ganze nichts an, in der Küche, raucht und harrt der Dinge, die er sowieso nicht ändern kann. Nur das verkrampfte, überhebliche Lächeln und die ins Leere starrenden Augen verraten seine ungeheure innere Anspannung.

Erst am Ende des Vormittags erlischt die polizeiliche Wißbegierde. Doch die Ausbeute ist ziemlich gering: Nur das Radio, das unter Klausdorfs Bett steht, gibt einen für den Untersuchungszweck allerdings unbedeutenden Hinweis auf die Vermißte. An einem großen Taschenmesser aus der Jacke des Beschuldigten lassen sich mit der sogenannten Benzidinprobe zwar ganz geringe Blutspuren feststellen, ob es sich aber um menschliches Blut handelt, bleibt weiterhin fraglich. Zufällig entdeckt einer der Sucher in einer Kommode eine alte, ziemlich abgegriffene Landkarte der östlichen Umgebung von Zwickau. Zunächst gilt sein Interesse dem Alter der Karte: »Sieht aus wie'n Meßtischblatt vom Militär, Zweiter Weltkrieg vielleicht.«

Als er sie ausbreitet und betrachtet, stößt er auf eine Auffälligkeit: Eine kleine, offensichtlich mit Tinte vorgenommene
Markierung in Form eines mit einem Kreis umrandeten
Kreuzes. Diese unscheinbare Eintragung stößt auf sein Interesse. Er bittet VP-Meister Pertus zu sich, tippt mit dem Finger auf das Kreuz, stellt eine Frage, von der niemand ahnen
kann, daß sie im Fall der vermißten Elisabeth Schäfer die entscheidende Wende ankündigt: »Kennen Sie diese Stelle?«
Pertus schaut eine Weile auf den Geländeplan und überlegt.
Schließlich flüstert er dem Kriminalisten zu: »Das könnte
der alte Schuttabladeplatz zwischen Zwickau und Mülsen
sein!«
Die Markierung auf der Karte, ein Schuttabladeplatz und
eine verschwundene Frau? Na, daraus ergibt sich doch ein
brauchbarer Ermittlungsansatz! Während die Männer der
MUK sich über das weitere Vorgehen verständigen, sitzt
Heinz Klausdorf unter Aufsicht eines Wachtmeisters immer
noch in der Küche und raucht eine Zigarette nach der anderen. Dann wird er mit dem Meßtischblatt konfrontiert:
»Haben Sie das Kreuz da drauf gemacht?«
Er wirft einen flüchtigen Blick auf die Karte, hebt die Schultern: »Kenn ich nicht. Nicht von mir!« Er wird nochmals
gefragt. Doch Klausdorf bleibt dabei: »Keine Ahnung, wer
das da reingemalt hat!«
Die Männer der MUK sind sich einig: Die auf der Karte
markierte Stelle muß Zentimeter für Zentimeter abgesucht
werden. Und noch am Nachmittag des gleichen Tages wird
der unweit von Mülsen Sankt Niclas liegende Müllplatz zum
Schauplatz einer ehrgeizigen kriminalistischen Spurensuche.
Er liegt tiefer als das ihn umgebende Gelände und wird
dadurch von einer meterhohen, mit dichtem Buschwerk be-

wachsenen Böschung eingerahmt. Ein Dutzend Polizisten in dunkelblauen Overalls und Stiefeln, mit Schaufeln, Hacken und Harken bewaffnet, gehen ans Werk. Nur knappe dreißig Minuten dauert die Aktion. Dann kann sie erfolgreich abgeschlossen werden: In einer metertiefen Senke, verscharrt in Asche, bedeckt mit Pappkartons, Teilen eines entsorgten Kinderwagens und anderem Unrat liegt der Leichnam einer Frau. Vorsichtig wird der freigelegt und grob gesäubert. Das rote Haar der Toten ist ein erster wichtiger Hinweis darauf, daß es sich um die vermißte Elisabeth Schäfer handeln kann. In der Tat: Als der Gerichtsmediziner einige Zeit später die Leichenschau beendet, bestätigt sich diese Annahme. Alter, Bekleidung, Haarfarbe, geschätzte Liegezeit und das für eine Wiedererkennung noch gut erhaltene Antlitz der Toten führen schon am Fundort zu einer schnellen Identifizierung. Als mögliche Todesursache gibt er Verbluten an, denn der Leichnam ist mit tiefen Messerstichen übersät, und die Platzwunde am Kopf scheint nicht so erheblich zu sein, daß sie den Tod verursacht haben könnte.

Wegen des dringenden Verdachts, Frau Schäfer vorsätzlich getötet zu haben, wird noch am Abend Haftbefehl gegen Heinz Klausdorf erlassen. Zwei Tage später liegt der Autopsiebericht vor. Im wesentlichen deckt er sich mit dem Leichenschaubefund. Doch in zwei Punkten vermittelt er präzisere Ergebnisse: So kann zum einen davon ausgegangen werden, daß Frau Schäfer kurz vor ihrem Tode Geschlechtsverkehr hatte. Dafür sprechen die geordnete Kleidung der Toten und die nachgewiesenen relativ gut erhaltenen Spermien. Möglicherweise eignet sich diese Spur sogar für eine Individualisierung des Produzenten. Dieser Befund beweist erneut, daß bei Leichen Spermaspuren in der Scheide auch

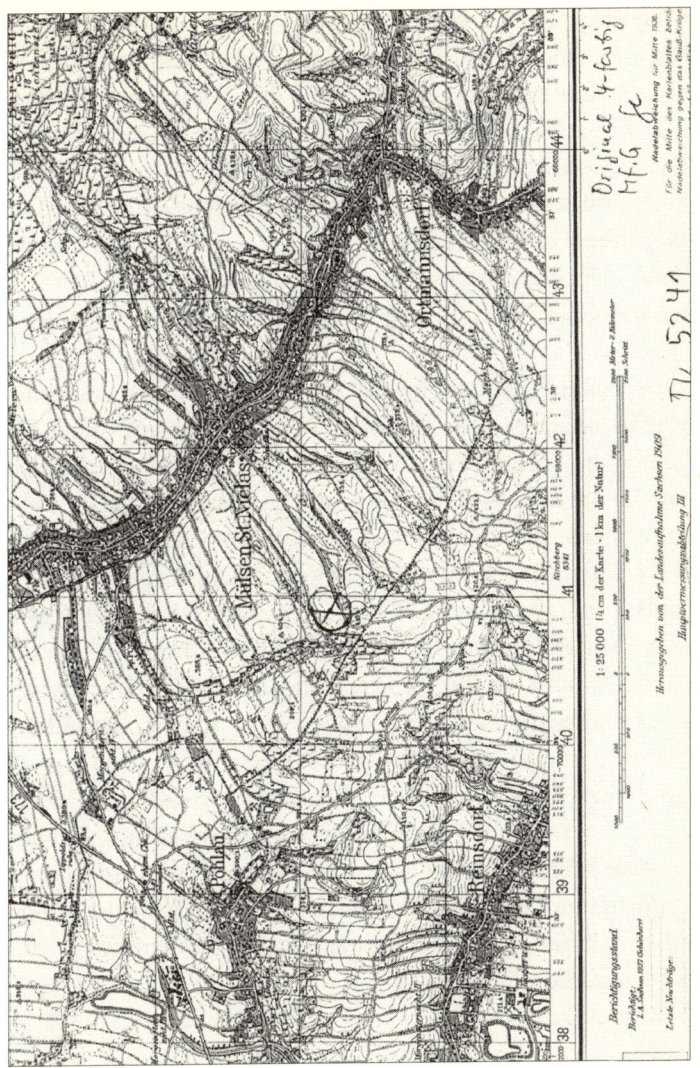

Artgleiches Meßtischblatt von der Ortschaft Mülsen Sankt Niclas mit der auf die Fundstelle des Opfers weisenden Markierung.

nach längerer Zeit nachgewiesen werden können. Zum anderen lassen die etwa 35 Messerstiche, die sich wahllos über den ganzen Leib der Toten verteilen, den Schluß zu, daß der Täter in großer Panik oder Wut zugestochen haben kann.

Dem beschuldigten Heinz Klausdorf wird das Ergebnis der Suche auf dem Schuttabladeplatz nicht vorenthalten. Er fühlt sich durch den Beweisdruck wie am Boden zerschmettert. Sein schlechtes Gewissen ist nun so übermächtig, daß er unter Tränen gesteht, Elisabeth Schäfer umgebracht zu haben.

Zwischen den dichten Sträuchern an der Böschung des Müllplatzes befindet sich Elisabeth Schäfers Lieblingsstelle für geheimen Freiluftsex. An diesem Platz vergnügte sie sich mit Heinz Klausdorf schon in der Vergangenheit. Deshalb schlenderte das Paar auch an diesem sonnigen Nachmittag des 14. April 1967 den verschlungenen Pfad durch die Felder entlang, der von der Dresdener Landstraße abzweigt und nach Mülsen Sankt Niclas, aber auch zu ihrem Liebesnest führt. Ab und zu unterbrachen die Liebenden den Spaziergang, um sich leidenschaftlichen Küssen hinzugeben. Elisabeth war überraschend wohlgelaunt, fast albern. Sie scherzte grob und zotig, ließ ihrem Begehren freien Lauf. Heinz Klausdorf war indes zurückhaltend. Obwohl er immer mehr Lust verspürte, sich mit ihr zu vereinigen, dachte er fortwährend daran, daß dieses heimliche Stelldichein bald seinen Abschluß finden müsse. Elisabeth holte die Weinflasche aus ihrer Tasche: »Hier, mach auf!«

Klausdorf kramte sein großes Taschenmesser aus der Hosentasche hervor und klappte einen Korkenzieher auf. Mühelos entkorkte er die Flasche. Sie tranken abwechselnd. Aber er hielt sich unbemerkt zurück. Noch ehe die beiden ihre erotische Vergnügungsstätte erreicht hatten, war die Flasche fast leer. Elisabeth, inzwischen ziemlich beschwipst, konnte es kaum erwarten. Auf der Böschung am Rande des Müllplatzes, an einer Stelle, wo die dichten Sträucher eine kleine Lichtung bilden, vollzogen sie den Beischlaf. Elisabeths Leidenschaft kannte keine Grenze. Auch Klausdorf war emsig bei der Sache, bis die körperliche Schwäche eine Fortsetzung der Orgie unmöglich machte. Erschöpft ruhten sich beide eine Zeitlang aus. In Klausdorfs Kopf spukte von nun an nur ein einziger Gedanke: Jetzt muß es raus! Verlegen verschwand er zunächst hinter einem anderen Gebüsch, um seine Notdurft zu verrichten. Unterdessen kleidete sich Elisabeth an und ordnete ihre Frisur. Als er zurückkam, nutzte er die körperliche Distanz zu ihr, sagte ernst und kühl: »Das war das letzte Mal!«

Sie starrte ihn fassungslos an, nestelte nervös an ihrem Pullover und war einen Atemzug lang still. Das Blut stieg in ihren Kopf, hektische Flecken bildeten sich an ihrem Hals, schließlich zischte sie: »Das könnte dir so passen, mich einfach wegschmeißen!«

Klausdorf war ziemlich ruhig und wiederholte seine Absicht, diesmal schärfer im Ton: »Hau ab, ich will nicht mehr!«

Elisabeth erkannte den Ernst der Situation, ihre Rage steigerte sich. Sie ging auf Klausdorf zu, packte ihn an den Haaren, schüttelte seinen Kopf und herrschte ihn an: »Du Schwein! Verdammter Hund! Ist dir völlig egal, was aus mir wird?«

Er befreite sich mit einem kräftigen Handgriff aus der mißlichen Lage und gab Elisabeth einen derben Stoß vor die Brust. Sie stolperte nach hinten, lag plötzlich auf dem Rücken zwischen den Büschen, heulte und schrie ihre Drohung heraus: »Na warte, heute abend weiß deine Frau alles, aber auch alles! Und, daß ich ein Kind von dir kriege!«

Seelenruhig trank Klausdorf den Rest aus der Weinflasche. In diesem Augenblick schoß es durch sein Gehirn, daß diese Frau sein Leben ruinieren wollte. Natürlich glaubte er nicht, sie geschwängert zu haben, weil sie ja die Pille nahm. Aber daß sie Anita alles offenbaren wollte, empfand er als sehr ernsthafte Bedrohung, und als er Elisabeth anblickte, die – hilflos wie ein auf dem Rücken liegender Käfer, mit Armen und Beinen strampelnd – sich aufzurichten versuchte, stand es für ihn fest: Die muß weg! Die Weinflasche in der Hand, stürzte er auf sie zu und schlug damit mehrmals auf ihren Kopf. Augenblicke später: Er beugte sich über Elisabeth, die nur noch undeutliche, murmelnde Laute von sich geben konnte, klappte er sein Taschenmesser auf und stach zu. Sie bäumte sich auf. Das steigerte seine Wut. Immer und immer wieder rammte er wie von Sinnen das Messer in ihren Körper. Diese schreckliche Szene dauerte länger als eine Minute. Dann bewegte sich Elisabeth nicht mehr. Klausdorf wischte das Blut vom Messer, klappte es zusammen und ließ es wieder in der Hosentasche verschwinden. Völlig erschöpft setzte er sich, benötigte einen Augenblick der Erholung und Überlegung. Doch die Zeit der Besinnung war sehr kurz. Wie eine unaufhaltsame Woge stürzte jetzt die Angst über ihn herein. Er wollte fliehen, doch noch hielten ihn die letzten Widerstandskräfte zurück: So darf sie nicht liegenbleiben! Klausdorf packte die tote Frau an den Füßen, zog sie an den Rand der Böschung und rollte sie hinunter in den Unrat. Vorsichtig ließ er sich die Böschung hinuntergleiten, suchte auf dem Schuttplatz eine geeignete Vertiefung und verfrachtete die Leiche darin, um sie mit Asche abzudecken und allerlei

Gerümpel darüber zu schichten, bis die Stelle unauffällig war. Dann kletterte er die Böschung hoch, zurück zu der Stelle, die einst auch sein Liebesnest war und holte Elisabeths Handtasche. Ein Schlüsselbund, Personal- und Betriebsausweis und eine Geldbörse mit 90 Mark waren darin. Das Geld nahm er an sich, die Tasche und das Schlüsselbund landeten in hohem Bogen irgendwo im Müll. Die Ausweise jedoch verbrannte er auf dem Rückweg in einem Straßengraben. Zu Hause untersuchte er seine Bekleidung nach Blutspuren, konnte aber nichts Auffälliges entdecken. Er reinigte sich und wischte sein Messer nochmals mit Feuerzeugbenzin ab. Als Anita mit den Kindern heimkehrte, beschäftigte er sich gerade mit der Reparatur eines Rollers. Was folgte, war ein harmonischer Abend wie in jeder intakten Familie.

Klausdorf konnte aber in der Nacht keine Ruhe finden. Am nächsten Tag mußte er zur Frühschicht. Früher als sonst schlich er sich aus dem Haus und ließ Anita schlafen. Mit dem Rad fuhr er zum Müllplatz, um zu kontrollieren, ob man die Leiche finden könnte. Aber alles war so unauffällig, wie er es verlassen hatte.

Langsam kehrte wieder Ruhe in seine Seele. Und die weiteren Überlegungen wurden kühler und gewannen an Logik. Natürlich war damit zu rechnen, daß Elisabeth Schäfer bald vermißt würde und die VP sich der Sache annahm. Ihm kam der Gedanke, vorsorglich eine ablenkende Spur zu legen. Deshalb tauchte er nach Schichtschluß bei Elisabeths Kindern auf, spielte die große Verwunderung, die Mutter nicht anzutreffen, hinterließ scheinheilig eine handschriftliche Nachricht und nahm das defekte Radio mit nach Hause …

Heinz Klausdorf verhält sich in den polizeilichen Vernehmungen aussagewillig und einsichtig. Er hat sich schnell
damit abgefunden, daß er für viele Jahre hinter Gitter muß.
Ihm ist klar, seine Lage nur dadurch verbessern zu können,
wenn er bei der Wahrheit bleibt. Als ihm allerdings in der
Vernehmung vorgehalten wird, die Tötung der Frau Schäfer
längere Zeit geplant zu haben, wehrt er sich hartnäckig gegen
diesen Vorwurf. Unbeirrbar bleibt er dabei, daß ihm der
Gedanke, Frau Schäfer zu töten, erst in dem Augenblick
gekommen sei, als sie rücklings zwischen den Büschen lag.
Doch die Ermittler lassen nicht locker und konfrontieren ihn
wieder mit der alten Landkarte aus seiner Wohnung: »Das
Kreuz zeigt doch, daß Sie die Leiche zum Schuttplatz bringen wollten. Das beweist Planung. Daraus folgt, es geht nicht
um Totschlag, sondern Mord!«
Klausdorf befindet sich in einer verzweifelten Lage. Er fühlt
sich in diesem Punkt völlig unschuldig und beteuert: »Glauben Sie mir doch, ich kenne das Kreuz nicht, es ist nicht von
mir!«
»Woher haben Sie das Meßtischblatt eigentlich?« will man
von ihm wissen. Wenigstens diese Frage kann er glaubhaft
beantworten: »Als mein Vater gestorben war, haben mir
meine Brüder eine Kommode gebracht. Da war die Karte
drin. Ich habe sie, so wie sie war, drin liegenlassen und nie
auseinandergefaltet. Hat mich einfach nicht interessiert!«
Klausdorfs Beharrlichkeit macht nun auch die Kriminalisten
sprachlos. Sie brechen ein weiteres Gespräch über dieses
Thema ab. Doch die Berufsskeptiker wollen Genaueres wissen. Objektive Fakten müssen her. Ein Schriftsachverstän-
diger wird konsultiert, um die Frage zu beantworten, ob sich
feststellen ließe, wann die Markierung auf der Karte vor-

genommen wurde. »Im Prinzip ja, aber bei der geringen Spurenmenge habe ich meine Zweifel«, ist seine salomonische Antwort. Da er keine physikalisch-chemische Analysen vornimmt und sich sein Arbeitsgebiet darauf beschränkt, verdächtige Personen als Urheber von Handschriften festzustellen, verweist er die Männer der MUK an einen Berliner Spezialisten für Dokumentenuntersuchung. Dieser ist auch bereit, gibt aber zu bedenken, daß er für die Bestimmung des Tintenalters ein winziges Stück der Markierung aus der Karte herausschneiden müsse. Kein Problem, die kleine Beschädigung steht in keinem Verhältnis zum erwarteten Resultat.

Vor allem wenn der Verdacht von Fälschungen oder Verfälschungen von Schriftstücken und Unterschriften besteht, hat die Kriminalistik zwei grundlegende Aufgaben zu bewältigen. Zum einen geht es um die Untersuchung von sogenannten Schriftträgern wie z. B. Pässen, Urkunden, Rechnungen, Schecks, Wertpapieren, zum anderen um die direkte und indirekte Altersbestimmung von Schreibmitteln wie z. B. eisenhaltigen Tinten, Blauholztinten, Farbstofftinten, Kugelschreiberpasten, Tuschen, Farben von Stempeln, Faserschreibern, Blei- und Buntstiften.
Im Vordergrund stehen dabei mikroskopische, meßtechnische, chemische und physikalische Verfahren wie Tüpfelreaktionen, Dünnschicht- und Papierchromatographie, Untersuchung im sichtbaren, ultraroten und ultravioletten Wellenlängenbereich.
Vereinfacht ausgedrückt: Die im Fall Klausdorf angewandte Methode der Tintenaltersbestimmung bezog sich auf eine chemische Darstellung des Sulfat- bzw. Chloridbildes. Ihr liegt zu Grunde, daß die in bestimmten Tinten vorhan-

denen Sulfat- bzw. Chloridionen über Jahre hinweg unsichtbar in die Umgebung des Schriftzuges diffundieren. An Hand des Auswanderungsgrades läßt sich das Alter der Tinte schätzen. Die erlangten Schätzwerte können dann Einfluß auf die Zielgenauigkeit und Effektivität der nachfolgenden kriminalistischen Ermittlungen ausüben.

In der Praxis der DDR-Sicherheitsorgane spielte die Dokumentenuntersuchung eine nicht unerhebliche Rolle. Abgesehen von Straftaten der allgemeinen Kriminalität und der Klärung zivilrechtlicher Angelegenheiten boten insbesondere die völlig überzogenen, oft beliebig auslegbaren politischen Straftatbestände innerhalb der »Verbrechen gegen die DDR« und der »Straftaten gegen die staatliche Ordnung«, dem Ministerium für Staatssicherheit auch in dieser Hinsicht ein reichhaltiges Betätigungsfeld.

Tage vergehen. Dann liegt das Ergebnis des Gutachtens vor. Doch die Männer der Mordkommission sind völlig perplex: Das Kreuz auf dem Meßtischblatt ist mit an Sicherheit grenzender Wahrscheinlichkeit mindestens 10 bis 12 Jahre alt. Vermutlich ist es sogar noch älter. Es wurde nämlich eine Tinte benutzt, die schon seit langer Zeit nicht mehr im Handel ist. Den Kriminalisten, die eigentlich an Überraschungen gewöhnt sein müßten, verschlägt es die Sprache, denn sie ziehen sofort die richtigen Schlüsse: Wenn dem so ist, steht die Markierung auf der Karte in keiner Beziehung zu dem Mord! Sie kann folglich nur entstanden sein, als Klausdorf Frau Schäfer noch gar nicht kannte. Und darüber hinaus: Zu dieser Zeit war das Gelände nicht durch einen Schuttablageplatz verunstaltet. Diese Erkenntnis stachelt ihren Ermittlungsehrgeiz an. Jetzt wollen sie über die geheimnisvolle Karte mit dem kleinen, unscheinbaren Kreuz mehr wissen. Klausdorfs Brüder, Verwandte und Bekannte werden befragt. Auch sie bestätigen, daß der Geländeplan aus dem Besitz des im Jahre 1952 verstorbenen Vaters stammt. Folgerichtig muß das Kreuz vor dem Tod des Vaters in die Karte eingetragen worden sein. Daraus ergibt sich eine weitere zeitliche Präzisierung: Die Eintragung auf dem Meßtischblatt muß mindestens 15 Jahre zurückliegen. Weitere Ermittlungen folgen. Dann finden sie heraus, daß die Tintenmarkierung durch Klausdorfs Vater wahrscheinlich im Herbst 1944 vorgenommen wurde, zu einer Zeit also, als der Beschuldigte selbst etwa 14 Jahre alt war. Das erklärt, warum Heinz Klausdorf energisch beteuert, die Eintragung auf dem Meßtischblatt nicht gemacht zu haben, ja sogar beschwört, das antiquierte Papier nicht einmal auseinandergefaltet zu haben, das auf geheimnisvolle Weise sein Verhängnis wurde.

Also: Klausdorfs Vater hatte die Kennzeichnung auf dem Plan genau an der Stelle vorgenommen, an der sein Sohn 23 Jahre später die Leiche seiner Geliebten versteckte. Eine solche eigenartige Duplizität zwischen Jahrzehnten auseinander liegenden Ereignissen muß doch eine Ursache haben. Fragen werden aufgeworfen, sinnvolle und törichte: Was bewog den Vater zu der Kennzeichnung des späteren Leichenfundorts? Können die unscheinbaren Zeichen auf dem Meßtischblatt für Heinz Klausdorf eine Bedeutung haben, der er sich nur nicht mehr bewußt ist? Ist es nach menschlichem Ermessen vorstellbar, daß die Übereinstimmung der Markierung auf der Karte mit dem Ort der Opferbeseitigung naturgesetzlichen Abläufen folgte? Oder gibt es eine andere logische Erklärung für die örtliche Identität zweier zeitlich sehr weit auseinander liegender und unabhängig voneinander ablaufender Ereignisse? Wirkten, wie mancher gebildete Mitmensch zu erklären versucht, gar paranormale Phänomene, wonach Klausdorfs Vater, freilich unbewußt, voraussah, daß sein Sohn an diesem Ort einmal etwas Schreckliches tun würde? Versteckte der Mörder das Opfer somit an einem von übersinnlichen Kräften vorbestimmten Ort?

Wie dem auch sei: Für den Fortgang des Ermittlungsverfahrens ist nur von Belang, daß Klausdorf mit dem Kreuz auf dem Meßtischblatt nichts zu tun hat. Folglich ist die Version einer langfristigen Planung des Verbrechens hinfällig. Die Kriminalisten sind zufrieden. Es war ein überaus glücklicher Umstand, bei der Wohnungsdurchsuchung auf die Markierung gestoßen zu sein, die sie schließlich auf den Gedanken brachte, das bezeichnete Gelände abzusuchen. Ihre nüchterne Erklärung: Es war ein Zufall, der sich nur mit dem vielmillionenfachen Bruchteil einer Wahrscheinlichkeit noch einmal wiederholen könnte.

Für die Beweisaufnahme in der Hauptverhandlung vor dem Bezirksgericht Karl-Marx-Stadt spielt die Eintragung auf dem Meßtischblatt keine Rolle. Sie steht mit der Tötung der Frau Schäfer in keinem Zusammenhang. Allerdings wird auf Klausdorfs Antrag die Frage geprüft, ob er durch den Streit mit seiner Geliebten in eine solch ungestüme Gefühlserregung geraten ist, daß er die Kontrolle bewußter Selbststeuerung verlor und dadurch eine unverschuldete Affekthandlung beging. Doch bald ist klar: Für ihn trifft weder eine Schuldminderung noch eine strafrechtliche Privilegierung im Sinne des Totschlags zu. Grund: Er hatte sich, als er den Rest der Weinflasche austrank, mit kühler Überlegung zur Tötung seiner überdrüssigen Geliebten entschlossen. Das bestätigt auch der psychiatrische Sachverständige, der Klausdorf als einen Menschen mit »vital-primitiver Persönlichkeitsstruktur und vordergründig egozentrischen Lebenszügen« einschätzt, der strafrechtlich verantwortlich ist.

Heinz Klausdorf wird zu einer lebenslänglichen Freiheitsstrafe verurteilt. Wegen eines schweren chronischen Leidens wird er nach 16jähriger Haft vorzeitig entlassen. Er verstirbt im Jahre 1985 kurz vor Vollendung seines 55. Lebensjahres. Der Fall Heinz Klausdorf gerät bald in Vergessenheit, versinkt im großen Sumpf der Verbrechensstatistik als einer unter vielen. Nur die Geschichte um das geheimnisvolle, unscheinbare Kreuz auf einer alten Landkarte, das auf unerklärliche Weise den Weg zum Versteck des Opfers verriet, geht in Kriminalistenkreisen immer wieder von Mund zu Mund. Immerhin verbindet sich damit einer der größten Zufälle in der Geschichte der Kriminalistik.

Im Jahre 1994 wird die Erinnerung an diesen Fall wiedererweckt: Inzwischen hat nämlich die Faszination, die von der kleinen Tintenmarkierung auf dem Meßtischblatt ausgeht, auch Fernsehjournalisten und Filmemacher in ihren Bann gezogen. Und so greift die RTL-Sendereihe »Spurlos« den Fall des Mörders Heinz Klausdorf auf und erzählt in dokumentarisch untersetzter Spielfilmform die Geschichte des geheimnisvollen Kreuzes auf dem Meßtischblatt.

Blutrausch

(Aktenzeichen 102 a BS 8.69 – BI 7.69
des Stadtgerichts von Groß-Berlin)

Leipzig, an einem frühen Morgen im Sommer 1970. Der
Staatsanwalt steht in einem hell erleuchteten Kellerraum des
grauen Seitengebäudes der Strafvollzugseinrichtung Alfred-
Kästner-Straße und spricht mit strenger Stimme zwei kurze
Sätze zu einem Mann in trister Gefangenenkleidung: »Das
Gnadengesuch ist abgelehnt. Die Hinrichtung steht unmit-
telbar bevor!«

Und während er sich schnell zurückzieht, tritt unbemerkt ein
Uniformierter von hinten an den Delinquenten heran, in der
Hand eine großkalibrige Pistole. Sekunden später fällt ein
Schuß. Das Projektil zerschmettert den Hinterkopf des An-
gesprochenen, der auf der Stelle tot zusammenbricht. »Un-
erwarteter Nahschuß« heißt dieser Vorgang in der Amts-
sprache der Vollstreckungsordnung. Das im Namen des Volkes wegen dreifachen Mordes ausgesprochene Todesurteil
gegen den 32jährigen Henry Stutzbach aus Berlin ist soeben
vollstreckt worden.

Weitere Männer betreten den Raum, das Gefolge des Staats-
anwalts. Ein Arzt untersucht den Toten. Protokolle werden
ausgefüllt, die von den Anwesenden unterschrieben werden. Der Leichnam wird eingesargt und davongetragen. Nur
wenige, bürokratisch exakt vorgeschriebene Minuten dauert
das unheimliche Procedere einer Justifikation. Die Männer
gehen und das Licht verlöscht. Dann herrscht wieder Ruhe
im Kellerraum.

Nun kann ein für allemal die Akte über einen sensationellen Mord geschlossen werden, der wie eine höchst geheime politische Angelegenheit behandelt wird. Der Verdacht liegt nahe, daß der in der Tat kriminologisch herausragende Fall aus Gründen der Partei- und Staatsdisziplin eine besondere Verschwiegenheit verlangt, weil er die Idylle der sozialistischen Menschengemeinschaft gefährden und dem »westdeutschen Klassenfeind« unnötig weitere Munition im Kalten Krieg gegen die DDR liefern könnte. Und das, obwohl es ein ganz und gar unpolitischer Mordfall ist. Der herrschende Zeitgeist produziert eben eine solche absurde Sensibilität, und zwar auf beiden Seiten der Front.

In vier prall gefüllten Aktenordnern »Strafsache Henry Stutzbach« ist die ganze mörderische Geschichte konserviert. Doch erst jetzt, nach dreißig Jahren des großen Schweigens kann über den Fall berichtet werden.

Es ist ein naßkalter Freitag, der 14. Februar 1969. In den Mittagsstunden geht in der Einsatzzentrale des Berliner VP-Präsidiums ein Notruf ein. Eine Mieterin aus der Ehrenfelsstraße im Stadtgebiet von Karlshorst erbittet dringend polizeiliche Hilfe: Im gleichen Haus wohne nämlich eine Frau Karin Stutzbach, die wegen der bevorstehenden Scheidung von ihrem Ehemann getrennt lebt. Vor wenigen Minuten seien deren minderjährige Kinder völlig verstört bei ihr aufgetaucht. Grund: Der Vater, der unerwartet erschien, tobe in der Wohnung herum, zertrümmere Möbel und schlage wild um sich. Er habe die Mutter gewaltsam ins Wohnzimmer gezerrt, von innen abgeschlossen und auf sie brutal eingeschlagen. Sie schreie laut um Hilfe.

Der Mann in der Einsatzzentrale beordert eine uniformierte

Funkstreife in die Ehrenfelsstraße, gibt den Polizisten allerdings mit auf den Weg, den vermutlichen Schläger nur zu beruhigen und sich ansonsten aus dem Ehestreit herauszuhalten. Die Gesetzeshüter kennen derlei unangenehme Einsätze zur Genüge. Sie können dabei schnell zwischen die Fronten der wütenden Eheleute geraten. Oft wirkt bereits das bloße Erscheinen der Staatsmacht so beruhigend auf die erhitzten Gemüter, daß der eheliche Frieden schnell zurückkehrt. Und so rechnen die Polizisten insgeheim damit, daß sich bei ihrem Eintreffen die Situation längst beruhigt hat. Doch zu allem Übel ist dem nicht so: Vor der offenen Wohnungstür der Frau Stutzbach warten nämlich die verängstigten Kinder und die Nachbarin, die um polizeiliche Hilfe bat.

»Hören Sie den Krach da drin?« meint diese zu den Uniformierten.

»Nun mal sachte. Wir werden das gleich haben«, sind sich die Männer sicher und betreten die Wohnung. Tatsächlich: Aus dem Wohnzimmer dringt das wütende Schnauben eines Mannes, der undeutliche Worte von sich gibt. Einer der Polizisten drückt die Klinke der Zimmertür nieder. Vergeblich: Von innen verschlossen. Er klopft an die Tür und fordert mit energischer Stimme: »Herr Stutzbach, hier ist die Volkspolizei. Öffnen Sie die Tür!«

Normalerweise wäre es für die Polizisten eine Leichtigkeit, die Tür gewaltsam zu öffnen. Doch sie wollen sich weder einen Hausfriedensbruch noch eine Sachbeschädigung vorwerfen lassen. Dann hätten sie womöglich nicht nur beide Streithähne, sondern auch das Gesetz gegen sich. Deshalb beschränken sie sich auf weitere Klopfversuche. Ständig wiederholen sie ihre Aufforderung: »Herr Stutzbach, öffnen Sie die Tür!«

Mehrere Minuten dauert diese sinnlose Aktion. Immer noch dringt das undeutliche Brabbeln des Mannes durch die Tür. Die Uniformierten kommen sich bereits ziemlich hereingelegt und ratlos vor. Dann ist es plötzlich still im Wohnzimmer.

»Vielleicht hat er Ruhe gegeben«, meint der eine. Der andere lauscht noch einmal an der Tür, will sich vergewissern und ruft: »Alles in Ordnung da drin?«

Und zu ihrer Überraschung wird plötzlich die Tür aufgeschlossen. Doch was sie jetzt erblicken, macht sie total fassungslos: In der Türöffnung steht ein etwa 30jähriger, mittelgroßer, muskulöser Mann mit dunkler Brille. Sein Mund ist blutverschmiert. Auch am Körper überall Blut. Seelenruhig pafft er eine Zigarette und grinst wie irrsinnig die Polizisten an. Noch ehe sie sich gefangen haben, zeigt der Mann mit dem ausgestreckten Zeigefinger in das Innere des Wohnzimmers und meint gelassen: »Da liegt sie, mausetot. Ich habe sie gerade seziert, aber schlechte Arbeit geleistet, kein richtiges Werkzeug gehabt.«

Er macht eine kurze Pause, um einen tiefen Zug aus der Zigarette zu machen und ergänzt: »Ich bin Sektionsgehilfe.«

Die Polizisten erbleichen, wagen nur einen flüchtigen Blick in das Zimmer. Tatsächlich: Auf dem Fußboden liegt eine nackte Frau mit einer weit klaffenden Wunde am Hals: Die Kehle ist durchgeschnitten. Auch ihr Leib ist fürchterlich zugerichtet. Überall Blut. Tisch und Stühle sind umgestoßen, Scherben des Kaffeegeschirrs auf dem Fußboden. Das alles sind die stummen Zeugen eines heftigen Kampfes. Es dauert einige Augenblicke, bis die Beamten ihre Fassung zurückgewonnen haben. Auch die Nachbarin ist von dem Anblick schockiert. Sie hält ihre Hände schützend vor die Kinder und verläßt mit ihnen den gräßlichen Ort: »Ich bringe sie zu ihrer Oma, die wohnt gleich um die Ecke.«

Der grinsende Mann wird aufgefordert, sich auf einen Stuhl zu setzen. Gehorsam wie ein Rekrut führt er den Befehl aus. Während einer der Polizisten inzwischen zum Funkwagen eilt, um die Kriminalpolizei anzufordern, bewacht der andere, die Pistole im Anschlag, den wie geistesabwesend dreinblickenden Mann. Der aber sagt plötzlich zu seinem Aufpasser, als ginge es um ganz nebensächliche Dinge: »Ich habe noch zwei seziert. Die sind auch mausetot, sehen aber besser aus. Das hier ist Pfuscharbeit. Ich hatte keinen richtigen Tisch, kein Blutablauf, kein richtiges Gerät …«

»Wen haben Sie denn noch seziert?« fragt der Polizist zaghaft.

»Erstens: Hannelore Schneider, wohnt Linienstraße, Ecke Auguststraße in Mitte. Zweitens: Brigitte Köhler, Kiefholzstraße 304, Treptow«, antwortet der Mann auf dem Stuhl sachlich wie ein Buchhalter.

Der Polizist lächelt ungläubig, fast mitleidig, vermutet, diese Selbstbezichtigung sei dem verwirrten Geist des Mannes geschuldet. Vorsorglich notiert er aber die Daten. Gewiß wird die Kriminalpolizei die Angelegenheit überprüfen, vielleicht ist doch etwas dran.

Eine Viertelstunde später: Kriminalisten der VP-Inspektion Treptow sind erschienen, um erste Befragungen durchzuführen und den Tatort zu sichern. Sie bilden aber nur die Vorhut der Mordkommission. Henry Stutzbach, der grinsende Mann mit der dunklen Brille wiederholt seine makabre Aussage haargenau. Widerstandslos läßt er sich festnehmen und ins VP-Präsidium am Alexanderplatz bringen.

Entsetzliche Gewißheit – Stutzbach hat die Wahrheit gesagt:

Jeweils unter den angegebenen Anschriften findet die Kriminalpolizei zwei weitere tote, nackte Frauen. Auch sie sind entsetzlich verstümmelt: Würgemale, Herzstiche, ihre Leiber mit langen, tiefen Schnitten aufgeschlitzt. Die Mordkommission muß gleichzeitig drei artgleiche Tatorte untersuchen. Das ganze Wochenende ist damit ausgefüllt. Schnell stellt sich heraus, daß die Tatzeiten aller drei Morde nur um Stunden auseinander liegen und die beiden Opfer in der Linien- und Kiefholzstraße Henry Stutzbachs Exgeliebte waren.

Am Abend seiner Festnahme wird er ärztlich untersucht. Ergebnis: Der Mörder wirkt innerlich gefaßt, teilnahmslos, erschöpft. Ansonsten aber hat er alle Sinne gut beieinander. Sein Körper ist mit Kratz- und Blutspuren seiner Opfer übersät. Alle Befunde werden fotografisch dokumentiert. Als Stutzbach gefragt wird, ob er die anderen beiden Frauen auch »seziert« habe, grinst er wieder diabolisch und sagt: »Ja ja, aber nur so zum Spaß. Sollte nur Probe sein. Das Material war Ausschuß, ich wollte mich auf die Prüfung vorbereiten ..., wollte sogar dekapitieren, ist aber nicht gelungen, hatte nur unzulängliches Werkzeug ...«

»Haben Sie alle drei Frauen erst erwürgt und dann seziert?« will man von ihm wissen.

»Was denken Sie von mir«, erhitzt er sich, »ich mache doch keine Vivisektion!«

Die Autopsie der drei toten Frauen wird im Institut für gerichtliche Medizin in der Hannoverschen Straße vorgenommen. Stutzbachs Behauptung stimmt. Alle drei Frauen starben tatsächlich durch Erwürgen in Kombination mit Herzstichen. Das Aufschneiden ihrer Körper erfolgte postmortal und läßt gewisse Rückschlüsse auf Kenntnisse in der pathologischen Sektionstechnik zu.

Für die Mordkommission gibt es in den nächsten Wochen alle Hände voll zu tun: Stutzbachs Mutter, seine Nachbarn und Arbeitskollegen müssen zeugenschaftlich aussagen, um die Aufklärung der Täterpersönlichkeit zu erleichtern. Auch die Bewertung des Tatgeschehens darf sich nicht nur auf die spurenkundliche Seite beschränken, sondern muß auch andere beweisrechtlich und kriminalpsychologisch bedeutsame Aspekte einschließen. Deshalb werden weitere Expertisen, Gesundheitszeugnisse, mögliche Krankengeschichten benötigt. Denn die drei Morde sind so ungewöhnlich, daß zunächst die Annahme besteht, sie könnten durch einen Geistesgestörten verübt worden sein. Dieser Verdacht wird auch durch Stutzbachs absonderliches Verhalten in der Untersuchungshaft gestützt. Er ist völlig unberechenbar, und das Wachpersonal hat große Mühe, ihn zur Räson zu bringen. Auch aus seinem Haß gegen die Polizisten des Strafvollzugs macht er lauthals und kraftvoll keinen Hehl. Stutzbachs Stimmung kippt aber innerhalb von Minuten und scheinbar ohne jeden äußeren Anlaß von wortgewaltigen, polternd-aggressiven, mitunter sogar gefährlich explosiven Erregungszuständen in sture, innere Verschlossenheit, bei der er verbissen vor sich hin starrt und kein Wort über die Lippen bringt.

Ein ähnliches, nicht ganz so extremes Verhalten zeigt er auch in den kriminalpolizeilichen Vernehmungen, so daß seine Aussagebereitschaft immer wieder geduldig geweckt werden muß.

Am Ende der Ermittlungen aber ergibt sich das klare Porträt eines Mannes, der selbst für Mörder ungewöhnliche Bluttaten beging. Die Frage, ob seine verschrobene Gedankenwelt das Produkt krankhafter Geistesvorgänge war, ist zu diesem Zeitpunkt allerdings noch nicht zu beantworten.

Henry Stutzbach, Jahrgang 1938, wächst im Berlin des Zweiten Weltkrieges auf. Sein Vater, ein streitsüchtiger, jähzorniger Mann, verläßt nach seiner Entlassung aus der Kriegsgefangenschaft die Familie, um im Westen Deutschlands ein neues Glück zu suchen. Die Mutter, eine einfache, etwas labile Frau, die sich nicht wieder an einen Mann binden will, verhätschelt den kleinen Henry. Er ist ein außergewöhnlich stilles Kind, das meist für sich allein spielt. In der Schule zeigt er durchweg durchschnittliche Leistungen. Jedoch wird er in den letzen Schuljahren durch erhebliche Erziehungsschwierigkeiten auffällig: Tobsuchtsanfälle beherrschen ihn, er opponiert gegen die Lehrer, seine Unlust auf die Schule zieht schlechte Leistungen nach sich, Mißerfolge führen dazu, daß er viele Unterrichtsstunden schwänzt. Er ist schüchtern, verträgt sich mit den Schulkameraden nicht, kann keine Freundschaft entwickeln, bleibt ein kontaktarmer Einzelgänger, wird sogar zum willfährigen Objekt mancher Klassenkeile. Er ist ängstlich und durchsetzungsschwach. Nach der Grundschule beginnt er eine Lehre als Bauschlosser. Da seine Ausdauer aber nur ein halbes Jahr anhält, wird die Lehre kurzerhand abgebrochen. Henry ist zu dieser Zeit zwar erst 15 Jahre alt, aber dem erzieherischen Einfluß seiner Mutter hat er sich längst entzogen. Wegen einer Netzhautablösung muß er sich einer Augenoperation unterziehen und von nun an eine Brille mit dunkel getönten Gläsern tragen. Die Gleichaltrigen hänseln ihn deshalb, manchmal verprügeln sie ihn auch grundlos. Eine Zeitlang verdient er seinen Lebensunterhalt mit verschiedenen Gelegenheitsarbeiten. Dann faßt er den Entschluß, sich in einem Boxverein körperlich zu ertüchtigen, um sich gegen die Attacken seiner Kameraden zur Wehr setzen zu können. Es dauert auch gar nicht lange, und er kann die erworbenen Sparringfähigkeiten außerhalb des Rings an körperlich unterlegenen Jugendlichen erfolgreich erproben und demonstrieren. Bereits mit 17 Jahren ist er ein gefürchteter Schläger, den Rücksichtslosigkeit und immense Schlagkraft kennzeichnen. Wenn ihn die Wut packt, zittert er am ganzen Körper, sein Gesicht wird weiß wie eine Kalkwand und die Lippen verfärben sich bläulich. Dann dauert es nur noch einige Sekunden und die Aggression bricht durch. Insbesondere wenn er Alkohol getrunken hat, neigt er zu solchen Wutausbrüchen. Körperverletzungen und Sachbeschädigungen sind die Folge.

Eine besondere Faszination üben Messer und Dolche auf ihn aus. Er legt eine Sammlung von Schneidwerkzeugen unterschiedlicher Klingenlänge an, die in wenigen Jahren zu einem stattlichen Arsenal anwächst. Das Interesse an Messern und Dolchen wird er zeitlebens nicht mehr verlieren.

Einige Male zieht es ihn aus der vermeintlichen Eintönigkeit und Enge des Arbeiter- und Bauernstaates in den Westen, dort kann er aber keinen Fuß fassen. Deshalb kommt er immer wieder nach Ostberlin zurück. Henry lernt die gleichaltrige Karin Holzmann kennen, die bald darauf ein Kind von ihm erwartet. Kurzerhand verloben sich die beiden. Doch schnell wird klar, daß Gewalttätigkeiten seine größte Aussteuer zu sein scheinen. Nach wenigen Monaten wird die Verlobung gelöst. Er hadert mit dem Schicksal und geht erneut in den Westen. Kurz vor dem Mauerbau kehrt er in die DDR zurück und erweicht das Herz seiner Exverlobten Karin, ihn wieder bei sich aufzunehmen. Inzwischen ist aus ihm ein affektlabiler Muskelprotz geworden, der stolz darauf ist, nach 20 Glas Bier und entsprechenden Schnäpsen angeblich immer noch keine Anzeichen von Trunkenheit zu zeigen.

Henry erhält eine Anstellung zunächst als Laborhelfer, später als Sektionsgehilfe im Pathologischen Institut der Charité. Er zeigt Interesse an dieser Arbeit, ist fleißig und bildet sich weiter. Die Tätigkeit im Sektionssaal verleitet ihn, Skalpelle verschiedener Größe für sich abzuzweigen, um seine heimliche Messersammlung zu vervollständigen. Den Diebstahl bemerkt niemand, allerdings muß er für ein halbes Jahr auf ein Leben in Freiheit verzichten, nachdem er eine Nachbarin seiner Mutter bestohlen hat.

Dennoch darf er danach als Sektionsgehilfe weiterarbeiten. Schon ein Jahr später verprügelt Henry zwei Polizisten einer Funkstreife. Karin hatte sie herbeigerufen, weil er in einem Wutanfall nicht nur Teile der Wohnungseinrichtung unsanft zerlegt, sondern sie zur Zielscheibe von Messerwurfübungen gemacht hat. Der Widerstand gegen die Staatsgewalt bringt ihm vier Monate Gefängnis ein.

Im Jahre 1962 ist Karin erneut schwanger, Grund genug, nun endlich mit Henry Stutzbach die Ehe einzugehen. Weitere Monate vergehen. Nach wie vor bestimmen seine explosionsartigen Gewaltakte das Zusammenleben, und zu den Kindern kann er keine emotionale Bindung finden. Karin, die sich längst von ihm trennen will, bringt jedoch keinen Mut für diesen Schritt auf. Nach einem ausgedehnten Kneipenbesuch verprügelt Henry in aller Öffentlickeit zwei Passanten, die ihn anmurren, weil er sie unsanft angerempelt hat. Auch ein zu Hilfe eilender Dritter verspürt Henrys starke Rechte ebenso wie zwei Schutzpolizisten, die ihn aufs nächste VP-Revier bringen wollen. Ergebnis: Ein Jahr und vier Monate hinter schwedischen Gardinen! Karin Stutzbach nutzt die staatlich verordnete Abwesenheit des Gatten für eine Trennung und bezieht mit den beiden Kindern eine Wohnung in der Ehrenfelsstraße.

Im August 1964 öffnen sich für Henry Stutzbach erneut die Gefängnistore. Seine Mutter, die in der Linienstraße im Stadtbezirk Mitte wohnt, nimmt ihn bei sich auf. Und die Kaderabteilung der Charité erlaubt ihm großzügig, seine Tätigkeit als Sektionsgehilfe fortzusetzen. Frohgemut stürzt er sich in die Arbeit, zeigt großen Fleiß, liest viel medizinische Literatur und avanciert nach einigen Monaten zum stellvertretenden Obersektionsgehilfen.

In »Klärchens Ballhaus« lernt er auf dem Tanzboden die alleinstehende 44jährige Hannelore Schneider kennen, die

Haus in der Linienstraße, in dem H. St. wohnte (Aufnahme von 2001).

zufällig auch in der Linienstraße wohnt. Nach den ersten sexuellen Gemeinsamkeiten zieht er zu ihr. Der Frieden ist jedoch nur von kurzer Dauer. Banalitäten bringen ihn so in Rage, daß er Frau Schneider schlägt und mit dem Messer bedroht. Als sie ihn aus der Wohnung werfen will, kommt ihr ein Zufall zu Hilfe: Betrunken schlägt er die Verkäuferin eines Imbißstandes zusammen und wehrt sich mit beiden Fäusten gegen eine Festnahme durch die Polizei. Sein Strafregister vergrößert sich um einen weiteren Posten: Körperverletzung und Widerstand gegen die Staatsgewalt werden mit anderthalb Jahren Gefängnis geahndet.

Im Juli 1967 in die Freiheit entlassen, zieht er wieder zu seiner Mutter. Denn Hannelore Schneider verwehrt ihm den Zutritt zu ihrer Wohnung. Auch seine Gunst in der Kaderabteilung der Charité hat er verspielt: Er darf nicht mehr als Sektionsgehilfe arbeiten. Die Behörden weisen ihm eine Stelle als »Zeitaufwandbearbeiter« im VEB Stereomat zu. Von Anbeginn zeigt er dort gute Arbeitsleistungen.

Anläßlich einer Kneiptour lernt er die 36jährige Brigitte Köhler kennen. Wegen ihrer zerrütteten Ehe will sie sich von ihrem Angetrauten trennen. Henry Stutzbach verschafft ihr ein tolles Liebesvergnügen und bietet ihr an, einstweilen mit in der Wohnung seiner Mutter zu wohnen. Erfreut willigt sie ein. Mit essigsaurer Miene stimmt die Mutter zu. Die Beziehung zu Brigitte Köhler wird, wie Henry Stutzbach in einer späteren polizeilichen Vernehmung angibt, von eigennützigen sexuellen Interessen bestimmt. Sie wird auch dann noch fortgesetzt, nachdem Brigitte wenige Wochen später in die eheliche Wohnung in der Treptower Kiefholzstraße zurückgekehrt ist. Als ihr Ehemann dahinterkommt, daß sie ihm nach wie vor untreu ist, verläßt er sie kurzerhand und reicht die Scheidung ein. Nun ist der Weg für Henry frei, und er kann sich öfter ungestört bei der neuen Geliebten aufhalten. Ganz tief in seinem Innern aber schlägt das Herz immer noch für seine Frau Karin, die getrennt von ihm ein eigenes Leben führt.

Die oberflächliche, nur von Sexualität bestimmte Bindung zu Brigitte Köhler wird bald gestört: In immer kürzeren Zeitabständen läßt er die Geliebte seine ungezähmten Wutausbrüche spüren, die schnell an Intensität zunehmen. Ein dramatischer Höhepunkt wird erreicht, als er zufällig dazu kommt, wie Brigittes Ehemann Sachen aus der ehelichen Wohnung holen will. Henrys harte Rechte vereitelt das Vorhaben: Ein Bruch des Unterkiefers hält den Ehemann vorübergehend von weiteren Besuchen ab. Nun erkennt auch Brigitte die Unberechenbarkeit und Gewalttätigkeit Henrys. Sie will ihm den Laufpaß geben. Enttäuscht und ratlos erhebt er wutschnaubend das Messer gegen sie. Mit einem kühnen Hechtsprung aus dem Fenster ihrer Parterrewohnung kann sie sich vor ihm in Sicherheit bringen. Zwei Tage später kommt er reuevoll zurück und winselt um ihre Gunst. Doch Brigitte will nicht mehr. Mit einem Messer schlitzt er sich den linken Unterarm auf und tobt in der Wohnung umher. Brigitte alarmiert die Polizei. Henry läßt sich widerstandslos ins Städtische Oskar-Ziethen-Krankenhaus bringen, um sich ärztlich versorgen zu lassen. Behutsam überweisen ihn die Herren in Weiß wegen vermeintlicher Suizidgefährdung in das psychiatrische Krankenhaus Wuhlgarten. Doch die selbstzerstörerische Attacke war nicht ernstgemeint. Nach wenigen Tagen wird er entlassen.

Es ist inzwischen Juli 1968. Mehrmals versucht Henry, Karin zurückzugewinnen. Sie verweigert hartnäckig jede Intimität, erlaubt ihm aber den Umgang mit den Kindern. Enttäuscht winkt er ab und zieht von dannen. Wieder greift er demonstrativ zum Messer und verletzt sein linkes Handgelenk erheblich. Ärztliche Hilfe ist erforderlich. Henry wird, wie in solchen Fällen üblich, wegen akuter Selbstmordgefährdung in die psychiatrische Abteilung des St.-Joseph-Krankenhauses überwiesen. Zwei Wochen lang wird er dort betreut. »Demonstrativer Suizidversuch« heißt es später in seiner Krankenakte, in der auch steht, daß er »eine leicht erregbare, unbeherrschte, explosive psychopathische Persönlichkeit« sei.

Wochen vergehen. Diesmal haben die Ereignisse Karin Stutzbach mitleidig gestimmt und für eine vorsichtige Annäherung des Ehemanns bereit gemacht. Sie wagt einen letzten Versuch ehelicher Gemeinschaft. Nach wie vor muß Henry aber bei seiner Mutter wohnen. Zunächst fügt er sich artig in sein Schicksal, umgarnt Karin, so gut er es vermag, und ist fast drei Monate lang lammfromm. Nur die Kinder sind ihm nach wie vor gleichgültig. Dann brechen die alten Übel wieder durch: Bereits die geringsten Meinungsverschiedenheiten versetzen ihn in Wut und Raserei. Zunächst kann er sich noch halbwegs zurückhalten, droht Karin nur Prügel an. Bald schlägt er erneut auf sie ein.

Als er sie eines Tages so erheblich verletzt hat, daß sie zum Arzt gehen muß, ist ihre Geduld erschöpft: Sie wirft Henry ein für allemal aus der Wohnung und reicht, fest entschlossen, die Ehescheidungsklage ein.

Erst jetzt begreift Henry, daß er Karin nicht mehr zurückgewinnen kann. Ihre Abneigung gegen ihn dokumentiert sie zusätzlich damit, daß sie die Beziehung zu einem verflossenen Freund restauriert. Henry Stutzbach ist außer sich, leidet unter dem aufgezwungenen Liebesverlust, ist aber nicht in der Lage, selbstkritisch in sich zu gehen und über seine eigenen schweren Makel nachzudenken. Im Gegenteil: Schuldzuweisungen sind für ihn immer schon die bequemste Art der Rechtfertigung, denn seine Maxime heißt schon seit seiner Jugendzeit: »Ihr wißt ja wie ich bin, also kommt mir nicht zu nahe!«

Karin hat sich nun endgültig von ihm abgewendet. Das quält ihn sehr. Wieder beschäftigen ihn selbstzerstörerische Gedanken. Diesmal verbindet er sie jedoch mit der Überlegung, vorher Karin zu töten. Er will mit allen Mitteln verhindern, daß ein anderer Mann sie besitzt. In der Folgezeit tüftelt er an einem Plan, auf welche Weise er Karins Leben beenden könnte. Fest steht, er will diesen Augenblick genießen, ihn, wie er in der Vernehmung später angibt, zu einem »beseelenden Glücksgefühl gestalten«.

Nahezu zwanghaft beschäftigen ihn derlei Ideen, und in seinem Hirn malt er sich das gräßliche Szenarium aus: Karin soll schnell sterben. Aber ihren Leichnam will er anschließend sezieren, wie er es im Sektionssaal der Pathologie schon viele Male erlebt hat. Dieser Akt soll schließlich der Höhepunkt seines Genusses sein, den er mit der Dekapitation ausklingen lassen will. Einige Wochen lang spukt das schreckliche Ritual in seinem Hirn. Besonders, wenn er Alkohol getrunken hat, drängt es ihn nach einer baldigen Realisierung. Das alles nimmt ihn innerlich so in Anspruch, daß die Gedanken an eine Selbsttötung immer mehr in den Hintergrund rücken.

Am Donnerstag, dem 13. Februar 1969, wird Henry Stutzbach durch einen Zwischenfall in die notwendige aggressive Stimmung versetzt, sein Vorhaben endgültig zu verwirk-

lichen: Nach Ferierabend besucht er seine Stammkneipe und spielt mit einem Zechbruder Karten. Sieben Glas Bier und ebenso viele Erdbeerliköre bilden sein Abendessen. Doch das Glück ist ihm an diesem Abend nicht hold. Er verliert ein Spiel nach dem anderen und muß schließlich seinem Kumpel einhundert Mark Spielschulden berappen. Er kann den Verlust nicht verwinden. Unbändiger Groll bestimmt sein weiteres Tun. Als sein Kumpel nämlich die Toilette aufsucht, folgt er ihm. Unvermittelt hält er diesem sein geöffnetes Taschenmesser drohend unters Kinn und fordert sein Geld zurück. Der weigert sich. Stutzbach sticht zu, nicht allzu tief, und auch nicht gefährlich, doch die Wunde blutet stark und erschreckt den Verletzten so sehr, daß er den Spielgewinn flugs herausrückt. Henry wirft dabei einen Blick in dessen Geldbörse und bemerkt, daß sein Kumpel noch zwanzig Mark besitzt. Auch die will er nun haben. Doch das gelingt ihm erst nach mehreren heftigen Faustschlägen. Verängstigt zieht sich der Beraubte zurück. Stutzbach gibt ihm noch mit auf den Weg: »Wenn du zu den Bullen gehst, bring ich dich um!«
Innerlich kochend kehrt Stutzbach kurz vor Mitternacht heim. Jetzt befindet er sich in der verhängnisvollen inneren Verfassung, die nötig ist, um seinen lang gehegten Plan zu verwirklichen. Der Gedanke an die Tötung seiner Frau hat ihn fest im Griff. Als er ein Brotmesser in die Jackentasche gesteckt hat und gehen will, kommt ihm eine neue entsetzliche Idee: Ich töte erst Hannelore Schneider, sie ist ein geeignetes Testobjekt, lebt allein und wohnt nur einige Häuser weiter. Wenige Minuten später klingelt er an ihrer Wohnungstür. Schlaftrunken öffnet sie ihm. Er schwindelt, sich mit seiner Mutter überworfen zu haben, und bittet um ein Nachtlager. Hannelore Schneider zeigt Verständnis für seine

vermeintlich mißliche Lage und bietet ihm einen Platz in ihrem Bett an. Beide rauchen noch friedlich eine Zigarette, dann schlüpfen sie unter eine gemeinsame Decke. Henry Stutzbach kommt nun schnell zur Sache: Er stürzt sich auf sie, umschließt mit seinen kräftigen Händen ihren Hals und drückt zu, bis sie keine Regung mehr zeigt. Sodann holt er das Brotmesser aus der Jacke, sticht mehrmals in das Herz der Leblosen, schlitzt ihr die Kehle auf und führt nach seiner Art eine Sektion durch. In dieser Stunde hat er keine Empfindungen, eine extreme Kaltblütigkeit beherrscht ihn. Das Opfer ist ihm völlig gleichgültig, es ist eine Sache, zu der man kein Gefühl entwickeln kann. Nach vollbrachter Tat raucht er seelenruhig eine Zigarette, reinigt das Messer vom Blut und durchsucht die fremde Wohnung. Dabei entdeckt

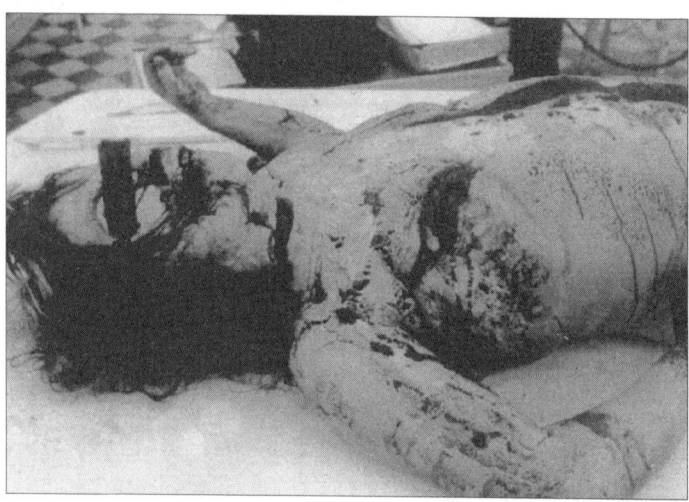

Die als »Versuchsobjekt« getötete ehemalige Geliebte, mit den gleichen Merkmalen wie die beiden anderen getöteten Frauen.

er ein volles Päckchen mit dem starken Schlafmittel »Kalypnon«, steckt es ein und schleicht sich davon.

Als dieser Mord in der späteren polizeilichen Vernehmung Gegenstand der Unterhaltung ist, sagt er dazu: »... Mit der Tötung der Frau Schneider habe ich eine Probe abgelegt und konnte keine ernsthafte Erregung bei mir feststellen. Ich war unnatürlich ruhig. Das kam mir natürlich sehr entgegen für die Absicht, meine Frau zu töten. Nun hatte es für mich nichts besonderes bedeutet, eine für mich uninteressante Frau zu töten, aber in bezug auf meine Frau war es so: Ich habe sie über alles geliebt. Nur war ich mir immer noch nicht sicher, ob es bei meiner Frau auch so glatt gehen würde ...«

Die Bedeutung des letzten Satzes wird klar, wenn man die folgenden Ereignisse kennt: Es ist weit nach Mitternacht. Als Henry Stutzbach das Haus verläßt, steckt das Brotmesser wieder in seiner Jackentasche. Jetzt fühlt er sich gut, ausgeglichen, fast wie ein neuer Mensch. Der Mord und die anschließende Sektion haben ihn innerlich befriedigt, und er ist überrascht, wie ruhig er dabei war. Erregung, Mitleid, Angst? Nein, nichts davon hat er verspürt. Im Gegenteil: Nun durchdringt ihn sogar ein ungewohntes Gefühl von Größe, eine selbstgestellte Mission erfüllt zu haben, vor deren Bewältigung er nicht einzuschätzen vermochte, wie er sie psychisch verkraftet. Augenblicklich beschäftigt ihn nur, ob er sich bei der Tötung seiner Frau ebenso in der Gewalt haben wird. Immerhin will er dieses Geschehen zu einem wahrhaften Höhepunkt gestalten, der ihn für alle vermeintlichen Frustrationen entschädigen soll. Bei diesen Überlegungen fällt ihm ein, sich nochmals zu testen. Er will kontrollieren, ob er die Technik des mörderischen Vorgangs ebenso beherrscht wie sich selbst. Und Brigitte Köhler soll das nächste Versuchsobjekt sein.

Sogleich führt ihn sein Weg in die Treptower Kiefholzstraße. Kurz nach 1.30 Uhr läutet er an Brigitte Köhlers Wohnungstür. Mißtrauisch beäugt sie ihn durch den Türschlitz und will wissen, was er mitten in der Nacht will. Henry Stutzbach bittet mit wehleidiger Miene um ein Nachtquartier und offeriert auch Brigitte Köhler die melodramatische Mär von der Mutter, mit der er sich überworfen habe, und die ihm nun den Zutritt zu ihrer Wohnung verwehre. Sie hat ein Einsehen mit der vermeintlich vertrackten Lage ihres Exliebhabers und läßt ihn ein. Diese Arglosigkeit wird ihr Verhängnis. Eilig richtet ihm Brigitte Köhler auf der Wohnzimmercouch das Bett, während er sich entkleidet. Dabei stellt er mit Erschrecken fest, daß sein Unterhemd mit Blut beschmutzt ist. Doch es gelingt ihm, das Verdacht erweckende Wäschestück unbemerkt unter seinen abgelegten Sachen verschwinden zu lassen. Schließlich ist er nur noch mit seiner Unterhose bekleidet. Stutzbach kramt eine Schachtel Zigaretten aus seiner Hose, reicht sie Brigitte Köhler und fragt scheinheilig: »Rauchen wir noch eine?«

Sie ist einverstanden. Für eine Zigarettenlänge sitzen Stutzbach und sein ahnungsloses Opfer einträchtig beisammen und unterhalten sich über belanglose Dinge. Es sind die letzten Minuten eines Lebens, dessen Ende allein der Mörder bestimmt. Als er den Stummel seiner Zigarette ausgedrückt hat, ist es soweit: Unversehens packt er mit beiden Händen Brigitte Köhlers Hals und drückt zu. Ihre Gegenwehr ist nur schwach und kurz. Stutzbach löst den Würgegriff erst, nachdem sie bewußtlos vor ihm niedersinkt. Er reißt ihr die Unterwäsche vom Leib, holt das Brotmesser und stößt es mehrmals tief in ihr Herz. Um das Blut aufzufangen, legt er die tote Frau auf ein paar Matratzen. Dann geht er mit unvorstellbarer Kaltschnäuzigkeit daran, mit langen, tiefen Schnitten Brust- und Bauchhöhle der Leiche zu öffnen. Einige Male hält er dabei inne, um seinen Seelenzustand zu überprüfen, und er ist zufrieden, keinerlei Regung zu verspüren. Das gräßliche Geschehen ist nach einer Viertelstunde beendet. Stutzbach wäscht das Blut von seinem Körper ab, kleidet sich an und verläßt unbemerkt das Haus. Nunmehr fühlt er sich ziemlich erschöpft und müde. Einige Straßen weiter erwischt er ein Taxi. Er läßt sich bis zum Koppenplatz, Ecke Linienstraße fahren und geht die wenigen Meter nach Hause zu Fuß. Um seinen eigentlichen Plan alsbald zu verwirklichen, gönnt er sich nur knapp drei Stunden Ruhe, stellt den Wecker auf 5.30 Uhr und schläft wie ein Murmeltier.

Kurz vor sieben Uhr macht er sich auf den Weg nach Karlshorst in die Ehrenfelsstraße. Das Brotmesser steckt wieder in der Seitentasche seiner Jacke.

Eine reichliche halbe Stunde später. An der Wohnungstür klopft es. Karin Stutzbach ist sofort hellwach. Dieses Klopfen kennt sie genau, es ist das ihres Mannes. Sein ungewöhnlich frühes Erscheinen bedeutet nichts Gutes. Verängstigt bleibt sie unter der Decke liegen und rührt sich nicht. Wieder klopft es. Doch sie will nicht öffnen. Da kracht es an der Wohnungstür, als wenn Holz splittert. Henry Stutzbach hat mit Körpergewalt die Tür geöffnet. Sekunden später steht er im Schlafzimmer vor dem Bett seiner Frau. Entsetzen liegt in ihrem Gesicht, sie starrt ihn an, kann nur einen schwachen Vorwurf formulieren: »Das ist Hausfriedensbruch!«

Als Stutzbach seine Frau erblickt, verliert er seine bisherige innere Stabilität. Schwermütig bricht er in Tränen aus und jammert: »Ich will nur mit dir sprechen. Es muß sein, jetzt!« Karin weiß genau, daß seine weinerliche Stimmung schnell in Aggression umschlagen kann. Deshalb will sie sich diplomatisch verhalten und keine unnötigen Konflikte heraufbeschwören. Sie macht ihm ein Angebot: »Laß uns zusammen frühstücken, dann reden wir!«

So geschieht es auch. Die Kinder dürfen für kurze Zeit dabei sein, müssen sich aber wieder in ihr Zimmer zurückziehen. Dann führen die beiden Eheleute ein langes Vieraugengespräch. Stutzbach ist die ganze Zeit über völlig niedergeschlagen, kann seine Tränen nicht zurückhalten und beklagt vor allem, daß Karin mit ihrem Scheidungsbegehren sein Leben ruiniere. Vermutlich nur um ihn zu beruhigen stellt sie in Aussicht, die Klage zurückzunehmen. Diese hoffnungsvolle Ankündigung besänftigt ihn etwas.

Dennoch wird ihm vor dem Hintergrund der beiden Bluttaten der vergangenen Nacht die Aussichtslosigkeit einer gemeinsamen Zukunft mit Karin bewußt. So bleibt seine tiefe Niedergeschlagenheit: Unter Tränen nimmt er das Brotmesser und die Schlaftabletten aus der Tasche und legt beides vor Karin auf den Tisch. Schließlich legt er das unheimliche Geständnis ab, vor einigen Stunden bereits zwei Morde begangen zu haben. Sein eigentlicher Plan aber sei es gewesen, sie und anschließend sich zu töten.

Karin blickt ihn entgeistert und ungläubig an. Er hat den Eindruck, als könne sie nicht glauben, was er sagt. Mehrmals beteuert er, die Wahrheit zu sagen und nur sie zu lieben. Andere Frauen hätten ihm nie etwas bedeutet. Nun verspüre er ein heißen Verlangen, mit ihr zu schlafen. Wahrscheinlich geht Karin Stutzbach nur zum Schein auf seinen Wunsch ein.

Denn, während sie sich ihm zärtlich nähert und Bereitschaft zu einem Geschlechtsverkehr zeigt, gelingt es ihr, das Brotmesser und die Schlaftabletten an sich zu nehmen und in der Küche zu verstecken.

Henry Stutzbach drängt seine Frau zu dem versprochenen Liebesakt. Doch sie vertröstet ihn damit, vorher noch aufräumen zu wollen, weil sie angeblich Besuch von einer Bekannten erwarte. Außerdem möchte sie die Kinder für diese Zeit auf den Spielplatz schicken. Auf diese Weise gelingt es, den Ehemann eine Zeitlang hinzuhalten und die Kinder heimlich zu beauftragen, die Polizei alarmieren zu lassen. Doch in der für sie unendlich langen Zeit, bis die VP-Funkstreife erscheint, ist sie dem grauenhaften Geschehen hilflos ausgeliefert.

Stutzbach verliert plötzlich die Geduld. Er verschließt das Wohnzimmer, läßt den Schlüssel in der Hosentasche verschwinden und geht mit drohender Gebärde auf Karin zu. Sie stürzt zur Tür, reißt an der Klinke, schreit laut um Hilfe. Mit roher Gewalt vereitelt er ihre Fluchtbemühungen. Zwischen beiden entsteht ein heftiges Handgemenge. Möbel fallen um, Porzellan geht zu Bruch. Der Konflikt schaukelt sich hoch. Stutzbach fällt über seine Frau her, würgt sie, bis die Sinne schwinden, reißt ihr die Kleider vom Leib. In Ermangelung des Brotmessers nimmt er jetzt sein altes Taschenmesser, das er üblicherweise bei sich hat, und versetzt ihr mehrere Herzstiche. Mit großem Kraftaufwand schneidet er ihre Kehle durch. Aus den Halsschlagadern schießt das Blut. Das bringt ihn in heftigste Erregung. Nichts ist mehr geblieben von der inneren Gelassenheit, die er während der anderen Morde verspürte. Jetzt handelt er wie im Wahn. Er kniet nieder, senkt sein Gesicht auf die klaffende Halswunde seiner

Frau und schlürft mit gierigen Zügen das herausquellende warme Blut. »Ich wollte noch etwas von ihr in mir haben«, rechtfertigt er später sein Verhalten.

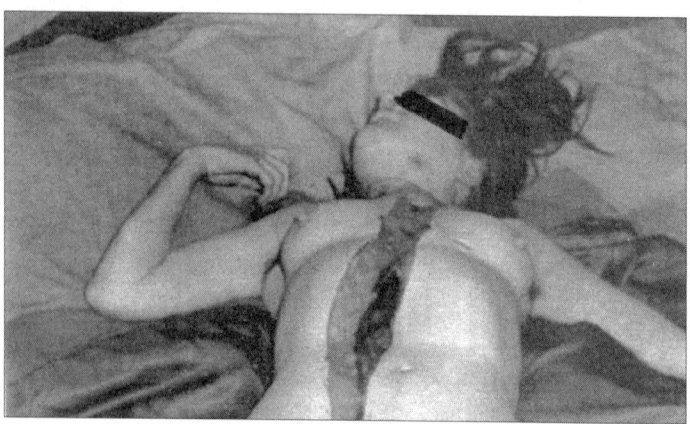

Die von H. St. zugerichtete Leiche seiner ermordeten Exfrau.

Henry Stutzbach nimmt das laute Klopfen an der Wohnzimmertür nicht wahr. Er hört auch die resolute Stimme des Wachtmeisters nicht, der ihn auffordert, die Tür zu öffnen. Als er das Blut seiner Frau zwischen den Lippen spürt, gerät er in einen minutenlangen Rauschzustand, der ihn für andere Umweltreize unempfindlich macht. Seine Gefühlswelt ist nun vollends aus den Fugen geraten. Jetzt hat er das »beseligende Glücksgefühl« erreicht, von dem er in letzter Zeit geträumt hat.

Sein letzter Wunsch, den Kopf seiner Frau vom Rumpf zu trennen, geht nicht in Erfüllung. Das Vorhaben scheitert nicht nur am ungeeigneten Werkzeug. Auch die ungeheure Anspannung, die seine Kräfte aufgezehrt hat, trägt dazu bei.

238

Völlig erschöpft zündet er sich eine Zigarette an. Nun hat er keinen Mut mehr, sich selbst zu vernichten. Mit einem Mal wird ihm klar, daß draußen vor dem Wohnzimmer Polizisten stehen. Wie in Trance öffnet er ihnen die Tür …

Kurz vor Abschluß des Ermittlungsverfahrens wird Henry Stutzbach für mehr als acht Wochen ins Haftkrankenhaus für Psychiatrie Waldheim eingewiesen. Grund: Ein forensisches Gutachten soll klären, ob er zur Tatzeit der drei Morde die Fähigkeit besaß, sich nach den elementaren Normen des gesellschaftlichen Zusammenlebens zu richten, andere Menschen nicht zu töten. Gleichzeitig soll es Aufschluß geben, ob diese Fähigkeit womöglich durch Geistes- bzw. Bewußtseinsstörung oder durch krankheitswertige Persönlichkeitsentwicklung vermindert oder gar ausgeschlossen war.
Stutzbachs Krankenakten über die früheren Suizidversuche werden ausgewertet. Ihn erwarten die üblichen diagnostischen Verfahren. Widerwillig läßt er diverse Laboruntersuchungen, Röntgenaufnahmen des Schädels, elektroenzephalografische Untersuchungen und lange Explorationen zur Erhebung seines psychischen Status' über sich ergehen. Seine Stimmung wechselt häufig, mal ist er aufmerksam den Gesprächen zugewandt, mal hüllt er sich in Schweigen, wirkt trotzig und aggressiv. Eine suizidale Gefährdung kann weiterhin nicht ausgeschlossen werden. Im großen und ganzen aber duldet er das analytische Procedere der Seelenärzte. Organisch ist er rundweg kerngesund. Weder eine akute noch eine früher abgelaufene Hirnerkrankung kann festgestellt werden. Anders ist die Anatomie seiner Seele: Sie wird von einer abnormen Wesensart bestimmt. Die ungestüme Aggressivität, seine Unbeherrschtheit, Gefühlskälte und Ver-

letzbarkeit sind deutliche Merkmale einer Psychopathie, die unter strafrechtlichem Aspekt allerdings bedeutungslos ist. Daß ihn die Tötung der beiden Geliebten absolut gleichgültig läßt, entspricht ebenso seinem auffälligen Charakterbild wie die freilich absonderlichen Regungen, die er verspürt, wenn er über die Tötung seiner Frau spricht: »Das war nicht nur Genugtuung, ich bin sogar glücklich darüber!« Ansonsten ist Henry Stutzbach normal intelligent, ausgestattet mit verhältnismäßig gutem Allgemeinwissen.

In einem fünfzigseitigen Gutachten gelangen die Experten zu dem Schluß, daß »... trotz des Charakters der Delikte, aber sehr wohl auf Grund ihrer Planung und Motivierung, der besonderen Tatumstände, der Durchführung sowie Absicherung, noch dazu bei Berücksichtigung des Zeitfaktors und des Rechtsverständnisses, wie auch der vorhandenen allseitigen Orientierung und Erinnerungsfähigkeit des Täters, kein Krankheitswert zur Zeit der Tat festzustellen ...« war.

Mit anderen Worten: Stutzbach ist zwar ein hochgradig jähzorniger, unbeherrschter, explosiver Psychopath, aber kein Psychotiker. Folglich ist er strafrechtlich voll verantwortlich.

Anfang der 90er Jahre geriet das psychiatrische Haftkrankenhaus Waldheim ins Fadenkreuz eines smarten Sensationsjournalismus, der diese Einrichtung als »Stasi-Folterklinik« beschrieb. Damit setzte eine allgemeine Pressekampagne ein, die sich lüstern der Frage zuwandte, ob es in der DDR, ähnlich wie in der Sowjetunion und in Rumänien, einen systematischen Mißbrauch der Psychiatrie insbesondere zur Unterdrückung politisch mißliebiger Personen gegeben hat. Ein Schauermärchen nach dem anderen erregte die öffentlichen Gemüter. Die Kolportagen fanden einen fruchtbaren Boden im allgemeinen Mißtrauen vieler Bürger gegen die Psychiatrie, ihre Diagnostik und Therapie – ein Phänomen, das keineswegs nur auf die DDR beschränkt werden darf und durch eine weltweite Antipsychiatriebewegung zusätzlich gefördert wird.

Kompetente Untersuchungskommissionen wurden in die Spur geschickt, doch ihre Suche nach den psychiatrischen Foltereinrichtungen verlief ergebnislos. Dank ihrer mehrjährigen Arbeit an diesem Thema konnte geklärt werden, daß es, wie es in einem Abschlußbericht des Jahres 1995 heißt, »eine politisch motivierte Zwangspsychiatrie von gesunden Dissidenten, wie sie in den siebziger Jahren als ›politischer Mißbrauch der Psychiatrie‹ aus der Sowjetunion bekannt geworden ist, in der DDR und insbesondere in deren Hauptstadt Berlin (Ost) nicht gegeben hat«. Ausgenommen von dieser Feststellung sind Einzelfälle ungesetzlicher Übergriffe, wie Verstöße gegen die ärztliche Schweigepflicht oder die Verletzung pflegerischer Pflichten, die, nebenbei bemerkt, überall in der Welt vorkommen können.

Die Psychiatrie in der DDR unterschied sich in Diagnostik und Therapie nicht von der in der Bundesrepublik. Selbst im Rahmen der sogenannten Zwangseinweisungen waren die Eingriffsvoraussetzungen gleich. Auf einen Unterschied ist jedoch zu verweisen: In der DDR lag die Entscheidung über die Zwangseinweisung eines psychisch Kranken in der Kompetenz des Facharztes für Psychiatrie, in der Bundesrepublik (und das ist auch gegenwärtige Rechtspraxis) in der des Richters.

Zeitgleich mit der Anklageerhebung bestellt das Berliner Stadtgericht den bekannten Rechtsanwalt Dr. Friedrich Wolff zum Pflichtverteidiger für Henry Stutzbach. Der späte Auftrag stellt nichts Ungewöhnliches dar. Nach § 64 der StPO (DDR) ist der Verteidiger grundsätzlich erst nach Abschluß der Ermittlungen befugt, Einsicht in die Strafakten zu nehmen. Freilich wäre dem Gesetz nach auch während des Ermittlungsprozesses eine Einbeziehung möglich. Jedoch gibt es eine wichtige rechtliche Einschränkung: Im laufenden Ermittlungsverfahren ist dem Rechtsanwalt Akteneinsicht nur dann möglich, »wenn dies ohne Gefährdung der Untersuchung« geschieht. In der Praxis der Verteidigung erweist sich die auf dem Papier zugesicherte Möglichkeit jedoch regelmäßig als Trugbild. Denn die Entscheidung darüber, ob der Gang der Untersuchung gefährdet werden könnte, fällt gemäß § 64 Abs. 2 StPO der DDR das Untersuchungsorgan nach eigenem taktischen, aber auch politischem Ermessen. In der Regel kann deshalb der Verteidiger erst nach Abschluß der Ermittlungen tätig werden.

Dr. Wolff hat angesichts der bevorstehenden Hauptverhandlung nicht allzu viel Zeit für eine ausgiebige Prozeßvorbereitung. Allerdings führt ein weiterer Suizidversuch seines Mandanten zu einem unerwarteten Terminaufschub. Stutzbach hatte sich in der Untersuchungshaft die Pulsadern aufgeschnitten. Als das Wachpersonal ihn fand, hatte er bereits so viel Blut verloren, daß er für einige Zeit stationär behandelt werden mußte. Den Zeitgewinn nutzt der Rechtsanwalt für intensive Studien der neurologischen und psychiatrischen Fachliteratur. Auf Grund der bizarren Tatbegehung und des persönlichen Eindrucks von seinem Mandanten, bezweifelt er dessen volle strafrechtliche Verantwortlichkeit und formuliert Einwände gegen das Gutachten des Psychiatrischen Haftkrankenhauses Waldheim. Seine Kritik richtet sich sowohl gegen die seiner Ansicht nach unzureichende Diagnostik als auch gegen die ärztliche Bewertung, bei Henry Stutzbach liege nur eine Psychopathie ohne Krankheitswert vor. Er verweist auf die in der Fachwelt bestehende Diskussion über das Verhältnis von krankheitswertiger Psychopathie und Psychose. Danach ist es bei psychopathischen Persönlichkeiten unter bestimmten, seltenen Bedingungen durchaus möglich, eine verminderte strafrechtliche Verantwortlichkeit anzuerkennen. Liegen in Stutzbachs abnormer Persönlichkeit und seinen absonderlichen Morden nicht etwa solche Bedingungen vor? Könnte also für ihn ein solcher Ausnahmefall gelten? Könnte er gar an einer Psychose leiden? Um jeden Zweifel auszuschließen, beantragt der Verteidiger ein gerichtspsychiatrisches Zweitgutachten.

Das Gericht folgt den Argumenten des Verteidigers. Es bestellt den Ärztlichen Direktor des renommierten Wilhelm-Griesinger-Krankenhauses für Psychiatrie und Neurologie zur Erstattung eines weiteren forensischen Gutachtens. Erneut muß Henry Stutzbach die diversen diagnostischen Verfahren und Explorationen über sich ergehen lassen. Doch sein Verteidiger mobilisiert Bereitschaft und Kooperation. Es besteht nämlich durchaus die vage Hoffnung, daß der neue Sachverständige den tatbezogenen psychischen Zustand des Angeklagten Stutzbach für krankheitswertig hält. Und wenn das so wäre, könnte das sein Leben retten. Anderenfalls droht ihm bei der Schwere der Verbrechen die Todesstrafe. Aber die Hoffnung erfüllt sich nicht. Der Sachverständige bestätigt die bisherigen psychiatrischen Feststellungen und kann weder an den diagnostischen Methoden des Haftkrankenhauses für Psychiatrie Waldheim noch an den Schlußfolgerungen einen Makel erkennen: Alle Untersuchungen entsprachen dem modernen Standard forensisch-psychiatrischer Begutachtung. Auch das Ergebnis, bei Stutzbach läge eine Psychopathie ohne Krankheitswert vor, sei nicht zu beanstanden.

In seinem mündlichen Vortrag in der Hauptverhandlung geht der Sachverständige besonders auf die strengen Maßstäbe ein, die an die qualitative Bestimmung des Krankheitswertes angelegt werden müssen: »… Bei einer Psychopathie kann hauptsächlich dann von einem Krankheitswert gesprochen werden, wenn eindeutige wahnhafte Reaktionen oder Entwicklungen sich gleichsam aufpfropfen, ferner, wenn bei starker Erregbarkeit Ausnahmezustände mit einer starken Einengung des Bewußtseins auftreten. Dieselbe ist gekennzeichnet durch elementare, verbale und motorische Entäußerung, durch ein Fehlen gezielter Überlegungen und Gegenüberlegungen, außerdem durch eine fast vollständige Amnesie nach Abklingen des Ausnahmezustandes …«

Keines der geforderten Kriterien liegt beim Angeklagten vor: Als er nämlich seine beiden Geliebten tötete, handelte er kühl überlegend und zeigte auch danach keine Beeinträchtigung seiner hellwachen Rationalität. Er geriet erst dann in stark explodierende, das Bewußtsein einengende Affekte, nachdem er seine Ehefrau getötet hatte. Diese überschießenden Reaktionen versetzten ihn in einen Zustand des Blutrausches. Doch genau dieser Teil des Tatgeschehens ist für eine strafrechtliche Bewertung nicht von Belang.

So findet auch der zweite Gutachter bei Henry Stutzbach im Zusammenhang mit der vorsätzlichen Tötung der drei Frauen – im Gegensatz zur Vermutung des Verteidigers –

keinen Hinweis für eine verminderte oder gar ausgeschlossene Zurechnungsfähigkeit.

Obwohl der Prozeß unter strengem Ausschluß der Öffentlichkeit stattfindet, sitzen dennoch einige adrett gekleidete Herren auf den Zuschauerbänken: Ausnahmslos höhere Funktionäre mit richterlicher Sondergenehmigung, die aus sicherheitspolitischen Gründen den Prozeßverlauf verfolgen.

Den letzten Verhandlungstag beschließen die Vorträge der Anklagevertretung und Verteidigung. Der Staatsanwalt spricht fast zwei Stunden und fordert schließlich die Todesstrafe. Das Plädoyer des Verteidigers dauert ebenso lange. Es ist sein letzter leidenschaftlicher Versuch, in diesem Prozeß mildernde Umstände für den Angeklagten zu erwirken und ihn damit vor dem Henker zu retten. Doch das Gericht kann und will der Begründung einer bei seinem Mandanten wahrscheinlich vorliegenden psychischen Krankheitswertigkeit nicht folgen: Im Namen des Volkes wird der Angeklagte wegen dreifachen Mordes zum Tode verurteilt.

Geraume Zeit später wird Henry Stutzbach in die Strafvollzugseinrichtung Leipzig eingeliefert. Es ist die letzte Station in dem noch kurzen Leben des Mörders.

Der Verteidiger Dr. Wolff macht in seinem im Jahre 1999 beim Verlag Nomos veröffentlichten Buch »Verlorene Prozesse« aus der herben Enttäuschung über den Verfahrensverlauf und das seiner Ansicht nach ungerechte Urteil im Fall Stutzbach keinen Hehl.

In der DDR starben etwa 170 Menschen durch die Hand des Henkers. Bis zum Jahre 1968 erfolgten die Exekutionen durch das Fallbeil, danach durch Erschießen. Der letzte Mörder wurde im Jahre 1972 exekutiert. Nach Öffnung der MfS-Unterlagen im Zuge der gesellschaftlichen Wende wurde bekannt, daß noch im Jahre 1981 nach einem Geheimprozeß der 39jährige MfS-Offizier Werner Teske hingerichtet wurde, der unter Mitnahme geheimer Akten ins Lager des westdeutschen Geheimdienstes überlaufen wollte. Aber erst im Jahre 1987 verschwand die Todesstrafe gänzlich aus dem Strafgesetzbuch.

In der DDR wurde die Todesstrafe als spezielles Mittel der politischen Machtsicherung angesehen, deren repressives Ziel sich »unmittelbar aus den Gesetzmäßigkeiten des Klassenkampfes ergibt«. Ihr rechtspolitischer Zweck wurde im »Lehrbuch des Strafrechts der Deutschen Demokratischen Republik« (VEB Deutscher Zentralverlag, Berlin 1957) wie folgt definiert: »Die Todesstrafe ist also eine außerordentliche Strafmaßnahme innerhalb unseres Strafensystems und dient lediglich der Unschädlichmachung solcher Personen, die schwerste Verbrechen gegen die Lebensinteressen des Volkes und der Bürger begangen haben. Gleichzeitig soll sie andere reaktionäre, unserer gesellschaftlichen Ordnung feindliche Kräfte von der Begehung solcher Verbrechen zurückschrecken.«

Der Anwendungsbereich der Todesstrafe beschränkte sich nach Inkrafttreten des sozialistischen Strafgesetzbuches vom 12. Januar 1968 »auf einige schwerste Verbrechen gegen die Souveränität der DDR, den Frieden, die Menschlichkeit und die Menschenrechte, auf schwerste Verbrechen gegen die DDR, schwerste Militärverbrechen im Verteidigungszustand sowie auf schwerste Fälle des Mordes«.

Im allgemeinen sind Morde das Ergebnis tataktueller, spontaner Konfliktentladungen ohne langfristige Planung, meist begangen unter Alkoholeinfluß. Ein Täter denkt in solchen Situationen niemals an die strafrechtlichen Konsequenzen seines Tuns. Und weiter: In keinem Land der Welt hat die Androhung der Todesstrafe Mörder jemals davon abgehalten, ihr Gewaltpotential zu zügeln. Sie kann – worauf die Bestrafung auch abzielt – also kein Mittel der Abschreckung und Prävention sein. Ihr Zweck reduziert sich auf die bloße Vernichtung der physischen Existenz des Delinquenten. Sie ist pure Blutrache, die sich aus vergangenen Epochen überliefert hat. In den modernen Industrieländern, in denen Exekutionen stattfinden wie z. B. in den USA, ist sie zu einem aseptischen High-Tech-Szenarium pervertiert. Die Stimmen der Todesstrafengegner formieren sich.

Der Oberste Gerichtshof der USA hielt bereits im Jahre 1972 Hinrichtungen offiziell für ungewöhnlich grausam und entschied den bundesweiten Stop der Verhängung von Todesstrafen. Doch bereits im Jahre 1976 wurde diese Entscheidung wieder aufgehoben. Die Strafvollstreckung kehrte zur althergebrachten Praxis der Justifikation zurück. Fazit: Allein im US-Bundesstaat Texas warten gegenwärtig nahezu 450 Menschen in der sogenannten death row auf ihre Exekution.

Der Vollzug einer Todesstrafe bezieht zwangsläufig andere Menschen als »Täter« oder »Beihelfer« in eine, zwar rechtlich sanktionierte, dennoch vorsätzliche Tötung ein und schafft nicht selten sogar irreversible Justizirrtümer. Wiederaufnahmeverfahren sind somit nur post mortem möglich und die Fehlurteile sind ein für allemal irreversibel. Wie prekär die Situation in den USA ist, zeigt eine Studie der US-Regierung, nach der jährlich ein Unschuldiger durch den Henker liquidiert wird, abgesehen von der ver-

hängnisvollen Gleichbehandlung psychopathologisch auf-
fälliger Täter.

Auch gegenwärtig werden in den meisten Ländern der
Erde noch Todesurteile vollstreckt. Die Hinrichtungsarten
sind dabei vielfältig, reichen von Erhängen, Erschießen,
Vergiften, Enthaupten, Erwürgen, Steinigen, Verschütten
bis zum elektrischen Stuhl. In manchen Ländern sind die
Exekutionen immer noch wie im Mittelalter ein öffent-
liches Spektakel. Ein moderner Staat jedoch muß sich auch
danach beurteilen lassen, wie er mit seinen Schwerver-
brechern umgeht. Sie zu liquidieren offenbart offizielle
Hilflosigkeit und findet allenfalls Zustimmung bei jenen,
die Rache üben wollen.

Gegner der Todesstrafe zu sein und für einen humanen
Strafvollzug einzutreten bedeutet allerdings auch, dem
Schutz der Gesellschaft durch strenge und sichere Verwahrung der Schwerverbrecher absolute Priorität zukom-
men zu lassen.

Selbst unter Juristen, Kriminalisten und Forensikern der
DDR gab es entschiedene Gegner der Todesstrafe. Doch
eine offene Polemik konnte nicht stattfinden. Sie wäre durch
die Obrigkeit als Affront gegen die Arbeiter- und Bauern-
macht mißdeutet worden.

Im Strafprozeß gegen Henry Stutzbach wird angesichts
des humanistischen Anspruchs der DDR und der, wenn
auch im Verborgenen bestehenden, Ablehnung der Todesstrafe der ganze Widersinn deutlich: Es bemühten sich
Sachverständige redlich um eine objektive Aufklärung,
ob beim Angeklagten eine Psychopathie mit oder ohne

Krankheitswert vorlag, weil davon der Grad strafrecht-
licher Verantwortlichkeit und letztlich das Leben des Delinquenten abhing. Sie mußten damit rechnen, daß es dabei
nicht um die Frage einer Freiheitsstrafe mit oder ohne psy-
chotherapeutische Begleitung ging, sondern letztlich um
ihre Beihilfe für die gerichtliche Entscheidung zum Aus-
spruch eines Todesurteils. Welche Frustrationen müssen
angesichts dieser Tatsache entstanden sein, wenn die
Sachverständigen heimliche Gegner der Todesstrafe waren und sie so zwischen die Mühlen ihres Gewissens und
ihrer Pflicht zu objektiver Befunderhebung gerieten?

Das Haus am Friedhof

(Aktenzeichen BI 22/65 Bezirksstaatsanwalt Dresden
Tagebuchnummer 1143/65 VPKA Görlitz)

Überall im Land haben die Schüler acht lange Wochen Sommerferien. So auch die elfjährige Rosemarie Busch aus der Finstertorstraße in der Kreisstadt Görlitz. Der Jahresurlaub ihrer Eltern ist längst aufgebraucht, die gemeinsame Zeit in der Familie damit vorüber. Erst im August fährt sie an die Müritz ins Ferienlager. Doch bis dahin ist sie sich tagsüber selbst überlassen. Der Vater schuftet bei der Städtischen Müllabfuhr, die Mutter steht in einem optischen Betrieb am Band. Beide kehren erst am späten Nachmittag heim. Und Rosemaries 15jähriger Bruder Christian vertreibt sich die Zeit mit gleichaltrigen Kumpels, und dabei sind kleine Mädchen unerwünscht.

Es ist Dienstag, der 20. Juli 1965, gegen 9.00 Uhr, ein sonniger Morgen. Rosemarie ist längst auf den Beinen. Die Eltern haben schon vor Stunden das Haus verlassen. Christian liegt immer noch in den Federn. Er ist ein Langschläfer. Doch er hat versprochen, sie am Nachmittag zum Kulturpark Weinberg mitzunehmen, in dessen Nähe sich das große Freibad befindet. Das trifft sich gut, denn am Vormittag hat sie etwas Wichtiges vor: Sie ist nämlich mit einem Mann verabredet, der am Steinweg wohnt und ihr großzügig eine ganze Tasche voll leerer Flaschen überlassen will. Rosemarie hat in ihrem Kiez schon eine beachtliche Menge Altstoffe gesammelt und dadurch ihr Taschengeld aufgebessert. Sie weiß, wie lukrativ ihre Bemühung sein kann. Denn für jede Flasche, ob groß oder klein, berappt die Annahmestelle fünf Pfennig und für ein Kilogramm gebündeltes Altpapier sogar zehn. Die meisten Leute in der Nachbarschaft kennen die kleine Sammlerin aus der Finstertorstraße. Manche legen deshalb ihre alten Zeitungen und leeren Flaschen sogar vor ihren Wohnungstüren für sie bereit. Bevor Rosemarie mit der großen grünweiß gestreiften Tasche die Wohnung verläßt, weckt sie Christian und flüstert ihm ins Ohr: »Ich geh zum Steinweg Flaschen holen, es dauert nicht lange!«

Der Bruder knurrt verschlafen »ist gut«, dreht sich auf die andere Seite und schläft weiter. Dies wird sein letzter Wortwechsel mit der kleinen Schwester sein.

Wohnhaus der Schülerin R. B. in der Finstertorstraße in Görlitz.

Mädchen vermißt

Das VPKA teilt mit

Seit Dienstag, den 20. Juli, vormittags 9 Uhr, wird die Schülerin F▆▆▆ B▆▆▆, 11 Jahre alt, wohnhaft in Görlitz, Finstertorstraße 9, vermißt.

Personenbeschreibung: Etwa 1,40 Meter groß, schlanke Gestalt, blasses, rundes Gesicht, dunkelblonde, glatte Haare, Pagenfrisur, blaugraue Augen.

Beschreibung der Bekleidung: Weinroter, kurzärmeliger Pullover, weinroter Rock mit weißen Blumenmuster, an der linken Seite ein Reißverschluß, blaue Segeltuchhalbschuhe mit weißen Sohlen. - Sie trägt eine grüne Kunststoffhandtasche mit weißen Streifen bei sich.

Das Mädchen geht oft Altstoffe sammeln. Auch am genannten Tage verließ sie die elterliche Wohnung in dieser Absicht. Sie sucht zu diesem Zweck auch Wohnungen und Höfe auf. Wer kann über das beschriebene Mädchen nach dem Zeitpunkt ihres Verschwindens Angaben machen?

Wer hat das Mädchen nach dem angegebenen Zeitpunkt wann, wo und mit wem gesehen?

Die Volkspolizei bittet alle Bürger, ihre Wahrnehmungen sofort dem Volkspolizei-Kreisamt Görlitz 6171, Apparat 297, mitzuteilen. Zweckdienliche Mitteilungen nimmt auch jeder Volkspolizist entgegen.

Zwei Tage nach dem Verschwinden des Mädchens veröffentlichte die VP in der Görlitzer Ortsausgabe der »Sächsischen Zeitung« einen Fahndungsaufruf.

VPKA Görlitz, am Morgen 23. Juli 1965. Im Speisesaal sind zivile und uniformierte Männer versammelt. Eine außerordentliche Einsatzbesprechung ist angesagt. Grund: Suchaktion zum Auffinden eines verschwundenen Kindes. In den Morgenstunden des 21. Juli 1965 meldete nämlich der 35jährige Arbeiter Hans-Dieter Busch aus der Finstertorstraße beim zuständigen ABV seine elfjährige Tochter Rosemarie als vermißt. Sie hatte am Vormittag des 20. Juli die Wohnung verlassen, um in der Wohngegend Altstoffe zu sammeln, kehrte jedoch nicht nach Hause zurück. Familie Busch und ihre Nachbarn suchten eine Nacht lang ergebnislos nach dem Mädchen. Auch die bisherigen polizeilichen Recherchen, die Information an die Bevölkerung durch Handzettel und örtliche Presse führten bisher zu keinem brauchbaren Hinweis über den Verbleib der kleinen Rosemarie. Auch die eingeleitete Eilfahndung führte nicht zum Erfolg. Inzwischen sind vier Tage vergangen, und noch immer gibt es keine Spur von ihr.

Anzeigen über vermißte Kinder dieses Alters erfordern immer eine besondere polizeiliche Zuwendung. Schon allein der Zeitraum des Verschwindens kann den Ernst der Angelegenheit begründen. Die bisherigen Ermittlungen führten bereits zu einigen wichtigen Anhaltspunkten: Rosemarie hat sich bisher immer nur in einem relativ kleinen Umkreis von ihrem Wohnhaus entfernt. Dieses Terrain wird durch einige verkehrsreiche Straßen begrenzt, die sie nach Einschätzung ihrer Eltern allein nicht überquert. Am Morgen ihres Verschwindens informierte sie ihren Bruder, von einem Mann, der in der Nähe der Finstertorstraße am »Steinweg« wohnt, leere Flaschen abholen zu können. Das Mädchen ist jedoch in der zuständigen Altstoffsammelstelle nicht erschienen. Grund genug, alle am Steinweg ansässigen Bewohner polizeilich zu befragen und ihre Häuser, Dachböden, Keller und Schuppen zu kontrollieren. Doch die Polizeiaktion verläuft erfolglos. Das Kind bleibt verschwunden. Deshalb geht es nun um die Vorbereitung einer stabsmäßig geführten Suche, denn die Wahrscheinlichkeit, daß das Kind Opfer eines Verbrechens wurde, wird von Stunde zu Stunde der Sicherheit größer.

Der Einsatzleiter steckt auf einer Karte das in Frage kommende Territorium ab. Dabei orientiert er sich an Rosemaries üblichem Bewegungsradius. Dieser wird in südlicher, westlicher und östlicher Richtung durch Hauptverkehrsstraßen, im Norden durch den Stadtteil Königshufen begrenzt. Aber das Suchgelände ist bergig, durch die verwinkelten, steilen Gäßchen mit ihren alten Häusern und Nebengebäuden ziemlich unübersichtlich. In der Mitte des Suchgebiets liegt der anderthalb Quadratkilometer große Städtische Friedhof und im Nordosten ein ebenso großes häuserfreies Gebiet mit üppigem Buschwerk. Weil diese geographischen Eigenheiten unzählige Versteck- und Unterschlupfmöglichkeiten bieten, erfordern sie eine präzise Einteilung von Suchabschnitten. Kräfte werden bilanziert, Verantwortlichkeiten festgelegt, Meldepflichten erörtert. Dann werden die Ortskundigen in die Suchgruppen aufgeteilt. Fährtenhunde sollen den Einsatz unterstützen, und Freiwillige Helfer der VP werden herangezogen.

In den Morgenstunden des nächsten Tages startet die Aktion: Knapp fünfzig Männer durchkämmen das komplizierte Gelände. Schulen und andere öffentliche Gebäude, Wohnhäuser, Dachböden, Keller, Nebengelasse, Ecken und Nischen, Abortgruben, die Kanalisation werden ebenso durchsucht wie Mülltonnen, Holzstapel, Sammelbehälter. Daneben gilt das polizeiliche Interesse etwaigen Kampf- oder Schleifspuren. Auch die Möglichkeit, Bekleidungsstücke, die grünweiß gestreifte Tasche oder andere Gegenstände aus dem Besitz des Mädchens zu finden, wird erwogen. Eine eigens für den Städtischen Friedhof gebildete Suchgruppe widmet sich insbesondere den dichten Büschen, Grabreihen, Gruften und Einzelgräbern, Abfallbehältern, Wassertonnen. Selbst die Nikolaikirche und das Krematorium werden in die Erkundung einbezogen. Der diffizile Einsatz von Suchhunden wird von der Spezialschule des MdI für Diensthundewesen in Pretzsch vorbereitet. Die hochempfindlichen Schnüffelnasen werden am Nachmittag erwartet. Desgleichen sind zur Übernahme der weiteren Ermittlungen die Männer der Mordkommission Dresden auf dem Wege nach Görlitz. Unterdessen führen einheimische Kriminalisten mühselige flächendeckende Hausermittlungen durch. Alle Bewohner im Operationsgebiet müssen erfaßt werden. Jede Befragung erfolgt nach einem eigens für den Fall ausgearbeiteten Fragespiegel.

Am nächsten Morgen: Die Männer der Suchtrupps sind wieder im Speisesaal des VPKA versammelt. Es geht um die Auswertung der gestrigen Bemühungen und die Festlegung weiterer Maßnahmen. Doch in den Polizistengesichtern liegt herbe Enttäuschung. Die bis zum Einbruch der Dunkelheit andauernde gestrige Aktion zeigte nämlich keinen Erfolg. Klar, viele verdächtige Gegenstände wurden aufgestöbert. Die Frage aber, ob sie im Zusammenhang mit dem Vermißtenfall stehen, kann nur durch weitergehende Untersuchungen beantwortet werden, und das erfordert Zeit. Auch die Fährtenhunde, die die Suchtrupps begleiteten, fanden weder den Leichnam noch Spuren oder Gegenstände, die für weitere Ermittlungen in der Vermißtensache hilfreich gewesen wären. Die auf dem Friedhof eingesetzte Hundemeute aus Pretzsch lief auf dem großen Gelände zunächst wie verstört hin und her. Jedem war klar: Leichensuchhunde auf einem Friedhof einzusetzen, ist ein Widerspruch in sich. Dann schien es aber, als hätten die Vierbeiner an einer aus dem vorigen Jahrhundert stammenden, inzwischen längst verfallenen Gruft, die nach dem Zweiten Weltkrieg nahezu komplett mit Schutt und Erdreich zugeschüttet wurde, etwas aufgespürt. Doch die Mitarbeiter der Friedhofsverwaltung konnten dort keine Veränderungen feststellen. Skeptiker fühlten sich bestätigt: Die empfindlichen Hundenasen irrten deshalb, weil sie auf Leichengeruch spezialisiert sind und beim Einsatz auf einem Friedhof naturgemäß in Konfusion geraten müssen. Deshalb wurde die Hundeaktion nach einer Stunde abgebrochen.

Auch die Ergebnisse der Hausermittlungen, die eifrig mit polizeiinternen Datenspeichern verglichen wurden, waren ziemlich dürftig. Zwar förderten sie einige vorbestrafte Sexualtäter und kriminell Gefährdete zutage, doch nach deren Alibiüberprüfung schieden sie allesamt wieder aus. Niemand von ihnen konnte mit dem Verschwinden des Mädchens in Verbindung gebracht werden.

Die Regie über die weiteren Untersuchungen übernimmt nun die Mordkommission. Daß dem vermißten Mädchen etwas Schreckliches widerfahren sein muß, bezweifelt eigentlich niemand mehr. Neben den Routineermittlungen zur Aufklärung der Familie, Bekannten und Nachbarn des vermißten Kindes und der Überprüfung vorbestrafter Kinderschänder sollen die Suchmaßnahmen aber ausgeweitet und gleichzeitig mit der Ermittlung von Verdächtigen verbunden werden.

Entgegen der Einwände vieler Zweifler wird der Schnüffeleinsatz auf dem Friedhof wiederholt, diesmal allerdings durch eine andere Hundemeute aus Pretzsch. Sollten die Hunde nämlich wiederum auf die gleiche Stelle verweisen, wäre das ein triftiger Grund, die alte Gruft freizulegen.

Die Männer der Staatsmacht sind verblüfft: Alle Vierbeiner verhalten sich so ähnlich wie ihre Artgenossen am Vortag.

Der Nikolai-Friedhof in Görlitz mit der hinter der Mauer befindlichen Nikolaikirche.

Sie traben kreuz und quer über das Gelände, bis sie schließlich an die verfallene Gruft gelangen. Dort zeigen sie durch intensives Scharren an, daß sie eine Witterung aufgenommen haben. Ist das wieder eine Irritation? Haben die Vierbeiner etwa die Gerüche ihrer Artgenossen gewittert, die gestern dort zum Einsatz kamen oder verbirgt sich in der alten Gruft doch eine kriminalistisch wichtige Spur?

Kurzerhand wird ein Teil der Gruft, die durch eine tonnenschwere metallene Grabplatte verschlossen ist, freigelegt. Ein metertief in die Erde reichender, quadratisch gemauerter Hohlraum wird sichtbar, zu dem ursprünglich eine kleine Treppe nach unten führte. In diesem Hohlraum wurden einst die Särge mit den Gebeinen der Verstorbenen aufbewahrt, deren Liegezeit war aber schon vor fünfzig Jahren überschritten. Deshalb wurden sie entfernt und der Hohlraum mit Erdreich bis auf eine einen halben Meter große Öffnung verschlossen. Eine Wand der Gruft ist mit der Friedhofsmauer eng verbunden. In dieser Wand befand sich ursprünglich ein kleines, vergittertes Entlüftungsfenster, das die Friedhofsmauer durchbrach. Später, als man außerhalb des Friedhofs, aber unmittelbar an seiner Begrenzungsmauer, ein Wohngebäude errichtete, wurde dieses Fenster durch die rückwärtige Hauswand verschlossen.

Die Untersuchung der Gruft erfüllt die Erwartungen der Kriminalisten leider nicht: Kein Hinweis auf das Mädchen, keine tötungsspezifische Spur. Doch die Entdeckung des alten, durch die Hauswand verdeckten Lüftungsfensters weckt die kriminalistische Neugierde: Könnten die sensiblen Schnüffler einen Geruch aufgespürt haben, der gar nicht aus der Gruft herrührt, sondern vielmehr über einen unbekannten Weg durch das Mauerwerk dorthin gelangte?

Was liegt also näher, als das Haus hinter der Friedhofsmauer zu überprüfen. Der ABV kennt das Gelände, es liegt immerhin in seinem Abschnitt: Das Gebäude hinter der Mauer ist ein ziemlich heruntergekommenes zweistöckiges Wohnhaus, das der Stadt gehört. Es ist das letzte Haus am Ende des Obersteinweg, rechts neben der Freitreppe, die zum Friedhof führt. Da eine Rekonstruktion nicht mehr in Frage kommt, soll es in den nächsten Jahren der Abrißbirne zum Opfer fallen. Zur Zeit ist es allerdings noch bewohnt: Im Obergeschoß zwei ältere, gebrechliche Frauen, im Parterre der 34jährige Konrad Perschke. Letzterer ist ein ziemlich verschrobener Typ, der sich mit Geistererscheinungen und anderem okkulten Kram befaßt. Ein Einzelgänger, der seit seiner Scheidung vor anderthalb Jahren dort wohnt und auf dem nahen Friedhof arbeitet. Seine Exfrau wohnt mit den drei aus der Ehe stammenden Kindern in einem anderen Stadtgebiet. Die Männer der Mordkommission wollen wissen, ob er im Rahmen des Vermißtenfalls erfaßt und befragt wurde. Auch darüber kann der ABV Auskunft geben, denn er hatte die Mieter des baufälligen Hauses am 23. Juli höchst persönlich aufgesucht. Die Befragungsprotokolle wurden dem Auswertungsoffizier der Einsatzleitung bereits zugeleitet. Und was Perschke betrifft, der habe bereitwillig Wohnung, Keller und Dachboden gezeigt. Natürlich, so dessen Auskunft, sei das vermißte Kind ihm vom Sehen her bekannt, denn es habe in der Vergangenheit, wie von anderen Bewohnern der Straße, auch von ihm Altpapier und Flaschen erhalten. Doch das wäre schon Wochen her. Seitdem hätte er das Mädchen nicht mehr gesehen. Am Dienstag, den 20. Juli, habe er bis in den Vormittag hinein geschlafen, erst kurz nach 13.00 Uhr sei er zur Nachmittagsschicht aus dem Haus gegangen. Mehr könne er nicht sagen.

Die Sache mit dem Mädchen aus der Finstertorstraße habe er aus der Zeitung erfahren. Schrecklich, wenn man sich vorstellt, es sei ermordet worden. Wenn seine Hilfe bei der Suche nach dem Kind benötigt würde, sei er gern bereit, die VP zu unterstützen. Die ehrenvolle Geste des rechtsbewußten Bürgers registriert der Vertreter der Staatsmacht freundlich ablehnend: »Danke, wir kommen vielleicht darauf zurück.«

Die Tatsache, daß zwei unabhängig voneinander eingesetzte Hundemeuten an gleicher Stelle einen Geruch witterten, der offensichtlich durch feine Kanälchen im Mauerwerk ins Innere der Gruft gelangt, macht den Mann aus dem Haus am Friedhof trotz seines Unschuldsgebarens verdächtig. Die Hunde sind auf Fäulnisgerüche (Kadaver) abgerichtet, die von verwesenden organischen Materialien ausgehen. Zwar können sie nicht Mensch- oder Tiergerüche unterscheiden, doch das Ergebnis ihres Einsatzes ist so beeindruckend, daß den Kriminalisten nichts anderes bleibt, als die Ursache für den Geruch zu enträtseln.

Unabhängig von ihrer klassischen jagdlichen Verwendung kann man annehmen, daß Hunde bereits in der Antike zum Aufspüren entwichener Sklaven eingesetzt wurden. Sichere Erkenntnisse über die Verfolgung von Menschen durch Hundemeuten liegen aus der Kolonialzeit des 18. Jahrhunderts vor. Der systematische Einsatz von Fährtenhunden im Polizeidienst ist jedoch erst seit etwa einhundert Jahren üblich.

Der Hund lebt inmitten einer Geruchswelt. Für die Differenzierung der von ihm aufgenommenen Gerüche steht ihm im Vergleich zum Menschen ein 40fach größeres Areal des Gehirns zur Verfügung. Auch die Schleimhäute seiner Nase sind anatomisch vielfältiger gestaltet: Während die menschliche Riechschleimhaut mit etwa fünf Millionen Riechzellen ausgestattet ist, verfügt die Hundenase über die erstaunliche Anzahl von mehr als 300 Millionen. Polizeihunde absolvieren eine mehrmonatige Ausbildung, wobei sie auf eine bestimmte Spurengruppe spezialisiert werden können (menschlicher Individualgeruch, Narkotika, Gas, Metalle, Sprengstoffe, Waffen usw.). Gut abgerichtete Polizeihunde können vier bis fünf Sorten Narkotika, mehr als zehn Arten von Sprengmitteln oder einen menschlichen Körper in fünf Meter Tiefe (Schnee, Trümmer, Erdreich) aufspüren.

Empirische Untersuchungen an der Spezialschule des DDR-Innenministeriums für Hundewesen haben gezeigt, daß der Mensch ein Milligramm Buttersäure (ein Bestandteil des Schweißes) in tausend Kubikzentimetern Luft gerade noch, der abgerichtete Hund hingegen dieselbe Menge Buttersäure in einer Milliarde Kubikzentimeter Luft wahrnehmen kann.

Optimale Einsatzbedingungen für Fährtenhunde bestehen bei hoher Luftfeuchtigkeit (z. B. Sprühregen, Schnee), Windstille und unbefestigtem Untergrund (Wiesen, Ackerboden, Waldwege, kniehoher Pflanzenbewuchs).

Die Version »Haus am Friedhof« sollte sich bald als entscheidender Wegbereiter für die Täterermittlung erweisen. Noch aber fehlen Informationen über die Persönlichkeit Perschkes, ohne die seine Befragung nicht offensiv genug erfolgen kann. Deshalb wird zunächst die geschiedene Ehefrau zu einem freundlichen Gespräch gebeten. Wenig zimperlich verleiht sie ihrer Aversion gegenüber ihrem Exmann Ausdruck: Konrad Perschke sei ein großer Spinner, der immerzu irgend etwas erfinden will und dazu mit gefährlichen Chemikalien experimentiert. Sie halte ihn für ziemlich verwahrlost, er sei sozusagen ein Schwein, nähme es mit der Körperpflege nicht so genau. Zu ihr und den Kindern wäre er in der Vergangenheit ziemlich rabiat gewesen. Von Jähzorn getrieben, habe er bei geringsten Anlässen gleich drauflosgeprügelt. Sie und die Kinder hätten sehr unter ihm gelitten. Nach zehnjähriger Ehe hätte sie es wahr gemacht und sich von ihm getrennt. Nach der Scheidung sei allerdings das Verhältnis zu den Kindern freundlicher geworden.

Doch dann macht Frau Perschke zwei Bemerkungen, die die Kriminalisten aufhorchen lassen: Zum einen erwähnt sie beiläufig, daß sie den Verdacht hege, ihr Exgatte könnte mit seiner achtjährigen Tochter Ramona »etwas Unsittliches machen«, was sich freilich nicht beweisen ließe, weil das Kind sich darüber nicht ausfragen läßt. Sie leite ihr ungutes Gefühl aus Perschkes plötzlichen, reichlich übertriebenen, seiner sonstigen Art gar nicht entsprechenden Zuneigung zu Ramona ab. Überdies sei das Kind in letzter Zeit merkwürdig verschlossen und ängstlich, besuche den Vater nur noch widerwillig, obwohl er es mit Geschenken überhäufe. Sie sei ihrem Verdacht aber nicht weiter nachgegangen, weil seit der Scheidung die Beziehung zu ihm insgesamt besser geworden sei.

Zum anderen antwortet Frau Perschke auf die Frage, wann sie ihren geschiedenen Ehemann das letzte Mal gesehen hat: Am Dienstag, den 20. Juli, sei sie gegen 11.00 Uhr bei ihm erschienen, um ihn zu einer Unterhaltserhöhung für die Kinder zu bewegen. Ihr war bekannt, daß seine Arbeitsschicht auf dem Friedhof erst am Nachmittag beginnt. Sie erinnere sich deshalb so genau an diesen Termin, weil seit diesem Tag das kleine Mädchen aus der Finstertorstraße verschwunden ist. Trotz ihres mehrmaligen heftigen Klopfens an die Tür habe Perschke aber nicht geöffnet, obwohl sie Geräusche aus der Wohnung vernahm, aus denen sie schloß, daß er längst aufgestanden war und bereits herumwerkelte. Unverrichteter Dinge sei sie dann wieder gegangen.

Bevor sich die Kriminalisten jedoch Konrad Perschke direkt zuwenden, werfen sie in der Kaderabteilung der Städtischen Friedhofsverwaltung einen Blick in seine Personalakte, in der die wichtigsten biographischen Stationen nachzulesen sind: Perschke wuchs elternlos in einem Kinderheim auf, schloß im Jahr 1945 mit mäßigen Leistungen die achte Klasse der Grundschule ab, verdingte sich als Malergehilfe, Heizer und Transportarbeiter, versuchte zeitweise sein Glück im »Goldenen Westen«, konnte dort aber nicht heimisch werden und kehrte im Jahr 1953 enttäuscht in die DDR zurück. Seitdem ist er als Friedhofsarbeiter tätig. 1954 heiratete er, wurde Vater dreier Kinder. Zehn Jahre später wurde die Ehe rechtskräftig geschieden und die Kinder wurden der Mutter zugesprochen. Ihm blieb die Unterhaltsverpflichtung.

Am Donnerstag, den 5. August, erscheinen zwei Männer der Mordkommission auf dem Städtischen Friedhof. Konrad Perschke ist gerade dabei, ein frisches Grab zu schaufeln. Schweißtriefend und mit entblößtem Oberkörper verrichtet er in der sommerlichen Hitze sein Werk. Eine Zeitlang beobachten die Männer die hagere, dennoch muskulöse Gestalt mit dem rotblonden Haar und den unruhigen Augen, die fortwährend Selbstgespräche führt, deren Sinn den Männern aber verschlossen bleibt. Dann treten sie an den Rand der Grube: »Herr Perschke?«

Der Angesprochene in der Grube blickt nach oben auf die beiden Fremden und wischt sich mit dem Handrücken den Schweiß von der Stirn. Sein Gesicht zeigt nicht die geringste Spur von Überraschung. Ziemlich mürrisch beantwortet er die Frage mit einer Gegenfrage, ohne seine Schaufelei zu unterbrechen: »Was is'n?«

»Sie wohnen doch da drüben in dem Haus an der Mauer?« fragen die Männer. Und als Perschke das bejaht, machen sie ihr Anliegen deutlich: »Volkspolizei. Wir müssen uns mal unterhalten!«

Der hagere Mann krabbelt wortlos aus der Grube, stößt das Schaufelblatt in das frisch ausgehobene Erdreich, zieht sich das Hemd über, das er einige Meter weiter auf einem Grabstein abgelegt hatte und knurrt vor sich hin: »Ich weeß schon, warum ich mit muß!«

»So, warum denn?« fragt einer der Männer listig.

»Wegen der Kleenen aus der Finstertorstraße«, antwortet Perschke emotionslos.

Die Kriminalisten fragen weiter, ob er wüßte, wo das vermißte Mädchen jetzt ist. Perschke macht einige fahrige Armbewegungen, nickt mit dem Kopf und bemerkt kühl: »Liegt in der Küche!«

Die beiden Männer sind baff, fragen: »Zeigen Sie's uns?«

Und Perschke gibt durch eine Geste zu verstehen, daß er einverstanden ist.

Wahrhaftig: Bereitwillig führt er die Polizisten in seine Wohnung. In der spärlich eingerichteten, ziemlich schmuddeligen Küche riecht es penetrant nach Essig. Kritisch beäugen die Ermittler jeden Winkel und jedes Behältnis, können aber sonst nichts Auffälliges entdecken. Leicht ungehalten knurrt einer der beiden: »Also, wo ist sie?«

Perschke geht auf den kleinen Küchenschrank zu und schiebt ihn mit geübtem Griff zur Seite, kniet sich nieder und entfernt einige lockere Dielenbretter. Erstaunt blicken die Kriminalisten in einen etwa einen Meter tiefen, länglichen, dunklen Hohlraum unter dem Küchenfußboden, aus dem ein modriger Geruch, vermischt mit einer dichten Essigwolke, emporsteigt.

»Mein Labor«, erklärt Perschke den beiden. Die stutzen, blicken sich vielsagend an. Einer raunt dem anderen ins Ohr, so daß Perschke es nicht hören kann: »Der scheint nicht richtig zu ticken!«

Dennoch versuchen sie zu erspähen, was sich auf dem Grund des Hohlraums befindet. Außer einem schmutzig weißen, etwa anderthalb Meter großen, unförmigen steinartigen Gebilde können sie aber nichts entdecken. Einer der Polizisten zeigt mit dem Finger nach unten auf die grauweiße Masse: »Und was ist das dort?«

»Eingegipst, ich hab sie eingegipst«, erklärt Perschke ohne jede Gefühlsregung.

Die Ordnungshüter brechen die Inspektion ab und bringen ihn zum VPKA. Eine Stunde später herrscht im Haus am Friedhof spurenkundlicher Hochbetrieb, der bis in die späten Abendstunden andauert. Dann steht es fest: Von Gipsmasse vollständig eingehüllt, liegt auf dem Grund des Hohlraums unter dem Küchenfußboden der Leichnam der vermißten Schülerin Rosemarie Busch. Konfrontiert mit dem entsetzlichen Fund meint Konrad Perschke nur: »Hab ich doch gleich gesagt, eingegipst – und Essigsäure drauf gegossen wegen dem Fäulnisgestank!« Ohne Umschweife gesteht

er, das Mädchen am Vormittag des 20. Juli ermordet zu
haben. Noch in der gleichen Nacht wird er dem Haftrichter
vorgeführt. Der will Einzelheiten über den Tatablauf und
die Motive wissen, doch Perschke will nicht reden und wehrt
zunächst mürrisch ab: »Lassen Sie mich in Ruhe! Ich habe
das Kind totgemacht. Ich hab's gemacht, da muß mein Kopf
runter!«

Erst tags darauf schildert er den Tatablauf.

Der Fund der toten Rosemarie Busch unter dem Küchenfußboden in Perschkes Wohnung bestätigt eindrucksvoll,
wie sicher die Suchhunde den Leichengeruch an der vom
Fundort ziemlich weit entfernten alten Gruft wahrgenommen haben. Die kriminaltechnischen Untersuchungen der
baulichen Verhältnisse belegen, daß der Geruch in der Grube unter den Küchendielen durch den Estrich bis an die rückwärtige Hauswand gelangte, die an dieser Stelle 35 cm dick
ist. Durch feinste Kapillaren drang der für die Suchhunde
wahrnehmbare Geruch durch die Hauswand und das Lüf-
tungsfenster in der Friedhofsmauer direkt bis in die alte
Gruft.

Montag, der 19. Juli 1965, ein windstiller, warmer Nachmittag. Es ist kurz vor 14.00 Uhr, als Perschke von der
Frühschicht heimkehrt. Drei Erdbestattungen und zwei Ur-
nenbeisetzungen liegen hinter ihm. Auf diese Weise ist der
Tod ihm jeden Tag nahe, doch er hat für ihn nichts Bedroh-
liches an sich. Im Gegenteil, manchmal öffnet Perschke
heimlich die Särge und genießt den Anblick der Toten. Doch
jetzt ist erst einmal Feierabend, und morgen muß er zur
Nachmittagschicht. Bis dahin also ist jede Menge Zeit zum
Faulenzen.

Die alte Gruft an der Friedhofsmauer, an der die Suchhunde die tote Schülerin witterten. Unmittelbar an diese Mauer grenzte das Wohnhaus des Täters (Foto von 1999).

In der kleinen Wohnung drückt die sommerliche Hitze unangenehm aufs Gemüt. Perschke befreit sich von seinem Oberhemd, öffnet die Fenster und bereitet sein Mittagessen

267

zu: Spaghetti und Gulasch, natürlich aus der Büchse. Das aufgezwungene Junggesellenleben führt ihn zu einer einfachen Lebensweise. Hauptsache, die tägliche Energiezufuhr in Form von Nudeln aller Art, fünf Flaschen Bier und zwei Schachteln Zigaretten ist gesichert.

Wenig später läßt er sich die Riesenportion schmecken, während aus dem Radio Thüringer Wanderlieder dudeln: »So klingt's in den Bergen« – Herbert Roth und sein Ensemble lassen grüßen. Als er zufällig aus dem Fenster nach draußen blickt, bemerkt er ein kleines Mädchen mit blassem, rundem Gesicht. Es durchsucht offenbar die Mülltonne nach leeren Flaschen und Gläsern. Das Kind ist ihm nicht unbekannt, und er vermutet richtig, daß es in der Nähe wohnt, weil er es schon öfter bei der Suche nach Altstoffen beobachtet hat. Als es sich über den Rand der Mülltonne beugt, kann Perschke ihm unter den kurzen, roten Rock schauen. Dieser Anblick versetzt ihn auf der Stelle in sexuelle Erregung, und er winkt dem Kind mit gespielter Freundlichkeit zu: »Eh, wenn du leere Flaschen haben willst, komm mal rein zu mir!«

Das Mädchen unterbricht die Suche in der Mülltonne und folgt dem netten Angebot. Perschke fragt das Kind nach seinem Namen und erfährt, daß es Rosemarie heißt. Hinterlistig bittet er es, einen Moment zu warten und im Wohnzimmer Platz zu nehmen, denn er müsse sich erst in der Kammer nach den leeren Flaschen umschauen. Dann kehrt er mit zwei Bierflaschen zurück und übergibt sie Rosemarie.

»Aber das sind doch Pfandflaschen«, wundert sich das Mädchen, weil es weiß, daß man in der Kaufhalle dafür sechzig Pfennig erhält.

»Na und«, wehrt Perschke großzügig ab und stellt in Aussicht, weitere Flaschen bereitzuhalten: Doch daran knüpfe er eine kleine Bedingung: Rosemarie solle ihm nur erlauben, sie einmal zu streicheln, weil sie doch ein so nettes Mädchen sei. Ehe sie eine Antwort gibt, ist er dicht bei ihr, um sie zu betasten. Unsicher, wie sie sich verhalten soll, duldet sie stumm Perschkes Hände an ihrem Körper. Er streichelt ihr Gesicht, befingert ihre Brust und die Schenkel, flüstert ihr unentwegt Zärtlichkeiten ins Ohr. Ob es Rosemarie gefällt, kann niemand sagen. Doch sie hält still, auch dann, als er ihr das Höschen behutsam vom Leib streift und verlangt, die Beine zu spreizen, damit er sie auch dort liebkosen kann. Nach einigen Minuten läßt er von ihr ab, ordnet ihren Pullover und den Rock. Dann sagt er: »Das bleibt aber unter uns, klar!«

Rosemarie ist einverstanden. Perschke ist zufrieden, da sie seiner Meinung nach von der Manipulation unbeeindruckt zu sein scheint. Ja, er glaubt sogar, die Episode habe auch ihr gefallen. Bevor sie ihn verläßt, reicht er ihr zwei Zehnpfennigstücke mit der Aufforderung: »Hier, weil du so nett warst. Und wenn du morgen wiederkommst, kriegst du wieder etwas. Ich suche noch die alten Zeitungen zusammen!« Rosemarie fragt treuherzig: »Nachmittags?« Und Perschke antwortet: »Komm lieber am Vormittag!«

So geschieht es auch. Am nächsten Tag klopft es kurz vor halb zehn Uhr an seiner Wohnungstür. Es ist Rosemarie. Sie trägt einen roten, kurzärmeligen Pullover und den kurzen, roten Rock von gestern. Auch die grüne Kunststofftasche mit den weißen Streifen hat sie wieder bei sich. Perschke ist sofort verzückt. Er hatte kaum zu hoffen gewagt, daß das Mädchen nochmals erscheint. Jetzt aber hat ihn die fleischliche Begierde erfaßt. Mit den Worten »Komm rein, ich packe nur die Zeitungen zusammen« lockt er das Kind in seine Wohnung. Mit zittrigen, nervösen Händen schnürt er tatsächlich einen Packen alter Zeitungen zusammen. Sodann fordert er Rosemarie auf, das Höschen auszuziehen. »Sie hat es gemacht, ganz freiwillig«, gibt er in einer späteren Vernehmung an. Wieder fingert er mit seinen geilen Händen an ihrem Körper herum. Dann entblößt er sich selbst und fordert das Kind auf, ihn mit der Hand zu befriedigen. Jetzt ist es Rosemarie zu viel. Sie weigert sich. Er wiederholt die Forderung. Sie sträubt sich. Die Situation eskaliert. Perschke packt Rosemarie und wirft sie auf die Couch. Sie strampelt und schreit, doch ihre Gegenwehr bleibt angesichts seiner Körperkräfte schwach. Seine bisherige Freundlichkeit ist nun einer brutalen Begierde gewichen. Er stürzt sich auf das Mädchen, dreht es auf den Bauch, um sich an ihm anal zu befriedigen. Doch Rosemaries Schmerzensschreie stören. Er will sie unter allen Umständen zur Ruhe bringen, umfaßt ihren Hals und drückt zu.

Im Nu ist seine sexuelle Erregung gewichen. Jetzt will er den Tod des Kindes. Deshalb löst er seine Hände erst, als er kein Lebenszeichen mehr wahrnehmen kann. Nun heißt es für ihn, einen kühlen Kopf zu bewahren. Er wickelt den leblosen Körper in eine Steppdecke und legt ihn auf den Fußboden. Um zu überlegen, wie er das Mädchen spurlos verschwinden lassen könnte, will er spazieren gehen. Als er die Wohnung verläßt, begegnet er einer der alten Frauen aus der oberen Etage. Er grüßt, als ob nichts gewesen wäre und fragt: »Haben Sie vorhin das Kreischen gehört?«

Als die alte Dame verneint, erklärt er wie beiläufig: »Das war mein Plattenspieler, der hat verrückt gespielt!«

Perschke schlendert unauffällig durch die Gassen in Richtung Neißeufer und spielt gedanklich verschiedene Möglichkeiten der Leichenbeseitigung durch: Er weiß, unter dem

Küchenschrank hat er schon längst eine Grube ausgehoben, von der aus er sich Stück für Stück vorarbeiten will, bis er die stillgelegte Gruft hinter der Friedhofsmauer erreicht. Dort soll nämlich das spätere »Labor« eingerichtet werden, in dem er seine »chemischen Experimente« ungestört fortführen will. Notfalls kann er die Leiche fürs erste dort deponieren. Dann fällt ihm ein, daß es besser wäre, sie zu verbrennen. Das dürfte nicht allzu schwer sein, denn der Weg bis zum Krematorium und die dortigen Gepflogenheiten sind ihm bestens vertraut. Er war schon etliche Male dabei, wenn der Amtsarzt nach der sogenannten Leichennachschau, die bei Einäscherungen gesetzlich vorgeschrieben ist, seinen Stempel auf den Sarg drückt, und er weiß, daß derlei Särge ungeöffnet dem Feuer überantwortet werden. Was wäre also leichter, als das tote Kind in einen solchen Sarg einfach dazuzulegen? Es ist lediglich ein günstiger Zeitpunkt für den unbemerkten Transport der Leiche bis zum Krematorium zu finden. Eine andere Möglichkeit sieht er im Vergraben der Leiche in einem bereits ausgehobenen Grab. Dann wäre nach der regulären Bestattung des offiziell dafür vorgesehenen Leichnams seine Spur ein für allemal verwischt. Für ein solches Vorhaben eignen sich am besten die Nachtstunden. Doch er will alles gut durchdenken, jedes Risiko vermeiden. Deshalb will er die Leiche vorerst in der Grube unter dem Küchenfußboden zwischenlagern.

Nach einer Stunde intensiven Nachdenkens kehrt Perschke in die Wohnung zurück. Er wickelt die Leiche des Mädchens aus der Steppdecke. Irgendwann hatte er einmal gelesen, man könne den Tod mit der »Spiegelprobe« sicher feststellen. Er hält nun einen Taschenspiegel vor die Atemöffnungen des toten Kindes, um zu sehen, ob dieser beschlägt.

Nichts festzustellen! Der Atem des Kindes ist erloschen. Perschke ist zufrieden.

Mit einer Leine schnürt er das tote Kind zusammen, schiebt den Küchenschrank zur Seite, hebt die Dielenbretter heraus und wirft den Leichnam, die Bekleidung und die Kunststofftasche in die Grube. Unbemerkt kann er noch einige Eimer Sand von draußen holen, um damit das tote Mädchen zu bedecken. Dann setzt er die Dielenbretter wieder ein, schiebt den Schrank an die gewohnte Stelle zurück und hat damit fürs erste die Spuren seiner Untat verwischt. Als der ABV ihn am nächsten Tag unerwartet besucht, kann er ihm getrost die Wohnung präsentieren und mit großem Pathos vorgaukeln, wie sehr er den unbekannten Unhold verachtet, der dem vermißten Mädchen womöglich etwas Böses angetan hat.

Bereits zwei Tage nach dem schauerlichen Geschehen glaubt Konrad Perschke, daß Leichengeruch durch die Küchendielen dringt. Die regen Polizeiaktivitäten haben ihn bislang daran gehindert, die Leiche wie geplant fortzuschaffen. In einem Fachgeschäft für Farben und Lacke kauft er ratenweise mehrere 5-Kilo-Beutel Gips, rührt einen Brei an und hüllt den Leichnam damit ein. Um ganz sicher zu gehen, nimmt er sich nun vor, die Grube unter den Küchendielen mit Beton auszufüllen. Vorerst aber will er abwarten, bis der beunruhigende Eifer der Polizei nachgelassen hat und Gras über den Fall gewachsen ist. Um zu vermeiden, daß trotz seiner Vorkehrungen weiterer Verwesungsgeruch in die Küche dringt, spritzt er regelmäßig Essigsäure auf die Dielen und dichtet diese zusätzlich mit in Streifen geschnittenen Stücken eines Gartenschlauches ab.

Konrad Perschke zeigt in den kriminalpolizeilichen Vernehmungen ein ungewöhnlich wechselhaftes Verhalten. Durchgängig ist er zwar bereit, über sich und das tödliche Geschehen ehrlich Auskunft zu geben. Aber seine Gefühle und Stimmungen schwanken so stark, daß er von einem bisweilen auffällig gesteigerten Rededrang unversehens in ein verstocktes Schweigen wechselt. Oder eine völlig unbegründete Heiterkeit wird urplötzlich von Traurigkeit abgelöst. Phasen, in denen er gewandt und fließend über die in Frage stehenden Sachverhalte spricht, können von einer Minute zur anderen in unsinnige, verworrene, phantastische Schilderungen übergehen, wobei seine Gedanken manchmal wie ziellos umherflattern, und er eigenartige Wortkonstruktionen benutzt, die man durchaus als Neologismen bezeichnen kann. Für die Kriminalisten ist es mitunter schwierig, bei der Vernehmung eine psychische Situation anzutreffen, in der Perschkes Aussagen logisch und verständlich sind und mit den vorhandenen Beweismitteln übereinstimmen. An anderen Vernehmungstagen gelingt es nicht, die Realitäten von den offensichtlichen Spintisierereien zu unterscheiden. Alles in allem liegt der Verdacht nahe, daß Perschke unter einer erheblichen psychopathologischen Störung leidet. Folgerichtig muß alsbald ein Psychiater konsultiert werden. Wie kompliziert die Gespräche mit ihm sind, zeigt der folgende Vernehmungsauszug:

Frage: Wann haben Sie die Grube ausgeschachtet?
Antwort: Ist schon lange her, so fast ein Jahr.
Frage: Was wollten Sie denn damit machen?
Antwort: Wollte mich von dort durchbuddeln bis zur Gruft hinterm Haus.

Frage: Warum das?

Antwort: Das sollte mein Labor werden für meine Experimente. Außerdem, ich wollte dort meine Ruhe finden, ohne daß einer was merkt, keine Visionen mehr und sowas.

Frage: Was sollten das für Experimente sein?

Antwort: Verschiedene, nur so aus Quatsch. Erst das Wasser, dann die Säure, sonst geschieht das Ungeheure. Hat mir schon als Kind Spaß gemacht. (undeutlich:) Krasspumpenflieger.

Frage: Und was meinen Sie mit »Visionen«?

Antwort: Ich kann am besten schlafen, wo es ganz eng ist, im Grab oder in der Grube. Sonst gibt mir meine Mutter Aufträge, ich soll was Böses machen. Da sagt sie: »Mach dich drüber her!« Manchmal zeigen die Leichen mit den Fingern auf mich, das läßt mir keine Ruhe. Ich hab schon draußen in Gräbern geschlafen, das ging, wenn es nicht zu kalt ist.

Frage: Aber Ihre Mutter ist doch tot, wie kann Sie Ihnen Aufträge erteilen?

Antwort: Klar ist sie tot, aber ihre Stimme nicht. Sie kommt als Geist und redet und redet. Das ist aber nicht immer. Manchmal kommt sie erst nach Wochen wieder.

Frage: Wenn ich Sie jetzt frage, ob Sie die Grube gemacht haben, um darin eine Leiche zu verstecken, was sagen Sie dazu?

Antwort: Nee, ganz ehrlich. Das war ein Zufall, daß ich sie hatte. Als ich das Mädchen erwürgt hatte, war sie ja schon da, deshalb habe ich sie benutzt. Ich weiß schon, was Sie wissen wollen. Ob ich vorhatte, noch andere Kinder umzubringen. Nee, nee, ich hätte die Kleine nicht umgebracht, wenn sie nicht so'n Geschrei gemacht hätte.

Frage: Ich lege Ihnen hier Quittungen vor, die wir in Ihrer Wohnung gefunden haben. Können Sie mir sagen, woher die sind?

Antwort: Die sind von dem Laden, wo ich den Gips gekauft habe. Dreimal war ich da, also drei Quittungen. Das war aber Mist mit dem Gips, viel zu umständlich. Ich hätte gleich richtigen Beton machen sollen, na ja.

Frage: Hat es Ihnen Spaß gemacht, an dem Mädchen herumzuspielen, Sie wissen was ich meine?

Antwort: Ja, ist schön, kleine Kinder haben so 'ne glatte Haut, wie meine Ramona.

Frage: Wer ist Ramona?

Antwort: Na, meine älteste Tochter, sie ist acht.

Frage: Hatten Sie mit ihr auch was?

Antwort: …

Frage: Haben Sie auch an ihr sexuelle Handlungen vorgenommen?

Antwort: Ja, schon lange, ich meine seit vorigem Jahr. Ich tu ihr aber nicht weh. Aber ich bin kein Kinderficker, eigentlich bin ich schwul, das kann ich beweisen.

Frage: Und andere Kinder?

Antwort: Ehrenwort, nur meine Tochter und das Mädchen. Ich habe sonst mit keinem Kind was gehabt. Und umgebracht habe ich auch keinen weiter. Da können Sie den Bischof von Bamberg fragen!

Frage: Wie soll ich das denn machen? Kennen Sie den?

Antwort: Geht nur telepathisch. Gesehen habe ich ihn noch nicht, aber ich weiß wie er aussieht. Ich hab schon gesprochen mit ihm.

Frage: Als Sie das Mädchen umgebracht haben, hat Ihnen Ihre Mutter oder eine andere Stimme den Befehl dazu gegeben?

Antwort: Nee, eigentlich nicht. Das war mein Entschluß, mein Wille. Nur weil sie so geschrien hat. Ich hätte sie doch wieder laufen lassen, war doch nett zu ihr.

Frage: Daß das eine strafbare Handlung ist, können Sie sich doch denken, oder?

Antwort: Ich bin doch nicht blöd, Sie fragen mich manchmal so, als wenn ich nicht normal bin. Ich weiß genau, was ich gemacht habe. Mit Vorsatz, ohne Zwang. Die Kleine hätte nur nicht so'n Krawall machen müssen, die alten Weiber über mir sollten ja nichts hören. Jetzt ist sie tot, tut mir leid, Ehrenwort. Aber ich hatte plötzlich Angst.

Frage: Gestern sagten Sie mir, Sie hätten was erfunden. Können Sie mir sagen, was das ist?

Antwort: Erfunden habe ich nicht gesagt, ich habe gesagt, ich wollte was erfinden, das ist ein Unterschied. 'ne Maschine, die Gedanken speichern kann und wieder abgeben, alles telepathisch …

Frage: Sie sagten gestern auch, daß Sie manchmal heimlich die Särge aufmachen, um die Toten anzusehen. Was empfinden Sie denn dabei?

Antwort: Darüber will ich nicht sprechen. Manche sind jung, manche alt.

Frage: Erregt es Sie, wenn Sie die Toten ansehen?

Antwort: Manchmal schon.

Frage: Hatten Sie schon Geschlechtsverkehr mit einer Leiche?

Antwort: …

Frage: Wollen Sie nicht darüber sprechen?

276

Antwort: Nur manchmal hab ich es gemacht.

Frage: Was heißt »manchmal«, können Sie genauer sagen, wie oft?

Antwort: Drei, vier Mal, mehr bestimmt nicht. In diesem Jahr aber noch nicht.

Frage: Waren Sie schon mal beim Psychiater oder beim Nervenarzt zur Behandlung?

Antwort: Das ist schon lange her, sehr lange, mehr als zehn Jahre, warum, weiß ich aber nicht mehr …

Das Ermittlungsverfahren gegen Konrad Perschke wird im Spätherbst 1965 abgeschlossen. Im wesentlichen stützt sich die kriminalistische Beweisführung auf die spurenkundlichen Befunde der Tatortuntersuchung, die gerichtsmedizinische Leichenöffnung, die Beschuldigtenvernehmung und die Zeugenaussagen seiner Ehefrau, Nachbarn und Arbeitskollegen. Übereinstimmend wird Perschke von den Menschen aus seinem sozialen Umfeld als auffällig verschroben und versponnen bezeichnet, auch wenn diese Eigenheiten nicht durchgängig, sondern phasenhaft auftreten. Die im Beisein eines Kinderpsychologen erfolgte Befragung des Kindes Ramona Perschke bestätigt das Eingeständnis des Beschuldigten, sich wiederholt auch an seiner minderjährigen Tochter sexuell vergangen zu haben.

Bei den Männern der Mordkommission herrscht von Anbeginn des Verfahrens Einigkeit darüber, daß Perschkes außergewöhnliches Verhalten den Verdacht einer psychischen Störung begründet. Ob diese jedoch einen solchen Grad erreicht hat, daß sie seine Zurechnungsfähigkeit mindert oder gar ausschließt, soll durch eine sich dem Ermittlungsverfahren anschließende Begutachtung festgestellt werden. Persch-

kes eingehende Untersuchung erfolgt deshalb in der neuro-
logisch-psychiatrischen Klinik Dresden. Ergebnis: In einem
46seitigen Gutachten wird begründet, daß es sich beim Beschuldigten um eine »asoziale, triebhafte, unstete, überner-
vös fahrige Persönlichkeit« handelt, die nach der Diagnose

Wäschetrockenplatz am Obersteinweg in Görlitz, von Buschwerk
verdeckt die Friedhofsmauer. Hier stand das inzwischen abgerissene
Wohnhaus von K. P. (Foto von 1999).

einer »linksseitigen Hirnschädigung unbekannter Ätiologie
im Sinne einer Epilepsie des Schläfenlappens« deutliche Zeichen einer Störung der Geistestätigkeit zeigt. Vor allem die
»Mutter wirkt mit destruktiv-sadistischem Inhalt akustisch
halluzinatorisch auf ihn ein«. Sich daraus ergebende drang-
hafte Anfallszustände wurden bereits zwölf Jahre zuvor bei
ihm festgestellt. Diese Symptomatik veranlaßt den Gutach-

ter, Perschke gemäß § 51 Abs. 2 StGB (Fassung vor dem 1.7.1968) eine verminderte Zurechnungsfähigkeit zu bescheinigen.

Mitte Dezember 1965 findet vor dem Bezirksgericht Dresden die mehrtägige, nicht öffentliche Hauptverhandlung gegen Konrad Perschke statt. Auf Grund des psychiatrischen Gutachtens ordnet das Gericht seine »Unterbringung in einer Heil- und Pflegeanstalt« an. Tags drauf wird er in die geschlossene Abteilung des Krankenhauses für Psychiatrie und Neurologie Arnsdorf eingewiesen, wo er sein weiteres Leben verbringen wird.

Wenige Jahre nach der Inhaftierung Perschkes wird das Haus am Friedhof abgerissen. Die entstandene Lücke bleibt seitdem baulich ungenutzt. Jetzt befindet sich an dieser Stelle des Obersteinwegs ein Wäschetrockenplatz. Nur die alte Gruft an der Friedhofsmauer hat die Zeiten überdauert. Die Stelle, an der seinerzeit die Suchhunde die Spur des toten Mädchens aufnahmen, ist unverändert, wenn man von dem üppigen Efeu absieht, der inzwischen die Mauer überzieht.

Knast in der DDR

Eine Nachbemerkung

Im allgemeinen soll Strafvollzug durch Isolierung der Gestrauchelten von der Gesellschaft die Rechtstreue der Allgemeinheit im Sinne einer positiven Generalprävention festigen. Der moderne Srafvollzug befindet sich aber in einer permanenten Zwickmühle: Einerseits zwingt die von der Gesellschaft mit Recht erwartete Zweckorientierung auf sichere Verwahrung, Läuterung und Besserung, aber auch Abschreckung, die Justizvollzugsbehörden zur Durchsetzung eines strengen Reglements der Disziplinierung und Einschränkung individueller Bedürfnisbefriedigung. Andererseits bildet die Strafvollzugspraxis mit ihrer zunehmenden Humanisierung und das durchaus verständliche Unverständnis in der Gesellschaft einen immer währenden Reibungspunkt.

Frühere Bemühungen, das Strafvollzugsziel primär durch Resozialisierung zu verwirklichen und die Delinquenten durch Erziehung in der Freiheitsstrafe zu befähigen, ihr künftiges Leben normkonform und in sozialer Verantwortung zu führen, wurden angesichts der unaufhaltsamen Rückfallquote ad absurdum geführt und weitgehend aufgegeben.

Die DDR-Kriminologie erklärte diese Probleme sogenannter bürgerlicher Strafpolitik – wie überhaupt die Ursachen der Kriminalität – mit »der auf Privateigentum an Produktionsmitteln basierenden sozialökonomischen Grundstruktur der kapitalistischen Gesellschaft«, die derlei Erscheinungen gesetzmäßig hervorbringe. In Abgrenzung dazu entwickelten Kriminalpolitik und Pönologie der DDR eigene Modelle mit sozialistischen Inhalten.

Grundgedanke war dabei, daß sich im Sozialismus die Produktion unter den Bedingungen des Gemeineigentums vollziehe und diese Eigentümerstellung sich nur durch aktive Teilnahme an der gesellschaftlichen Produktion verwirkliche. Ein neues Verhältnis zur Arbeit, das sich infolge der Beseitigung des Privateigentums auf den Wegfall von Habgier, Neid, Egoismus und Individualismus zu Gunsten eines besseren Menschen gründe, wurde postuliert. Vermeintlich frei von Ausbeutung sollte die Arbeit zum ersten Lebensbedürfnis entwickelt werden.

Das Strafvollzugsgesetz (StVG) der DDR fußte auf diesen Grundsätzen. Mehrmals novelliert, erreichte es in seiner Fassung vom 7. April 1977 (GBl. der DDR Teil 1, Nr. 11) den letzten Stand. Es sollte der Strafpolitik kapitalistischer Länder, die sich im »Teufelskreis der menschenfeindlichen Ausbeuterverhältnisse und ihrer ständigen Produktion von Kriminalität längst unrettbar verfangen« hätte, einen wahrhaft humanistischen Charakter entgegen setzen. »Inhalt und Gestaltung des Vollzuges mit Freiheitsentzug werden durch das humane Wesen des sozialistischen Staates bestimmt« (§ 2 Abs. 1 StVG). Folgerichtig wurde die Erziehung durch »kollektive gesellschaftlich nützliche Arbeit« (verbunden mit staatsbürgerlicher Schulung) in den Mittelpunkt des Strafvollzuges gestellt. Die Gefangenen waren deshalb zur Arbeit verpflichtet (§ 2 Abs. 1 StVG).

Im übrigen setzte sich dieser Grundgedanke auch bei der Resozialisierung (nach dem erstmals in der deutschen Rechtsgeschichte geschaffenen »Wiedereingliederungsgesetz«) fort, wonach allen aus der Haft Entlassenen Wohnung und Arbeit zugewiesen wurde, freilich unter den Bedingungen strenger Auflagen und Kontrolle (§ 48 StGB der DDR).

Die zumeist körperlich schwere oder gesundheitsschädigende Tätigkeit der Gefangenen erfolgte in volkswirtschaftlichen Schwerpunktbetrieben (z. B. in der Zementproduktion, Maschinen- und Eletrogeräteherstellung, Möbelindustrie), mit denen entsprechende Vereinbarungen bestanden oder die direkt in die Strafvollzugseinrichtungen integriert waren.

Außerhalb der Arbeit spielte sich das Leben grundsätzlich in zumeist überbelegten Gemeinschaftsräumen ab.

Das StVG und seine Durchführungsbestimmungen regelten die Grundsätze des sogenannten allgemeinen und erleichterten Vollzugs hinsichtlich der »Gestaltung des Erziehungsprozesses«, der Rechte und Pflichten der Gefangenen, der Unterbringung, Versorgung, der Kontakte nach »draußen« sowie der Disziplinarmaßnahmen. Hausordnungen der jeweiligen Vollzugseinrichtung spezifizierten diese Rechtsverbindlichkeiten. Freigang und Urlaub, wie sie heutzutage üblich sind und die in vielen Fällen in der Allgemeinheit auf Unverständnis stoßen, gab es nicht.

Das »Organ Strafvollzug« war ein separierter Dienstzweig der Deutschen Volkspolizei und folglich militärisch strukturiert. Wichtige Funktionen bei der Disziplinierung der Gefangenen und Regulierung ihres Tagesablaufs erfüllte vor allem der »operative Aufsichtsdienst«, die Wachposten, der Stellvertreter für politische Arbeit und der Offizier für staatsbürgerliche Erziehung und allgemeine Bildung. Für die unmittelbaren Belange der Gefangenen waren die sogenannten

Erzieher zuständig, deren Tätigkeit sich an der sowjetischen Strafvollzugspädagogik orientierte. Sie hatten individuellen Kontakt zu den Inhaftierten zu unterhalten. Doch das war angesichts der desolaten Personalsituation objektiv kaum möglich, weil ein Erzieher in der Regel die Verantwortung über 70 bis 80 Gefangene ausübte. Damit funktionierte das Strafvollzugssystem nur über die weitgehende Selbstverwaltung der Insassen. Diese Situation zwang zu absolutem Gehorsam gegenüber den kleinen und großen Autoritäten, womit der Willkür Tür und Tor geöffnet war.

Neben der harten Arbeit war das Leben auf engstem Raum von vitaler Isolation, Stumpfheit des Tagesablaufs, innerer Vereinsamung, tiefem Mißtrauen und vielfältigen Frustrationen ebenso geprägt wie von Rangkämpfen, Aggressivität und homosexueller Betätigung. Durch eine nahezu animalische, erbarmungslose Hackordnung befanden sich – im Gegensatz zu den »Langstrafern« (z. B. Gewalt- und Sexualverbrecher), die sich im Verlaufe der Zeit zumeist wichtige Posten erkämpft hatten – vor allem die Gefangenen mit kürzeren Haftzeiten in permanentem Nachteil.

Empfindsame Naturen, die nicht in das Bild einfach strukturierter Krimineller paßten und die vielleicht erstmals in Strafhaft gerieten, erlitten mitunter ein erhebliches psychisches Trauma. Und es bedurfte schon einer stabilen Persönlichkeit, die Belastungen des Strafvollzugs schadlos zu überstehen. Ansonsten bot sich das bunte Bild der in der Psychiatrie bekannten Haftreaktionen, die sich auf abnorme Erlebnisverarbeitung gründen, oft zweckorientiert sind und glücklicherweise nur zeitweilig andauern. Sie sind abzugrenzen von den schwerwiegenden endogenen Psychosen, die wie andere Krankheiten auch im Knast auftreten können. Allerdings dauerte es mitunter längere Zeit, bis das Strafvollzugspersonal eine derartige Symptomatik erkannte und die Überführung der betroffenen Gefangenen in die psychiatrischen Hafteinrichtungen veranlaßte (z. B. psychiatrisches Haftkrankenhaus Waldheim).

Hinzu kommt, daß eine sehr lange Haft in nicht wenigen Fällen erhebliche personale Deformationen der Gefangenen zur Folge hatte, die sie letztlich für ein geordnetes Leben »draußen« endgültig verdarben.

Besonderes Merkmal für die sozialistische Strafvollzugspraxis war das Funktionieren eines feingesponnenen, flächendeckenden Bespitzelungsnetzes. Einerseits hatte die Arbeitsrichtung 1 der Kriminalpolizei, die verdeckte Ermittlungen führte, ihre Informanten in die Gefangenenkollektive installiert, um auf diesem Wege weitere, noch nicht bekannte Delikte aufzudecken. Andererseits verfügte die Abteilung XIV und die Hauptverwaltung U-Haft und Strafvollzug des MfS in jedem Verwahrraum über sogenannte Zelleninformatoren und inoffizielle Kontaktpersonen. Folge: Die Denunziation im großen wie im kleinen war allgegenwärtig und züchtete zusätzliches Mißtrauen.

Ein weiterer Aspekt der DDR-Strafpolitik lag in der eigenwilligen Rechtsauffassung, nach der es angeblich keine politischen Gefangenen gab. Politisch oder weltanschaulich motivierte »Delikte« wurden schlichtweg als Verbrechen oder Vergehen gegen die DDR oder die staatliche Ordnung aufgefaßt und waren, wie es im Strafgesetzbuch formuliert wurde, »unnachsichtig zu ahnden«.

Damit fand eine Gleichschaltung mit der allgemeinen Kri-

minalität statt. Die Verletzung von politischen Strafrechts-
tatbeständen (insbesondere der »ungesetzliche Grenzüber-
tritt« und die »ungesetzliche Verbindungsaufnahme«) hatte
besonders Ende der 70er, Anfang der 80er Jahre rasant zuge-
nommen und zu einer erhöhten Anzahl von Verurteilungen
mit Freiheitsentzug geführt. Das hing mit der am 1. April
1975 von Erich Honecker unterzeichneten Schlußakte von
Helsinki unmittelbar zusammen, die u.a. Ausreisemöglich-
keiten zusicherte. Folgerichtig stiegen die Ausbürgerungs-
begehren explosionsartig an. Deren Verwirklichung auf dem
Wege der Legalität blieb allerdings in den allermeisten Fällen eine Illusion.

Genaue Zahlen sind unbekannt, denn offizielle Angaben darüber gab es ebensowenig wie eine allgemeine Strafvollzugs-
statistik.

Die Rechtsauffassung, politische Gefangene den wegen all-
gemeiner Kriminalität Inhaftierten gleichzustellen und rück-
sichtslos in ihre Kollektive zu integrieren, wurde von vielen Betroffenen als Schikane empfunden. Und da ihr Anteil wesentlich geringer war, unterlagen sie weitgehend der
übermächtigen Autorität der echten Kriminellen. Die kriminalsoziologische und psychische Struktur der »Politischen«
wich im allgemeinen erheblich von der der anderen Inhaftierten ab, die zumeist durch Dissozialität, Affektlabilität,
Hemmungslosigkeit im Triebleben, Suchtmittelabhängig-
keit, Gefühlsarmut, aber auch durch intellektuelle Defizite
gekennzeichnet war.

Die Tatsache »politischer Delinquenz« wurde durch die
SED-Führung stets hartnäckig geleugnet. Kennzeichnend
für diese Position ist beispielsweise die Reaktion Erich

Honeckers bei einem am 6. Februar 1981 dem englischen Verleger Maxwell gewährten Interview, der den SED-Chef mit folgender Frage konfrontierte:

»Amnesty international. Zum dritten Mal seit 1966 ist vor wenigen Tagen eine Dokumentation veröffentlicht worden, die der DDR vorhält, sie verletze internationale Verträge, die von Ihnen selbst unterzeichnet worden seien. Etwa den 1973 ratifizierten Vertrag über Bürger- und politische Rechte oder auch die Schlußakte von Helsinki. Wie stellen Sie sich zu diesem Vorwurf? Zwischen 3000 und 7000 DDR-Bürger, meint Amnesty international, seien gegenwärtig in Haft, weil sie das Land verlassen wollen. Stimmt das, und gibt es politische Gefangene in der DDR?«

Die Menschenrechte verhöhnende Antwort Honeckers spricht für sich:

»Offensichtlich ist diese Gesellschaft einer der vielen Vereine im Westen, die aus dunklen Quellen finanziert werden und es sich zur Aufgabe gemacht haben, anständige Staaten zu verleumden. Ich bitte Sie, sich unsere Verfassung und die Gesetze der DDR anzusehen. Sie werden finden, daß die Grundsätze des Völkerrechts in der Verfassung verankert sind. Die Angabe, daß 3000 bis 7000 Bürger der DDR aus politischen Gründen gegenwärtig in Haft seien, ist schlicht gesagt eine grobe Lüge: Allein die Differenz von 4000 zeigt, wie ernsthaft diese Leute an solche Fragen herangehen. Im übrigen können Sie davon ausgehen, daß bei uns alle Bürger vor dem Gesetz gleich sind. Seit der letzten Amnestie im Jahre 1979 gibt es bei uns keinen einzigen politischen Gefangenen mehr.« (Erich Honecker »Aus meinem Leben«, Berlin 1980)

Eine weitere Facette der Strafvollzugswirklichkeit in der DDR scheint erwähnenswert: Die kriminalsoziologische Struktur der Strafgefangenen, insbesondere in den großen Haftanstalten wie Brandenburg, Bautzen oder Torgau, wies eine erhebliche Überrepräsentierung von Gewalt- und Sexualtätern, vor allem Mördern und Totschlägern, auf.

Das hatte verschiedene Gründe: Zum einen wurde im Sinne eines strafrechtlichen Grundtatbestandes jede vorsätzliche Tötung eines Menschen als Mord angesehen, wenn nicht die strafrechtlich privilegierenden Merkmale des Totschlags zutrafen. Und Mord wurde in der Regel mit lebenslanger Haft, bestraft. Bis zum 4. Strafrechtsänderungsgesetz vom 18. Dezember 1987 konnte bei Vorliegen bestimmter Merkmale (z.B. Tötung aus Mordlust, Habgier, niedrigen Beweggründen) sogar die Todesstrafe ausgesprochen werden, wenngleich sie deswegen letztmalig 1972 angewendet wurde.

Hingegen lagen beim Totschlag die zwar mit geringerer Strafe belegten, aber dennoch bis zu zehn Jahren Freiheitsentzug möglichen, privilegierenden Merkmale der vorsätzlichen Tötung vor (z. B. Tötung im Affekt). Daraus ergab sich, im Gegensatz zur gegenwärtigen Rechtsauffassung, die den Grundtatbestand der vorsätzlichen Tötung im Totschlag definiert, während der Mord die privilegierenden Tatbestandmerkmale (z.B. Tötung aus Mordlust, Habgier, niedrigen Beweggründen) enthält, eine kuriose Situation, die allen kriminologischen Realitäten widersprach: Der Anteil der Mörder in der DDR war weitaus höher als der der Totschläger.

Zum anderen: Die langen Haftstrafen für diese Deliktgruppe und die Tatsache, daß jährlich etwa 130 vorsätzliche Tötungen verübt wurden, die durch eine beachtliche kriminalpolizeiliche Aufklärungsrate von etwa 98 Prozent für einen relativ gleichmäßigen »Nachschub« sorgten, führten zu einer deutlichen Überrepräsentation der Gewalttäter in den Vollzugseinrichtungen.

Es ist daher erklärlich, daß mit der Zeit mehrere tausend Mörder und Totschläger gleichzeitig in Haft waren.

Nebenbei bemerkt: Das führte zu einem positiven Effekt in der Gesellschaft. Die Rückfallquote der Kapitalverbrechen erreichte im Gegensatz zum gegenwärtigen Kriminalitätsbild praktisch einen Nullstand.

Immer ist Strafhaft ein gravierender Einschnitt in die Biographie des Betreffenden und immer wird sie notwendig und beabsichtigt sein, wo das Recht sie rechtfertigt.

Kaum ein Rechtsinstitut hat nach dem Zweiten Weltkrieg so viel Änderungen erfahren wie Strafrecht und Pönologie, und zwar in beiden Teilen Deutschlands. In der DDR fanden sie unter sozialistischem Vorzeichen statt und zielten hauptsächlich auf die rigorose Festigung der »Diktatur der Arbeiter und Bauern« ab. Sie führten schließlich dazu, daß Recht neben Unrecht gleichermaßen bestand.

Knast in der DDR war ohne Zweifel eine harte Angelegenheit. Aber ein Vergleich mit der Situation in den heutigen Justizvollzugseinrichtungen der Bundesrepublik sollte bei der Beurteilung des DDR-Strafvollzugs unterbleiben, weil er die unterschiedlichen Zeiten und unterschiedlichen Gesellschaftsformen ebenso unberücksichtigt ließe, wie die verschiedenen Strafvollzugsmodelle. Eine Gegenüberstellung mit der Strafvollzugspraxis in den ehemaligen sozialistischen Ländern allerdings wäre durchaus legitim. Nur: Diese würde zu dem Ergebnis führen, daß die Strafgefangenen in den Vollzugseinrichtungen der DDR noch am besten dran waren.

Anhang

Erläuterung wichtiger Begriffe und Abkürzungen

Abschnittsbevollmächtigter
Angehöriger der Volkspolizei, der in einem begrenzten Abschnitt tätig wurde, entspricht etwa dem heutigen Kontaktbereichsbeamten

Abteilung Inneres
administrative Abteilung für innere Angelegenheiten in den Räten der Städte und Kreise, zuständig für Jugendhilfe, Heimerziehung, Kirchenfragen und Personenstandwesen

ABV
Abschnittsbevollmächtigter

Affekt
unkontrollierte motorische Reaktion bei reduzierter rationaler Kontrolle

Ätiologie
Lehre von den Krankheitsursachen

Autopsie
Synonym für Leichenöffnung

Befragung
formloses polizeiliches Erkundungsgespräch

BdVP
Bezirksbehörde der VP, oberste Polizeibehörde in einem Bezirk

Besichtigung
polizeiliche Inaugenscheinnahme ohne staatsanwaltliche Anordnung

Betriebsakademie
  innerbetriebliche Weiterbildungsstätte
Betriebsschutz
  in der Regel ein volkspolizeilicher Wachschutz in volks-
  eigenen Betrieben
broken home child
  Kind aus funktional gestörten Familienverhältnissen
BVG
  Berliner Verkehrsgesellschaft
Chemolumineszens
  chemische Vorgänge, bei denen ein Teil der freiwerden-
  den Energie in Licht umgesetzt wird
CSSR
  Tschechoslowakische Sozialistische Republik
DAB
  Deutsches Arzneibuch
daktyloskopisch
  den Fingerabdruck betreffend
death row
  Todeszellentrakt
dekapitieren
  den Kopf vom Rumpf trennen
Dezernat
  Struktureinheit der Kriminalpolizei in einer Bezirksbe-
  hörde oder im VP-Präsidium in Berlin
DNA
  engl. Abkürzung für DNS, Desoxyribonukleinsäure, Trä-
  ger von Erbanlagen
Dunkelfeld
  unbekannte Deliktgröße

Dünnschichtchromatographie
Analyseverfahren, das auf einer Kieselgel- oder Aluminiumoxidschicht nichtflüchtige Substanzgemische trennt
Durchsuchung
strafprozessuale Zwangsmaßnahme der Polizei zur Suche, Sicherung und Beschlagnahme von Beweismitteln
elektroenzephalografische Untersuchung
Durchleuchtung der Gehirnkammern
Epilepsie
Erkrankung mit plötzlich auftretenden Krämpfen und Bewußtlosigkeit
erster Angriff
alle ersten, unaufschiebbaren Feststellungen und Maßnahmen der Polizei zur Aufklärung von Straftaten, unterteilt in Sicherungs- und Auswertungsangriff
Fluoreszens
chemische Vorgänge, die sofort Licht freisetzen
GAS
russische Abkürzung für Autowerk in Gorki
Gbl.
Gesetzblatt
GHG
Großhandelsgesellschaft
Gerichtssektion
staatsanwaltlich angeordnete rechtsmedizinische Leichenöffnung
HWG
häufig wechselnder Geschlechtsverkehr
Jugendwerkhof
staatliche Erziehungseinrichtung für schwer erziehbare und straffällige Jugendliche

K

Abkürzung für Kriminalpolizei

Kaderabteilung

Personalabteilung

Kolorimetrie

Methode zur Bestimmung der Konzentration gelöster farbiger Substanzen

Kommissariat

Struktureinheit der Kriminalpolizei in den VP-Kreisämtern oder den VP-Inspektionen der Berliner Stadtbezirke

Kriminalistik

komplexe Wissenschaft und Praxis zur Untersuchung von Straftaten oder anderen kriminalistisch bedeutsamen Sachverhalten

Kriminalobermeister

siehe VP-Dienstgrade

Kriminologie

Zweig der Rechtswissenschaft, der die Ursachen, Bedingungen und Struktur der Kriminalität untersucht

Kripo

in der DDR unerwünschter Begriff für Kriminalpolizei, gebräuchlich war die Abkürzung K

KTI

Kriminaltechnisches Institut, zentrale Gutachter- und Wissenschaftseinrichtung der Kriminalpolizei in der DDR, Vorläufer des späteren KI (Kriminalistisches Institut)

Makarow

Selbstladepistole sowjetischer Bauart, Dienstwaffe der Volkspolizei

MfS

Ministerium für Staatssicherheit

Mikrospuren
  Spuren, die ohne optische Hilfsmittel nicht wahrgenommen werden können
Mitropa
  mitteleuropäische Schlaf- und Speisewagen-Aktiengesellschaft
Mord
  nach § 112 StGB (DDR) jede vorsätzliche Tötung eines Menschen, die nicht Totschlag ist
MUK
  Morduntersuchungskommission
Mydriatikum
  Pupillen erweiternde Substanz
Oberstes Gericht
  oberstes Organ der Rechtsprechung in der DDR
Papierchromatografie
  Anaslyseverfahren, das mittels Filterpapier nichtflüchtige Substanzgemische trennt
Penetration
  hier im sexuologischen Sinne: Eindringen des Penis
Phänomenologie
  kriminologischer Begriff zur Bezeichnung der Erscheinungsformen und Begehungsweisen von Straftaten oder anderen kriminalistisch relevanten Sachverhalten
Polarisationsmikroskopie
  mikroskopisches Verfahren, bei dem polarisiertes Licht zur Untersuchung kleinster, doppelt brechender Substanzen verwendet wird
postmortal
  nach dem Tode eintretend

Pönologie
Lehre von den Strafen und Maßregeln, Strafvollzugskunde
Psychopathie
durch Abartigkeit des Gefühls- und Gemütslebens von
der Norm abweichende, im Grunde nicht krankhafte Ver-
haltensweise
Psychotiker
Geistes- oder Nervenkranker
Rasterelektronenmikroskopie
Untersuchungsverfahren zur Sichtbarmachung feinster
Oberflächenstrukturen
Rat der Stadt
kommunale Verwaltungseinrichtung
SMAD
Sowjetische Militäradministration
Sofortmeldung
nach der Melde- und Berichtsordnung der VP unverzüg-
liche Weitergabe von Informationen über polizeilich rele-
vante Sachverhalte an übergeordnete Dienststellen
Spasmolytikum
krampflösende Substanz
StPO
Strafprozeßordnung
StVG
Strafvollzugsgesetz
Suizid
vorsätzliche Selbsttötung
Totschlag
nach § 113 StGB (DDR) vorsätzliche Tötung im Affekt,
Kindestötung oder Tötung unter besonderen, die straf-
rechtliche Verantwortlichkeit mindernden Tatumständen

Transmissionselektronenmikroskopie
elektronenmikroskopisches Analyseverfahren mittels Bestimmung der Lichtdurchlässigkeit geringster Substanzen

Tüpfelreaktion
einfaches Analyseverfahren, besonders für orientierende Vorproben am Tatort zum Aufspüren von Rauschgift-, Edelmetall- oder ballistischen Spuren usw.

U-Haft
auf der Basis eines Haftbefehls angeordneter Freiheitsentzug für die Dauer des Verfahrens

unnatürlicher Tod
Tod durch Unfall, Suizid oder durch andere Personen verursachter Tod

VEB
volkseigener Betrieb

Verbrechen
schwere und schwerste Kriminalität, gesellschaftsgefährliche Straftat

Vergehen
gesellschaftswidrige Straftat

Vernehmung
formgebundenes polizeiliches Erkundungsgespräch zur Erlangung und Protokollierung von Aussagen Beschuldigter und Zeugen

Vivisektion
Eröffnung des lebenden Körpers

VP
Volkspolizei

VP-Dienstgrade
wurden in Verbindung mit dem jeweiligen Dienstzweig geführt:

VP (Schutz-, Verkehrs-, Transportpolizei, z.B. Leutnant
der VP)

SV (Strafvollzug, z.B. Leutnant des SV)

F (Feuerwehr, z.B. Leutnant der F)

K (Kriminalpolizei, z.B. Leutnant der K)

VPKA

Volkspolizeikreisamt

Literaturverzeichnis

Autorenkollektiv, Sozialistische Kriminalistik, Bd. 2, Berlin 1979 und Bd. 3/2, Berlin 1984.

Dienstanweisungen und Instruktionen des Ministeriums des Innern.

Girod, H., Die kriminalistische Untersuchung verdächtiger Todesfälle, Berlin 1990.

Helbig, W., Forensische Chemie für Kriminalisten, Humboldt-Universität zu Berlin, 1975.

Ochernal, M., Einführung in die forensische Psychiatrie für Kriminalisten, Humboldt-Universität zu Berlin, 1973.

Prokop, O., Forensische Medizin, Berlin 1966.

Reimann, W., O. Prokop und G. Geserick, Vademecum Gerichtsmedizin, Berlin 1985.

Strafgesetzbuch der DDR und andere Strafgesetze, Kommentar, Berlin 1981.

Strafprozeßordnung der DDR, Kommentar, Berlin 1987.

Strafvollzugsgesetz der DDR, Gbl. Teil 1 Nr. 11 vom 7. April 1977.

Süß, S., Politisch mißbraucht? – Psychiatrie und Staatssicherheit in der DDR, Berlin 1999.

Wörterbuch der sozialistischen Kriminalistik, Berlin 1981.

Zeitschrift »Forum der Kriminalistik«

Zeitschrift »Kriminalistik und forensische Wissenschaften«

Abbildungsnachweis

Bis auf die Abbildungen zum Kapitel »Vermißtensache Steffi Bibrach«, die freundlicher Weise von der Dresdener Mordkommission zur Verfügung gestellt wurden, entstammen alle Fotos, Dokumente und Zeitungsausrisse dem Archiv des Autors.

Ein Wort des Dankes

Für Auskünfte und Recherchenunterstützung sei herzlich gedankt:
  OMR Prof. em. Dr. sc. med. Manfred Ochernal, Berlin,
  KHK i.R. Richard Blaha, Görlitz,
  KHK Dipl.-Krim. Gerd Ihlau, Berlin,
  KHK Dipl.-Krim. Christian Krebs, Dresden,
  Heinz-Günter Müller, Berlin,
  Dipl.-Geol. Winfried Gerstner, Altdorf,
  Hilde Ruhl, Weimar,
  Gemeindeamt Schmiedeberg.

Wolfgang Mittmann

Gladow-Bande

Die Revolverhelden von Berlin

Der Al Capone von Berlin wollte er werden, Werner Gladow,
Doktorchen genannt. Mit 14 startet er seine kriminelle Karriere.
Schauplatz Berlin, die Viersektorenstadt. Die Wirren der Nach-
kriegssituation sowie die polizeilichen Zuständigkeitsrangeleien
nutzend und brutal im Vorgehen, schaffen sich Gladow und
andere, zumeist jugendliche Ganoven ein Betätigungsfeld in allen
Sektoren. Eine streng durchorganisierte Bande wird aufgebaut,
»prominentes« Mitglied und Informant wird auch Scharfrichter
Völpel, der sein Fallbeil im Dienste aller Alliierten schwingt.
Wolfgang Mittmann, Chronist der »Großen Fälle der Volkspolizei«,
hat den bekanntesten Kriminalfall der Nachkriegszeit, den vielleicht bekanntesten Berliner Kriminalfall überhaupt, völlig neu
recherchiert. Im Zentrum der gewohnt minutiösen Darstellung:
die polizeiliche Ermittlungsarbeit.
Nicht jede Kriminalgeschichte, die das Leben schreibt, ist so
spannend, schockierend wie diese; und bei weitem nicht jede
bietet so viel Zeitgeschichte. Es gibt zahlreiche Bücher, Filme,
Theaterstücke über Gladow; Mittmanns Buch aber hat das Zeug
zum Standard-Werk.

320 Seiten, mit zahlreichen Abbildungen, brosch., 14,90 €
ISBN 3-360-01228-3
www.das-neue-berlin.de

Das Neue Berlin